A EFICÁCIA IMEDIATA DA SENTENÇA NO CPC DE 2015

Conselho Editorial
André Luís Callegari
Carlos Alberto Molinaro
Daniel Francisco Mitidiero
Darci Guimarães Ribeiro
Draiton Gonzaga de Souza
Elaine Harzheim Macedo
Eugênio Facchini Neto
Giovani Agostini Saavedra
Ingo Wolfgang Sarlet
Jose Luis Bolzan de Morais
José Maria Rosa Tesheiner
Leandro Paulsen
Lenio Luiz Streck
Paulo Antônio Caliendo Velloso da Silveira

Dados Internacionais de Catalogação na Publicação (CIP)

F341e   Fensterseifer, Shana Ferrão.
        A eficácia imediata da sentença no CPC de 2015 / Shana Ferrão Fensterseifer. – Porto Alegre : Livraria do Advogado, 2016.
        182 p. ; 23 cm. – (Temas de direito processual civil ; 10)
        Inclui bibliografia.
        ISBN 978-85-69538-33-2

        1. Sentenças (Direito processual) - Brasil. 2. Tutela jurisdicional. 3. Processo civil. 4. Brasil. Código de Processo Civil (2015). 5. Direitos fundamentais. 6. Provimento antecipatório. I. Título. II. Série.

CDU 347.95(81)
CDD 347.81077

Índice para catálogo sistemático:
1. Sentenças (Direito processual) : Brasil   347.95(81)

(Bibliotecária responsável: Sabrina Leal Araujo – CRB 10/1507)

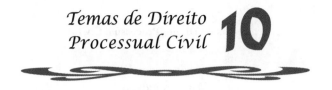

Temas de Direito Processual Civil **10**

SHANA SERRÃO FENSTERSEIFER

A EFICÁCIA IMEDIATA DA SENTENÇA NO CPC DE 2015

Porto Alegre, 2016

Coleção
Temas de Direito Processual Civil

Coordenadores
Daniel Mitidiero
Elaine Harzheim Macedo
José Maria Rosa Tesheiner
Marco Félix Jobim
Sérgio Gilberto Porto

© Shana Serrão Fensterseifer, 2016

Projeto gráfico e diagramação
Livraria do Advogado Editora

Revisão
Betina Denardin Szabo

Direitos desta edição reservados por
Livraria do Advogado Editora Ltda.
Rua Riachuelo, 1300
90010-273 Porto Alegre RS
Fone: 0800-51-7522
editora@livrariadoadvogado.com.br
www.doadvogado.com.br

Impresso no Brasil / Printed in Brazil

Dedico esta obra aos amores da minha vida, meu esposo Jefferson, meus pais, José Carlos e Maria Cristina e minha irmã, Giovana, pois graças ao incessante apoio, compreensão e carinho, de cada um deles, foi possível realizar o sonho da publicação deste livro.

Agradecimentos

Minha primeira homenagem é destinada à pessoa que mais contribuiu para o nascimento desta obra, minha orientadora, mestre e amiga, Profª. Drª. Elaine Harzheim Macedo. Jurista, professora e pesquisadora brilhante, de notável saber jurídico, pessoa de imensa humildade e generosidade. À ela toda a minha gratidão e admiração pela profícua convivência, aprendizado e amizade que construímos ao longo do curso de Mestrado e da orientação para a elaboração e defesa da dissertação, que hoje se transforma nesta obra, e de um modo especial, por ter despertado em mim o gosto pela docência.

Ao Prof. Dr. Adalberto de Souza Pasqualotto, meu primeiro orientador de trabalho acadêmico na graduação, pelas sempre valiosas e enriquecedoras lições sobre o Direito do Consumidor e pelo constante apoio e incentivo, desde a Graduação até o Mestrado.

Ao Prof. Dr. Sérgio Gilberto Porto, pelas aulas instigantes, e de um modo especial, pelas valiosas lições sobre os Direitos Fundamentais aplicáveis ao Processo Civil, as quais foram imprescindíveis para a formação do assento teórico desta obra.

Ao Prof. Dr. José Maria Rosa Tesheiner, exemplo de jurista, professor, pesquisador e pessoa, pelas aulas sempre inovadoras e surpreendentes, pelas valiosas lições sobre Processo Coletivo, pela agradável e profícua convivência, e de um modo especial, pela sua incessante disponibilidade, atenção e apoio.

À Profª. Drª. Jaqueline Mielke da Silva, por quem tenho grande admiração, por enriquecer o resultado desta obra através das suas valiosas contribuições e lições alcançadas na banca de defesa da dissertação de Mestrado.

À equipe da secretaria do PPGD da PUCRS, na pessoa da Caren Andrea Klinger, por todo o apoio, carinho e amizade ao longo do curso de Mestrado.

Aos colegas da Muller e Moreira Advocacia, em especial aos Drs. Marco Aurélio Mello Moreira, Paulo Antonio Muller, Claudio Furtado, Raquel Soboleski Cavalheiro e Ingrid Bing Moreira, pela oportunidade de aprendizado, crescimento e aperfeiçoamento no exercício da advocacia, e de um modo especial, pelo apoio e compreensão nos momentos de ausência ao longo do curso de Mestrado.

Aos meus amigos e colegas do curso de Mestrado, pelos incessantes e valiosos debates, e de um modo especial, aos amigos e colegas Maurício Matte e Fernanda Macedo, pelo apoio e estímulo alcançado no período de seleção para ingresso no

Mestrado da PUCRS, bem como aos amigos e colegas Guilherme Porto, Cristiana Pinto Ribeiro e Michelle Bublitz, sempre presentes, participativos e prontos a ajudar ao longo do Curso.

Aos meus pais, José Carlos e Maria Cristina, por serem pais maravilhosos e terem me ensinado a entregar a minha vida e os meus sonhos nas mãos de Deus, com a certeza de que o caminho da fé e do amor é o caminho que leva a verdadeira e plena felicidade.

À minha irmã Giovana, por ser a melhor irmã, de sangue e coração, companheira e amiga que meus pais poderiam ter me dado e por ser o meu maior exemplo de dedicação e determinação.

Ao meu amor, meu esposo Jefferson, por completar a minha vida, iluminar, inspirar e alegrar os meus dias, me fazer plenamente feliz e participar decisivamente da construção e realização de todos os meus sonhos.

[...] a jurisdição deverá agir e concretizar o direito controvertido dentro de um tempo apto ao gozo desse direito. Do contrário, a promessa constitucional de acesso jurisdicional não alcança a realidade, prejudicando a confiança social na administração da justiça. E poucos fatos são tão lamentados pelo cidadão quanto o reconhecimento tardio e inútil de seu direito. A injustiça nestas hipóteses ocorre duas vezes: pela ameaça ou agressão pretérita e pela resposta jurisdicional tardia e ineficaz.

Sérgio Gilberto Porto

Prefácio

O ano de 2016 representa para os juristas e operadores do direito brasileiros um grande desafio: fazer valer a nova legislação processual consubstanciada no Código de Processo Civil instituído pela Lei n. 13.165/2015, que sofreu algumas alterações pela Lei n. 13.256/2016, e cuja vigência, segundo já sepulcrado pelo Superior Tribunal de Justiça, é de 18 de março do corrente ano.

O advento de uma nova lei, com conteúdo estatutário, como é o caso do Código de Processo Civil, provoca nos seus destinatários mais correntes dois sentimentos adversos: o de manter a tradição e os conceitos já consolidados, e a ansiedade de provar algo novo, de sair da zona de conforto, recriando-se, reinventando-se. Esta polaridade, ínsita ao processo de desenvolvimento, não representa, como alguns poderiam concluir, retrocesso, desde que o passado e o futuro sejam devidamente sopesados para alcançar-se um equilíbrio em que o novo vigore, mas ao mesmo tempo sejam respeitadas conquistas de conteúdo perene, não as olvidando ou ignorando. É este equilíbrio que contribui para que o novo represente avanço, progresso, adequação à realidade do presente que pretende regular, mantendo-se o que já se confirmou como conquistas inabdicáveis.

A obra ora apresentada, de autoria de Shana Serrão Fensterseifer, se põe entre as primeiras leituras e reflexões sobre o estatuto que regerá o processo civil nas próximas décadas, mostrando, como jovem talento do universo processual civil que é, a coragem, a ousadia de enfrentar o novo, despregada de amarras, mas sem mitigar as boas experiências produzidas sob a égide do Código de 1973.

Em *A eficácia imediata da sentença no CPC de 2015,* a autora traz à lume um dos temas mais relevantes do processo civil – a satisfação da sentença que reconhece prestação creditícia em favor do autor. Enfrentando esta problematização a partir do comprometimento com a efetividade e tempestividade da prestação jurisdicional, garantias constitucionais do devido processo legal, explora à minúcia o conteúdo dogmático, e sem abrir mão do inegociável comprometimento da jurisdição e do processo com os fatos e o direito material que norteiam o conflito creditício, coloca em destaque os dois lados de uma mesma moeda: as insuficiências legislativas, no passado e no presente, no trato da eficácia imediata da sentença, por vezes necessária, e a eficácia imediata *ope judicis*, declinando caminhos para alcançar os fins constitucionais da adequada, efetiva e tempestiva prestação jurisdicional, assegurada pelo novo Código, em seu artigo 4º, ao dispor que "as partes têm o direito de obter em prazo razoável a solução integral do mérito, incluída a atividade satisfativa".

Em linguagem técnica e precisa, agraciada com a devida dose de sedução, o texto apresentado qualifica-se por sua significativa utilidade tanto aos estudiosos do processo civil como aos operadores que atuam cotidianamente nos corredores forenses.

É com muito orgulho e satisfação que apresento aos leitores, da academia à atividade profissional, o precioso trabalho que desvela sob todos os ângulos a eficácia imediata da sentença à luz do Código de Processo Civil de 2015, de autoria de Shana Serrão Fensterseifer, a quem rendo minhas homenagens.

Elaine Harzheim Macedo

Sumário

Introdução 17

1. O Direito-garantia fundamental à tutela jurisdicional adequada, tempestiva e efetiva e a sentença sem eficácia imediata que tutela direito em risco de dano ou perecimento 21

1.1. A constitucionalização do processo civil contemporâneo 21

    1.1.1. O Estado Democrático de Direito 22

        1.1.1.1. O processo evolutivo do pensamento jurídico e o paradigma jurídico do Estado Democrático de Direito 28

        1.1.1.2. Os reflexos do constitucionalismo contemporâneo sobre o processo civil: aspectos positivos e negativos 34

1.2. Os direitos fundamentais no processo civil pátrio: o conteúdo processual da Constituição Federal de 1988 37

    1.2.1. O direito-garantia fundamental à tutela jurisdicional adequada e efetiva 40

        1.2.1.1. Previsão constitucional 40

        1.2.1.2. Definição conceitual e âmbito de proteção 42

    1.2.2. O direito-garantia fundamental à tutela jurisdicional tempestiva 43

        1.2.2.1. Antecedentes históricos e a recente previsão constitucional expressa 43

        1.2.2.2. Definição conceitual e âmbito de proteção 44

        1.2.2.3. A necessária diferenciação entre os conceitos de tempestividade *versus* celeridade e morosidade versus intempestividade 47

        1.2.2.4. A tempestividade como característica e condição da efetividade da tutela jurisdicional em situações concretas específicas 51

        1.2.2.5. Desdobramento do direito fundamental à tempestividade processual: o direito à técnica antecipatória da tutela jurisdicional 54

1.3. O conflito valorativo entre efetividade e segurança e os parâmetros para a sua harmonização no processo civil contemporâneo 55

    1.3.1. Efetividade versus segurança: o conflito valorativo do processo civil contemporâneo 56

    1.3.2. O princípio da proporcionalidade no direito processual civil como critério de solução de conflitos valorativos e o método para a sua aplicação 59

    1.3.3. A mitigação do conflito valorativo efetividade-segurança na fase sentencial e a necessidade da valorização do provimento de primeiro grau de jurisdição 63

1.4. O problema da ausência de eficácia imediata *ope legis* da sentença que tutela direito em iminente risco de dano ou perecimento 65

1.4.1. O custo temporal gerado pela regra do duplo efeito recursal para a sentença outorgante de direito que exige satisfação imediata....................................66

1.4.2. Casos paradigmáticos de sentenças sem eficácia imediata outorgantes de direitos em risco de dano ou perecimento..70

1.4.3. O dever constitucional do Estado de propiciar e prestar a tutela idônea e efetiva dos direitos...74

2. O provimento antecipatório e a eficácia imediata *ope judicis* da sentença 77

2.1. O provimento antecipatório 77

2.1.1. Breves notas introdutórias sobre a técnica antecipatória no CPC de 1973...........78

2.1.2. A técnica antecipatória no CPC de 2015...79

2.1.2.1. A aproximação da tutela antecipada e cautelar e a inovadora unificação da disciplina da tutela provisória...80

2.1.2.2. Fundamentos da técnica antecipatória: urgência ou evidência..............85

2.1.2.3. Caráter antecedente ou incidente da técnica antecipatória.................90

2.1.2.4. Dos poderes do juiz em matéria antecipatória...............................91

2.1.2.5. Da fungibilidade das medidas cautelares e antecipatórias...................93

2.1.2.6. Da competência para a concessão da técnica antecipatória.................96

2.1.2.7. Do procedimento da tutela antecipada concedida em caráter antecedente...98

2.2. O provimento antecipatório e a eficácia imediata *ope judicis* da sentença.................101

2.2.1. Provimento antecipatório ex officio na sentença: fundamento constitucional....105

2.2.1.1. Possibilidade de concessão de provimento antecipatório na sentença. ...107

2.2.1.2. Possibilidade de concessão de provimento antecipatório ex officio: fundamentos legais e jurisprudenciais...108

2.2.2. O provimento antecipatório como técnica processual de concessão da eficácia imediata ope judicis à sentença no CPC de 2015.....................................115

2.2.3. Ausência de violação ao princípio da congruência entre o pedido e a sentença. ..119

2.2.4. Necessidade de valorização do magistrado e do provimento de primeiro grau de jurisdição...120

2.3. O provimento antecipatório em grau recursal e a eficácia imediata ope judicis da decisão judicial: fundamentos legais e jurisprudenciais.................................122

2.3.1. Agravo de instrumento com pedido liminar de antecipação de tutela recursal.....123

2.3.2. Medida cautelar incidental com pedido liminar no tribunal........................128

2.4. A colaboração do processo eletrônico para a efetivação da técnica de concessão da eficácia imediata *ope judicis* da decisão e para a satisfação dos direitos em risco de dano ou perecimento..132

3. A efetivação do provimento antecipatório concedido em sentença ou em grau recursal..137

3.1. Execução pecuniária: sistemática de efetivação dos provimentos antecipatórios referentes às obrigações de pagar quantia...141

3.2. Efetivação-execução não pecuniária..150

3.2.1. Sistemática de efetivação dos provimentos antecipatórios referentes às obrigações de fazer e não fazer..150

3.2.2. Sistemática de efetivação dos provimentos antecipatórios referentes às
obrigações de entrega de coisa..157

3.3. A proporcionalidade como postulado orientador da técnica adequada à efetivação
do provimento antecipatório e o controle do poder executivo do juiz....................160

Considerações finais..169

Referências..175

Introdução

No sistema processual pátrio vigora a regra da suspensividade dos efeitos da sentença na hipótese de interposição de recurso de apelação, a qual é excepcionada pelo legislador apenas para determinadas categorias de sentença previstas taxativamente no Código de Processo Civil (art. 1012, § 1°, CPC 2015 e art. 520, CPC 1973) e, externamente a este, na legislação extravagante.

Ao se refletir a respeito desta regra surge a seguinte questão: existe algum tipo de sentença que deveria estar incluída no rol de decisões com eficácia imediata, mas, entretanto, foi esquecida pelo legislador?

É possível afirmar que sim. O legislador não incluiu no rol protetivo das sentenças com eficácia imediata, previsto nos incisos do art. 1012, § 1°, CPC de 2015 e na legislação extravagante, a sentença que tutela direito em risco de dano ou perecimento.

Surge, então, outra questão: que hipótese concreta representaria este tipo de sentença? A resposta é simples. Qualquer hipótese em que o risco de dano ou perecimento do direito e, por conseguinte, a necessidade da sua satisfação imediata, se configurar apenas na véspera, durante ou após a prolação da sentença. Nestas hipóteses concretas, como o risco de dano e a necessidade de satisfação urgente surge apenas na véspera, no momento ou após a prolação da sentença, o ato sentencial que reconhece a existência do direito acaba não se enquadrando em nenhuma das categorias de sentença com eficácia imediata previstas no rol taxativo do Código de Processo Civil e da legislação extravagante.

Estas indagações que surgem naturalmente a qualquer operador e estudioso do Direito que reflita acerca da referida regra conduzem a uma inevitável preocupação: como fazer para dar efetividade aos direitos que reconhecidos em sentença exigem satisfação imediata, mas encontram-se obstaculizados pela regra do duplo efeito recursal?

Trata-se de tema de inquestionável relevância, na medida em que está diretamente relacionado com a preocupação atual da comunidade jurídica em geral de atribuir maior efetividade e tempestividade ao processo, objetivo que marca as recentes reformas esparsas efetuadas no CPC de 1973, e mais recentemente, o próprio diploma processual civil de 2015.

Este, quando ainda tramitava como Projeto de Lei elaborado pelo Senado Federal (PL nº 166/2010),[1] chegou a estabelecer como regra geral a eficácia imediata da sentença, a qual, entretanto, foi abandonada tanto pelo Substitutivo[2] apresentado pela Câmara de Deputados em 17 de julho de 2013, o qual levou o número PL nº 8046-B/2010, quanto pelo texto final sancionado pela Presidente da República, consubstanciado na Lei nº 13.105/2015 que institui o novo Código de Processo Civil,[3] prevalecendo, assim, a regra já vigente no CPC de 1973 da suspensão dos efeitos da sentença na hipótese de interposição de recurso de apelação.

Diante deste panorama delicado e preocupante da legislação processual pátria, este estudo tem por objetivo precípuo analisar se existe no diploma processual de 2015, mecanismo capaz de outorgar ao Estado-juiz o poder de atribuir eficácia imediata à sentença que não a possui por força da lei, mas dela necessita por tutelar direito em risco de dano ou perecimento, ou se a solução a este problema só pode ser buscada no plano legislativo através de uma reforma pontual do art. 1012, *caput*, do Código de 2015, que reproduz a regra da suspensividade dos efeitos da sentença, prevista no art. 520 do Código de 1973.

Destarte, para o melhor e mais completo enfrentamento do tema proposto, estrutura-se o presente estudo da seguinte forma.

A parte inicial do primeiro capítulo destina-se a abordar o contexto histórico e jurídico de surgimento do constitucionalismo contemporâneo e os reflexos positivos e negativos que este produz sobre o processo civil brasileiro, pois é neste cenário processual atual que será identificada a solução à questão problemática em exame.

A partir de uma incursão no panorama histórico-evolutivo do paradigma de processo civil pátrio, e mais especificamente, do modelo constitucional do processo civil contemporâneo, busca-se examinar o conteúdo processual da

---

[1] Na versão original do PL 166/2010 todos os recursos, inclusive a apelação, não possuem efeito suspensivo *ope legis*. Somente por obra do relator, ou seja, *ope iudicis*, e desde que demonstrada a probabilidade de provimento do recurso, ou, sendo relevante a fundamentação, houver risco de dano grave ou difícil reparação, é que se poderá suspender a eficácia da decisão, da sentença ou do acórdão. O pedido de efeito suspensivo é dirigido ao tribunal competente para julgar o recurso, em petição autônoma, que terá prioridade na distribuição e tornará prevento o relator. Estabelece-se, contudo, que quando se tratar de pedido de efeito suspensivo a recurso de apelação, o protocolo da petição impede a eficácia da sentença até que seja apreciado pelo relator (art. 949). Ver em: BRASIL. Congresso Nacional. Senado Federal. *PLS nº 166, de 8 de junho de 2010*. Dispõe sobre a Reforma do Código de Processo Civil. Brasília, DF: Congresso Nacional, 2010. Disponível em: <http://www.camara.gov.br/>. Acesso em: 01 abr. 2013.

[2] No Substitutivo ao PL 8046-B/2010 foi mantido o efeito suspensivo da apelação como regra, eis que o art. 1.025, *caput*, prescreve que a apelação terá efeito suspensivo. Ver em: BRASIL. Congresso Nacional. Câmara dos Deputados. *Substitutivo ao Projeto de Lei nº 8.046-B, de 17 de julho 2013*. Dispõe sobre a Reforma do Código de Processo Civil. Brasília, DF: Congresso Nacional, 2013, p. 49. Disponível em: <http://www.camara.gov.br/>. Acesso em: 01 abr. 2014.

[3] No CPC de 2015: Art. 1.012. A apelação terá efeito suspensivo. BRASIL. *Lei nº 13.105/2015, de 16 de março de 2015. Código de Processo Civil*. Brasília, DF: Congresso Nacional, 2015. Disponível em: <http://www.planalto.gov.br/ccivil_03/_Ato2015-2018/2015/Lei/L13105.htm>. Acesso em: 19 abr. 2015.

Constituição Federal de 1988 e os direitos fundamentais aplicáveis ao processo civil, e com destaque especial, o direito-garantia fundamental à tutela jurisdicional adequada, tempestiva e efetiva, com o intuito de formar o assento teórico que conduzirá à solução ao problema objeto de análise neste estudo.

No entanto, não há como tratar da temática das sentenças sem eficácia imediata que tutelam direito em risco de dano ou perecimento sem enfrentar, ainda que brevemente, a questão, também problemática, do conflito valorativo entre efetividade e segurança jurídica, apresentando os parâmetros para a sua harmonização no processo civil contemporâneo. Nesta seção, a presente obra se vale do método de aplicação do princípio da proporcionalidade a fim de verificar a legitimidade e constitucionalidade da solução proposta.

Situado o tema no cenário contemporâneo do processo civil brasileiro e estabelecidas as premissas básicas para o seu enfrentamento, apresenta-se na parte final do primeiro capítulo a questão problemática central deste estudo, qual seja, o custo temporal gerado pela regra do duplo efeito recursal para a sentença outorgante de direito que exige satisfação imediata, apontando-se os casos paradigmáticos de sentença sem eficácia imediata outorgantes de direitos em risco de dano ou perecimento.

O segundo capítulo destina-se justamente a responder (*i*) se existe no diploma processual de 2015 mecanismo capaz de outorgar ao Estado-juiz o poder de atribuir eficácia imediata à sentença que não a possui por força da lei, mas dela necessita por tutelar direito em risco de dano ou perecimento, ou (*ii*) se a solução a este problema só pode ser buscada no plano legislativo através de uma reforma pontual do art. 1012, *caput*, do Código de 2015, que reproduz a regra da suspensividade dos efeitos da sentença, prevista no art. 520 do Código de 1973.

Antes de adentrar no estudo do provimento antecipatório como técnica processual de concessão da eficácia imediata *ope judicis* à sentença, procede-se uma análise prévia acerca da definição conceitual e do âmbito de aplicação da técnica antecipatória no CPC de 2015.

O segundo capítulo se dedica inteiramente à solução ao problema do custo temporal gerado pela regra do duplo efeito recursal aos direitos que exigem satisfação imediata, demonstrando que a mesma é encontrada no CPC de 2015, no plano jurisdicional através da aplicação provimento antecipatório como técnica de concessão da eficácia imediata *ope judicis* da sentença.

Identificada a solução ao problema em análise, apresenta-se os fundamentos constitucionais, legais, doutrinários e jurisprudenciais para a aplicação do provimento antecipatório no ato sentencial ou em grau recursal como técnica capaz de viabilizar a eficácia imediata *ope judicis* da decisão judicial que tutela direito em risco de dano ou de perecimento.

Na sequência são abordados outros pontos relevantes que envolvem a matéria, tal como, a ausência de violação ao princípio da congruência entre o pedido e a sentença em virtude da concessão de provimento antecipatório de ofício na sentença, bem como a necessidade de valorização do magistrado e do provimento de primeiro grau de jurisdição.

Outra questão relevante a ser abordada na sequência é a que concerne à indagação de como o processo eletrônico pode colaborar para a efetivação desta técnica processual e para a satisfação eficaz dos direitos em risco de dano ou perecimento.

Enfim, o terceiro e último capítulo destina-se a analisar as técnicas de efetivação do provimento antecipatório concedido em sentença ou em grau recursal com o objetivo de viabilizar a eficácia imediata *ope judicis* da sentença que tutela direito em risco de dano irreparável ou de perecimento.

Enfim, a terceira e última seção deste capítulo, destina-se a analisar a relevante questão do controle do poder executivo do juiz, que indubitavelmente deve ser considerado quando o tema em pauta é as técnicas processuais para o cumprimento provisório da sentença. Neste contexto, a questão chave a ser perquirida é a de como viabilizar e promover este controle.

Este é, em síntese, o objeto de estudo e investigação da presente obra.

Cumpre destacar, por fim, que a presente obra foi elaborada em total conformidade com a Lei nº 13.105/2015, que institui o Código de Processo Civil de 2015 e com a Lei nº 13.256/2016,[4] que altera a Lei nº 13.105, de 16 de março de 2015 (Código de Processo Civil), para disciplinar o processo e o julgamento do recurso extraordinário e do recurso especial, e dá outras providências.

---

[4] BRASIL. *Lei nº 13.256/2016, de 04 de fevereiro de 2016.* Altera a Lei nº 13.105, de 16 de março de 2015 (Código de Processo Civil), para disciplinar o processo e o julgamento do recurso extraordinário e do recurso especial, e dá outras providências. Brasília, DF: Congresso Nacional, 2016. Disponível em: <http://www.planalto.gov.br/ccivil_03/_Ato2015-2018/2016/Lei/L13256.htm>. Acesso em: 06 fev. 2016.

1. O Direito-garantia fundamental à tutela jurisdicional adequada, tempestiva e efetiva e a sentença sem eficácia imediata que tutela direito em risco de dano ou perecimento

Diante do panorama investigativo proposto nesta obra, que busca desvendar se existe no sistema processual pátrio mecanismo capaz de outorgar ao Estado-juiz o poder de atribuir eficácia imediata à decisão judicial, este primeiro capítulo destina-se justamente a abordar o contexto histórico e jurídico de surgimento do constitucionalismo contemporâneo e os reflexos positivos e negativos que este produz sobre o processo civil brasileiro, pois é neste cenário processual atual que será identificada a solução à questão problemática em exame.

A partir do panorama histórico-evolutivo do paradigma de processo civil pátrio, e mais especificamente, do modelo constitucional do processo civil contemporâneo, busca-se examinar, na sequência, o conteúdo processual da Constituição Federal de 1988 e os direitos fundamentais aplicáveis ao processo civil, e com destaque especial, o direito-garantia fundamental à tutela jurisdicional adequada, tempestiva e efetiva, com o intuito de formar o assento teórico que conduzirá a solução apresentada neste estudo ao problema do custo temporal gerado pela regra do duplo efeito recursal aos direitos que exigem satisfação imediata. Estes são, em síntese, os apontamentos iniciais que serão abordados a seguir.

1.1. A CONSTITUCIONALIZAÇÃO DO PROCESSO CIVIL CONTEMPORÂNEO

A compreensão do processo histórico-evolutivo do Estado de Direito, e assim, das três fases que o compreendem: Estado Liberal, Estado Social e

Estado Democrático de Direito,[5] constitui pressuposto obrigatório para uma adequada análise do fenômeno de constitucionalização do processo civil e do surgimento do direito-garantia fundamental à tutela jurisdicional adequada, tempestiva e efetiva, os quais servirão de pano de fundo para o desenvolvimento deste estudo. Por essa razão, inicia-se a presente obra com uma breve análise do contexto histórico de surgimento do Estado Democrático de Direito.

1.1.1. O Estado Democrático de Direito

Considerando que o Estado se configura como uma instituição, o poder de mando por ele exercido sobre determinado território acaba naturalmente necessitando do Direito para fazer com que os seus demais elementos constitutivos, a saber, povo e soberania, sejam implementados. Por isso que se afirma que Estado e Direito passam a ser complementares e interdependentes.[6]

De fato, no plano teórico, o Estado de Direito surge na segunda metade do século XIX na Alemanha – como *Rechtstaat* –, sendo, posteriormente, incorporado à doutrina francesa, em ambos como um debate apropriado pelos juristas e associado a uma noção de hierarquia de ordem jurídica com o objetivo de enquadrar e limitar o poder estatal por meio do Direito.[7]

O Estado de Direito surge, assim, como o Estado que no âmbito de suas relações com os indivíduos se submete a um regime de Direito e apenas pode atuar valendo-se de um instrumental regulado e autorizado pela ordem jurídica, contando, ainda, com mecanismos jurídicos disponibilizados aos cidadãos aptos a salvaguardá-los de uma ação estatal abusiva.[8]

Sob este modelo, o Estado passa a ser compreendido como ente organizado por meio de uma Constituição, ordenamento jurídico que lhe dá sustentação e legitimação para o exercício do poder através de seus governantes.[9] Nas palavras de Jorge Miranda: "Estado Constitucional significa Estado assente numa Constituição fundadora e reguladora tanto de toda a sua organização como da relação com os cidadãos e tendente à limitação do poder".[10]

---

[5] Nesta obra adotar-se-á a nomenclatura Estado Democrático de Direito para identificar a terceira e atual fase do Estado de Direito, por ser esta a que melhor reflete a hodierna fase do Estado de Direito pátrio, onde a democracia vincula Estado e Direito.

[6] STRECK, Lenio Luiz; MORAIS, José Luiz Bolzan de. *Ciência política e teoria geral do Estado.* Porto Alegre: Livraria do Advogado, 2003, p. 86.

[7] Ibidem.

[8] CHEVALLIER, Jacques. *L'État de Detroit.* 2. ed. Paris: Montchrestien, 1994, p. 12.

[9] MACEDO, Elaine Harzheim. *Jurisdição e processo:* crítica histórica e perspectivas para o terceiro milênio. Porto Alegre: Livraria do Advogado, 2005, p. 126.

[10] MIRANDA, Jorge. *Teoria do Estado e da Constituição.* Rio de Janeiro: Forense, 2009, p. 35.

A noção de Estado de Direito, como bem sintetizam Lenio Luiz Streck e José Luiz Bolzan de Morais,[11] pode ser resumida na determinação da supremacia da lei sobre a administração. Tal noção, na sua origem germânica, está assentada na autolimitação do Estado pelo Direito, eis que o Estado é a única fonte deste, atribuindo-lhe força normativa, e o Direito, criação daquele.

É importante compreender, neste particular, que este Estado que se juridiciza não é apenas um Estado jurídico ou legal, eis que para além da legalidade estatal que o caracteriza, a ela agregam-se conteúdo. Isso significa dizer que o Estado de Direito não se revela apenas através de uma forma jurídica assentada na hierarquia das leis, vale dizer, ele não se restringe a uma noção de ordem jurídica, mas também, a um catálogo de direitos fundamentais próprios de uma determinada tradição.[12]

Neste sentido Lenio Luiz Streck e José Luiz Bolzan de Morais esclarecem que a "materialidade do Estado de Direito se substancializa sob os contornos da forma jurídica, mas com ela não se identifica. Ao contrário, à formalidade jurídica são incorporados conteúdos que se juridicizam sob o Direito do Estado".[13]

Com efeito, o processo de consolidação do Estado de Direito, a rigor, se divide em três fases históricas: do Estado Liberal, Social e Democrático de Direito. Sem qualquer pretensão de esgotar o tema, far-se-á breve incursão em cada uma delas, a fim de traçar a evolução histórica que deságua na atual fase do Estado Democrático de Direito pátrio, a qual, por sua vez, servirá de pano de fundo para o desenvolvimento desta obra.

Pois bem, o Estado de Direito surge como expressão jurídica da democracia liberal.[14] O primeiro tipo de Estado de Direito tem por conteúdo jurídico o ideário liberal, no qual há privilegiamento das liberdades negativas através de disciplina restritiva da atividade estatal. A lei é identificada como uma ordem geral e abstrata que disciplina a vida em sociedade por meio da adoção de um comportamento estatal não interventivo do livre desenvolvimento da sociedade. O instrumento básico adotado para dar efetividade ao Direito é a coerção mediante aplicação de sanção às condutas que o contrariarem. O protagonista nesta fase é o indivíduo.[15]

Tal modelo de Estado de Direito é fortemente marcado pela limitação do poder e prevalência do Legislativo sobre os demais poderes estatais, caracterizada, portanto, pela existência de um Estado de caráter negativo, denominado

---

[11] STRECK, Lenio Luiz; MORAIS, José Luiz Bolzan de. *Ciência política e teoria geral do Estado.* Porto Alegre: Livraria do Advogado, 2003, p. 87.

[12] CHEVALLIER, Jacques. *L´État de Detroit.* 2. ed. Paris: Montchrestien, 1994, p. 73.

[13] STRECK; MORAIS, op. cit., p. 88.

[14] SILVA, José Afonso da. O Estado Democrático de Direito. *Revista PGE,* São Paulo, n. 2, p. 61, 1988.

[15] TRECK; MORAIS, op. cit., p. 96.

de Estado Liberal,[16] o qual teve início no final do século XVIII e subsistiu até o princípio do século XX.[17]

São, em apertada síntese, características deste modelo de Estado de Direito: (*i*) a separação entre Estado e sociedade civil mediada pelo Direito, este considerado como ideal de Justiça; (*ii*) a garantia das liberdades individuais; (*iii*) o ideário de democracia e soberania nacional, implicando na ideia de representação, implementada por meio de mecanismos de democracia indireta – *referendum* e plebiscito; (*iv*) a imposição de controle hierárquico da produção legislativa mediante o controle de constitucionalidade; e (*v*) o papel reduzido do Estado, reconhecido como Estado Mínimo voltado a assegurar a liberdade de atuação dos indivíduos.[18]

Ocorre que no princípio do século XX o desenvolvimento das relações sociais demandou uma transformação do Estado de Direito até então vigente, impondo a sua revisão frente à disfunção do modelo clássico do liberalismo. Surge, então, o Estado Social de Direito.

Este novo Estado de Direito, assim como o anterior, tem por conteúdo jurídico o próprio ideário liberal somado à denominada questão social, a qual traz consigo os problemas próprios ao desenvolvimento das relações de produção e aos novos conflitos emergentes de uma sociedade renovada radicalmente, com atores diversos e conflitos próprios a um modelo industrial--desenvolvimentarista. É marcado por uma ordem jurídica que limita a atuação do Estado e prevê um conjunto de garantias e prestações positivas. A lei além de disciplinar a vida em sociedade por meio da adoção de um comportamento estatal não interventivo do livre desenvolvimento da sociedade, também constitui instrumento de ação concreta do Estado, revelando-se como mecanismo de facilitação de benefícios. A efetividade desta inovadora ordem jurídica está associada previlegiadamente à promoção das prestações estatais desejadas. O protagonista nesta fase é o grupo, que se corporifica diferentemente em cada movimento social.[19]

Como se vê, nesta segunda fase, que perdurou ao longo do século XX, o Estado de Direito passa a se apresentar como um Estado Social, que tem como finalidade precípua a promoção do bem social através da prestação de produ-

---

[16] "In *The Rise of European Liberalism, Harold J. Laski* traced the historical evolution of the theory and practice of Liberalism and practice of Liberalism and interpreted its development in the socio-economic context. He argued that the changes in the political ideology and practice of liberalism represented the corresponding economic necessities of the different phases of capitalism. In this way, he substantiated his thesis about the class character of the capitalistic-liberal state by examining its historical background. He concluded that the philosophy of liberalism has now entered into a phase of decline on account of the developing crisis and contraditions of the capitalism system". (LASKI, Harold J. *The rise of European liberalism*. Londres: Aakar Books, 1936, p. 9).

[17] MACEDO, Elaine Harzheim. *Jurisdição e processo*: crítica histórica e perspectivas para o terceiro milênio. Porto Alegre: Livraria do Advogado, 2005, p. 126-127.

[18] STRECK, Lenio Luiz; MORAIS, José Luiz Bolzan de. *Ciência política e teoria geral do Estado*. Porto Alegre: Livraria do Advogado, 2003, p. 90.

[19] Idem, p. 97.

tos e serviços, caracterizado, portanto, por seu cunho positivo e pela predominância do Executivo sobre os outros poderes.[20] No Estado Social ganha realce a promessa de direitos econômicos, sociais e culturais, além da já consagrada liberdade e garantia individuais, e de forma inovadora, o sufrágio universal, a progressiva tendência de substituição das formas monárquicas por formas republicanas de governo, a generalização das Constituições e o enriquecimento do seu conteúdo, a ampliação dos objetivos e funções do Estado e o realce do Poder Executivo em detrimento do Poder Parlamentar.[21]

Nesta segunda fase do Estado de Direito busca-se conciliar direitos, liberdades e garantias individuais, cujo objetivo imediato é a proteção da autonomia da pessoa, com direitos sociais, cujo objetivo imediato é reconstruir as condições materiais e culturais de vida em sociedade; conciliar igualdade jurídica com igualdade social, assim como segurança jurídica com segurança social.[22]

Da análise destes elementos configuradores dos modelos de Estado de Direito Liberal e Social, é possível perceber que ambos têm como finalidade comum a melhoria das condições individuais e sociais de existência, permanecendo intocado seu núcleo básico.

No entanto, o modelo de Estado Social progressivamente foi sendo superado e consumido devido à forte crise social e econômica que atingiu a humanidade, e em especial, ao embate travado entre o processo de superação do poder econômico (ocasionado pelo fenômeno da globalização) e a frágil, porém, permanente e persistente, luta pelos direitos humanos individuais e sociais, única bandeira apta a fixar um equilíbrio entre interesses tão colidentes.[23]

A verdade é que mesmo sob a égide do Estado Social de Direito a questão da igualdade não alcança solução, embora supere a sua percepção meramente formal, sem base material. É por essa, dentre outras razões, que se desenvolve um novo modelo de Estado na tentativa de conjugar o ideal democrático ao Estado de Direito, sob um conteúdo próprio, no qual estão conjugadas conquistas democráticas, as garantias jurídico-legais, a preocupação social e a transformação do *status quo* como preocupação básica. O conteúdo jurídico que marca este modelo de Estado consiste na busca efetiva da igualdade, não pela generalidade do comando normativo, mas pela efetiva realização através de intervenções que impliquem diretamente uma alteração na situação da comunidade.[24]

---

[20] MACEDO, Elaine Harzheim. *Jurisdição e processo:* crítica histórica e perspectivas para o terceiro milênio. Porto Alegre: Livraria do Advogado, 2005, p. 126-127.

[21] MIRANDA, Jorge. *Teoria do Estado e da Constituição.* Rio de Janeiro: Forense, 2009, p. 39.

[22] Idem, p. 43.

[23] MACEDO, Elaine Harzheim. *Jurisdição e processo:* crítica histórica e perspectivas para o terceiro milênio. Porto Alegre: Livraria do Advogado, 2005, p. 127.

[24] STRECK, Lenio Luiz; MORAIS, José Luiz Bolzan de. *Ciência política e teoria geral do Estado.* Porto Alegre: Livraria do Advogado, 2003, p. 92-93.

Chega-se, assim, à terceira e hodierna fase do Estado de Direito, a qual, embora ainda em linhas muito tímidas, pode ser identificada para fins didáticos, como a fase do Estado Democrático de Direito,[25] não obstante alguns autores prefiram designá-la de Estado Constitucional, por razões pertinentes à sua definição e caracterização.

Esta terceira e atual fase democrática[26] do Estado de Direito não inova no âmbito das estruturas sociais, mas incorpora características novas ao modelo tradicional. Isso porque juntamente ao núcleo liberal associado à questão social, tem-se com este novo modelo a incorporação efetiva da questão da igualdade como um conteúdo novo a ser buscado através do asseguramento de condições mínimas de vida ao cidadão e à comunidade. Agrega-se, ainda, à igualdade o conteúdo da solidariedade compondo um caráter comunitário.[27]

Trata-se de uma fase do Estado de Direito que marca a transição para um modelo de Estado inovador, na medida em que rompe com as raízes da modernidade, anunciando o surgimento de uma nova era.[28]

Este particular, oportuno trazer a síntese dos princípios que definem o Estado Democrático de Direito elaborada por Lenio Luiz Streck e José Luiz Bolzan de Morais:

> Com efeito, são princípios do Estado Democrático de Direito:
>
> A – Constitucionalidade: vinculação do Estado Democrático de Direito a uma Constituição como instrumento básico de garantia jurídica;
>
> B – Organização Democrática da Sociedade;
>
> C – Sistema de direitos fundamentais individuais e coletivos, seja como Estado de distância, porque os direitos fundamentais asseguram ao homem uma autonomia perante os poderes públicos, seja como um Estado antropologicamente amigo, pois respeita a dignidade da pessoa humana e empenha-se na defesa e garantia da liberdade, da justiça e da solidariedade;[29]
>
> D – Justiça Social como mecanismos corretivos das desigualdades;
>
> E – Igualdade não apenas como possibilidade formal, mas, também, como articulação de uma sociedade justa;

---

[25] Nesta obra adotar-se-á a nomenclatura Estado Democrático de Direito para identificar esta terceira e atual fase do Estado de Direito, por ser a que melhor reflete a fase hodierna do Estado de Direito pátrio, onde a democracia vincula Estado e Direito.

[26] Sobre a qualificação de democrático: "Quando o democrático qualifica o Estado, o que irradia os valores da democracia sobre todos os seus elementos constitutivos e, pois, também sobre a ordem jurídica." In: SILVA, José Afonso da. O Estado Democrático de Direito. *Revista PGE,* São Paulo, n. 2, p. 68, 1988. "E mais, a ideia de democracia contém e implica, necessariamente, a questão da solução do problema das condições materiais de existência" (STRECK, Lenio Luiz; MORAIS, José Luiz Bolzan de. *Ciência política e teoria geral do Estado.* Porto Alegre: Livraria do Advogado, 2003, p. 93).

[27] STRECK, Lenio Luiz; MORAIS, José Luiz Bolzan de. *Ciência política e teoria geral do Estado.* Porto Alegre: Livraria do Advogado, 2003, p. 97-98.

[28] MACEDO, Elaine Harzheim. *Jurisdição e processo:* crítica histórica e perspectivas para o terceiro milênio. Porto Alegre: Livraria do Advogado, 2005, p. 127.

[29] CANOTILHO, José Joaquim Gomes; MOREIRA, Vital. *Fundamentos da Constituição.* Coimbra: Editora Coimbra, 1991, p. 83.

F – Divisão de Poderes ou de Funções;

G – Legalidade que aparece como medida de direito, isto é, através de um meio de ordenação racional, vinculativamente prescritivo, de regras, formas e procedimentos que excluem o arbítrio e a prepotência;[30]

H – Segurança e Certeza Jurídicas.[31]

A atuação estatal nesta fase democrática do Estado de Direito passa a ter um conteúdo transformador do *status a quo*. A lei aparece neste contexto como instrumento de transformação por incorporar um papel prospectivo de manutenção do espaço vital da humanidade, vale dizer, a ordem jurídica é voltada à garantia do futuro. Os mecanismos utilizados para dar efetividade a esta ordem jurídica refletem e aprofundam o seu papel promocional de transformação das relações comunitárias. O protagonista nesta fase é a coletividade difusa, a partir da compreensão da partilha comum do direito ao futuro. Em síntese, nas palavras de Lenio Luiz Streck e Jose Luis Bolzan de Morais: "o caráter democrático implica uma constante mutação e ampliação dos conteúdos do Estado de Direito".[32]

Como se vê de todo este processo histórico-evolutivo ora traçado, o Estado Democrático de Direito ultrapassa não só a formulação do Estado Liberal de Direito, como também a do Estado Social de Direito, pois o seu conteúdo supera o aspecto material de concretização de uma vida digna ao homem, passando a atuar como incentivador da participação pública. Ademais, a ideia de democracia envolve inevitavelmente a questão da solução do problema das condições materiais de existência. Com efeito, determina à ordem jurídica e à atividade estatal um conteúdo efetivamente transformador da realidade. Tal como afirmam Lenio Luiz Streck e Jose Luis Bolzan de Morais: "o Estado Democrático é *plus* normativo em relação às formulações anteriores".[33]

Em síntese, o processo histórico-evolutivo do Estado de Direito nada mais é do que a história da transformação de seus valores, princípios e anseios, concebidos numa certa realidade social e que se conjugam para expressar a força normativa da Constituição. É justamente por estas razões que se afirma que não são as alterações implementadas na seara legislativa que incitam as transformações sociais, mas o inverso, pois são estas últimas que determinam as reformas do ordenamento jurídico formal. Deste processo comunicativo decorre a seguinte situação: se um determinado texto constitucional se revelar ineficaz possivelmente esta ineficácia será consequência da inadequação da norma aos pressupostos sociais, políticos e ideológicos que a sustentam, ou que ao menos,

---

[30] CANOTILHO, José Joaquim Gomes; MOREIRA, Vital. *Fundamentos da Constituição*. Coimbra: Coimbra, 1991, p. 82.

[31] STRECK, Lenio Luiz; MORAIS, José Luiz Bolzan de. *Ciência política e teoria geral do Estado*. Porto Alegre: Livraria do Advogado, 2003, p. 93.

[32] Idem, p. 98.

[33] Idem, p. 93-94.

deveriam sustentar. Disso resulta a necessidade de um comprometimento cada vez maior com a ideia de Constituição não só em sentido formal, mas também em sentido material.[34]

Diante deste cenário do atual Estado Democrático de Direito, forçoso reconhecer que independente do ângulo sob o qual se analise a questão do Estado, a Constituição assume papel de primeiro plano sobre o mesmo. Todavia, não se pode olvidar que a jurisdição em todos os seus ramos também é diretamente influenciada pela norma fundamental, pois todas as suas instituições, funções e operadores adequam-se às novas exigências e necessidades consagradas na Carta Magna. O que sequer poderia ser diferente na medida em que, tanto a paz mundial, como os direitos fundamentais do homem exigem garantias processuais e jurisdicionais para serem realizados.[35]

Diante deste panorama, indubitavelmente a República Federativa do Brasil constitui-se em um Estado Democrático de Direito, pois o conceito de democracia aparece na Constituição Federal de 1988 como elemento central da ordem constitucional pátria.[36] Neste sentido, já no preâmbulo se lê que: "os representantes do povo brasileiro, reunidos em Assembleia Nacional Constituinte para instituir um Estado Democrático, [...]". Do mesmo modo, o art. 1º prescreve que: "A República Federativa do Brasil, [...], constitui-se em Estado Democrático de Direito [...]".

Com efeito, no Estado Democrático de Direito brasileiro, conforme precisa definição de Luis Fernando Barzotto: "o sujeito da democracia é o povo entendido como uma comunidade; o funcionamento da democracia é regido por uma concepção institucionalista de Estado de Direito e a finalidade da democracia é o bem comum como o bem de todos".[37]

É justamente acerca dos reflexos da configuração da República Federativa do Brasil como Estado Democrático de Direito, bem como do constitucionalismo contemporâneo sobre a atividade jurisdicional e sobre o processo civil brasileiro, que se passará a tratar nas linhas seguintes.

1.1.1.1. O processo evolutivo do pensamento jurídico e o paradigma jurídico do Estado Democrático de Direito

Direcionando a análise histórico-evolutiva do Estado de Direito para o campo específico do pensamento jurídico, é possível observar nitidamente que a revalorização da força normativa da Constituição e da sua relação com os

---

[34] GARCIA, Pedro de Veja. Mundialización y derecho constitucional: la crisis del principio democrático em el constitucionalismo actual. *Revista de Estudios Políticos,* Nueva Época, n. 100, p. 31-32, abr.-jun. 1998.

[35] MACEDO, Elaine Harzheim. *Jurisdição e processo:* crítica histórica e perspectivas para o terceiro miLenio. Porto Alegre: Livraria do Advogado, 2005, p. 131.

[36] BARZOTTO, Luis Fernando. *A democracia na Constituição.* São Leopoldo: Editora Unisinos, 2003, p. 175.

[37] Idem, p. 175-176.

tradicionais ramos do Direito na fase do Estado Democrático de Direito gerou a inevitável necessidade de adaptação da forma de atuação do juiz ao longo do século XX.

Com efeito, no panorama evolutivo dos dois últimos séculos, constata-se que a atuação do juiz variou de acordo com os fatores culturais de cada período histórico. Assim, o outrora magistrado, conhecido como cargo de confiança, indicado e submetido ao Poder Executivo, deu lugar a outra forma de magistratura, agora independente, comprometida com a Constituição e por ela legitimada.[38]

Inegavelmente, o processo evolutivo do pensamento jurídico e a consequente alteração de seus paradigmas refletem significativas consequências, especialmente no que tange às relações entre os poderes do Estado (nem sempre independentes e harmônicos entre si) e à forma de atuação do juiz ao longo da história.

Partindo de uma análise do desenvolvimento dos sistemas jurisdicionais europeus,[39] observa-se que a idade moderna altera profundamente o paradigma do pensamento jurídico vigorante na idade média. Nesta última, o juiz dispunha de certa liberdade de escolha na definição da norma a ser aplicada ao caso concreto, de modo que podia extraí-la das regras do costume, das regras produzidas por outros magistrados em casos semelhantes, ou então, podia resolver a controvérsia a partir de um critério de equidade, deduzindo a regra da própria situação concreta conflituosa segundo os princípios da razão natural. Portanto, nesta época o juiz não estava vinculado exclusivamente às normas editadas pelo Estado.[40]

Diferentemente, no período moderno, como decorrência do fortalecimento dos Estados nacionais, inicia-se uma fase de centralização política e, consequentemente, de transformação na forma de atuação do juiz. Nesta fase, portanto, o magistrado passa a ser verdadeiro funcionário do Estado. Como consequência lógica de todo este processo evolutivo, há uma redução do pluralismo de fontes do direito, e assim, uma supervalorização das normas emanadas pelo Estado ao qual o juiz fica totalmente subordinado, estando obrigado a aplicar apenas as normas criadas pelo poder estatal. O Estado se torna, deste modo, o único criador do Direito.[41]

O positivismo jurídico surge neste cenário justamente para fortalecer ainda mais este espírito da apropriação estatal do Direito, apresentando, entre-

---

[38] PORTO, Sérgio Gilberto. *Lições de direitos fundamentais no processo civil:* o conteúdo processual da Constituição Federal. Porto Alegre: Livraria do Advogado, 2009, p. 15.

[39] Na presente obra, opta-se pela referência histórica ao processo evolutivo do sistema jurídico europeu devido à significativa similitude e aproximação do sistema jurídico brasileiro em relação ao mesmo, ambos pertencentes à família jurídica do sistema da *civil law*.

[40] BOBBIO, Norberto. *O positivismo jurídico.* São Paulo: Ícone, 1995, p. 28.

[41] Idem, p. 29.

tanto, características bem singulares. Neste sentido, este novo paradigma do fenômeno jurídico tem como traço peculiar o fato de encarar o direito como um sistema fechado, partindo do pressuposto de que as respostas para regular a convivência humana poderiam ser encontradas dentro do próprio ordenamento legal, e não à sua margem.[42]

Como bem pondera Sérgio Gilberto Porto, o positivismo jurídico, assim como qualquer outro paradigma do fenômeno jurídico, apresenta virtudes e imperfeições. Vale dizer, se de um lado colaborou para a sistematização do Direito, por outro, na medida em que considerava a lei como a única fonte do Direito, deixou de lado a complexidade inerente ao próprio mundo jurídico, isolando-o totalmente do mundo dos fatos e dos valores.[43]

Destarte, ao passo em que foi sendo verificada a insuficiência do paradigma positivista do Direito, foram surgindo novas formas de pensá-lo, e assim, de aprimorar a prestação jurisdicional.

No início do século XX reconheceu-se, então, que embora os códigos elaborados sob a égide do positivismo jurídico estivessem voltados à intenção de completude da lei, não haveria como conceber o juiz como mero prolator mecanicista de um Direito preexistente, a saber, a lei. Neste contexto, o juiz deixa de ser o mero prolator da lei para ser o seu intérprete, chegando, inclusive, em determinados casos,[44] a exercer a função legislativa. A sua decisão passa a ser de vontade própria e o desafio do juiz, a partir daí, passa a ser a implementação da lei. Para tanto, cabe ao magistrado interpretar o seu significado segundo o espírito do Direito, e acima de tudo, da ordem constitucional e do conjunto de valores nela previstos.[45]

Concomitantemente a este quadro evolutivo do pensamento jurídico, no século XX ocorre, especialmente nos países da família jurídica do sistema da *civil law*, um avanço do constitucionalismo tardio, caracterizado essencialmente pela reestruturação do conteúdo das Constituições. Estas, além de conterem previsões abstratas que disciplinam as relações entre os poderes estatais e entre estes e o cidadão, passam a apresentar previsões consagradoras de direitos ao cidadão, ocasionando com isso uma definitiva alteração na forma de atuação do Poder Judiciário.[46]

Este novo paradigma encontra espaço para se desenvolver no sistema jurídico brasileiro em decorrência do rico e complexo modelo pátrio de fiscali-

---

[42] PORTO, Sérgio Gilberto. *Lições de direitos fundamentais no processo civil:* o conteúdo processual da Constituição Federal. Porto Alegre: Livraria do Advogado, 2009, p. 16-17.

[43] Idem, p. 17.

[44] Vale dizer, nos casos em que a lei se revele omissa por falta de clareza ou lacunosidade.

[45] STERN, Klaus. O juiz e a aplicação do direito. In: GRAU, Eros Roberto; GUERRA FILHO, Willis Santiago (Coord.). *Direito constitucional:* estudos em homenagem a Paulo Bonavides. São Paulo: Malheiros, 2003, p. 506-507.

[46] PORTO, op. cit., p. 18.

zação de constitucionalidade. Isso porque, devido à adoção do controle difuso de constitucionalidade de leis e atos, todo e qualquer juiz tem a obrigação de deixar de aplicar disposições normativas que colidam com a Constituição Federal. Neste cenário, portanto, o Poder Jurisdicional, desde a primeira até a última instância, é guardião da Carta Magna.[47]

No entanto, este modelo de fiscalização difusa de constitucionalidade, não obstante já viesse traçado desde a Constituição brasileira de 1891, não se desenvolveu naturalmente em razão do contexto cultural de formação dos operadores do Direito daquela época. Isso se deve ao fato de que os juízes do século XX costumavam se eximir de dar efetividade às normas constitucionais sob o argumento de que estas possuíam natureza meramente programática. Neste aspecto, como bem observa Sérgio Gilberto Porto, a negativa de eficácia às normas constitucionais pelo Poder Judiciário do último século, não só destoa do constitucionalismo contemporâneo, como põe em dúvida a força normativa da própria Constituição.[48]

Diante deste cenário, como forma de eliminar a tradicional desculpa utilizada dos magistrados do século passado para não dar efetividade às normas constitucionais, a Constituição Federal de 1988 sabiamente estabelece a eficácia imediata[49] das normas definidoras de direitos fundamentais no § 1º do seu art. 5º.

Percebe-se, assim, que o constitucionalismo contemporâneo traz como premissa basilar a imposição de que as normas constitucionais devem possuir um mínimo de eficácia, e por essa razão, é preciso superar definitivamente a concepção do Estado de Direito formal, no qual os direitos fundamentais só são implementados na prática se houver uma lei os regulamentando, ficando, deste modo, suscetíveis a reduzirem-se a uma mera declaração formal, sem realização concreta em razão da atuação ou inação do legislador.[50]

Nesta mesma linha, Antonio Manuel Peña Freire expõe que a mudança do enfoque do Estado, vale dizer, da predominância do Estado Legislativo assentado na garantia da lei, para a preponderância do Estado Jurisdicional amparado na força normativa da Constituição, pressupõe naturalmente a afirmação do caráter normativo das constituições, envolvendo um plano de normatividade antes inexistente, caracterizado por uma vinculação e indisponibilidade em

---

[47] PORTO, Sérgio Gilberto. *Lições de direitos fundamentais no processo civil:* o conteúdo processual da Constituição Federal. Porto Alegre: Livraria do Advogado, 2009, p. 18.

[48] Idem, p. 19.

[49] Consoante ensinam Gilmar Mendes, Inocêncio Coelho e Paulo Branco, em síntese, o art. 5º, § 1º, da CF permite que os juízos singulares ou colegiados concretizem os direitos fundamentais através da atividade interpretativa. A rigor, os operadores podem concretizar tais direitos não só diante da falta de reguladora, mas inclusive, quando esta for incompatível ao conteúdo normativo dos direitos fundamentais. Para aprofundar o tema ver: MENDES, Gilmar; COELHO, Inocêncio Mártires; BRANCO, Paulo Gustavo Gonet. *Curso de direito constitucional.* 2. ed. São Paulo: Saraiva, 2008, p. 253.

[50] Idem, p. 251.

relação a todos os poderes do Estado, indistintamente. Neste novo contexto, a superação definitiva da impotência e fragilidade da norma constitucional verificada ao longo do período do Estado Liberal é o grande desafio e principal tarefa assumida pelo Constitucionalismo Contemporâneo. Para tanto, é preciso basear-se em referências normativas inatingíveis pelos poderes estatais, tal como o são os direitos fundamentais, sob pena de não se superar a mera formalidade e artificialidade exacerbada que marcou o positivismo jurídico.[51]

Ao referir sobre o processo de constitucionalização desenvolvido no direito processual europeu, Mauro Cappelletti pondera que não há dúvidas de que certos valores, regras e garantias são suscetíveis à mutabilidade, assim como tudo o que é humanamente concebido. Em decorrência disso, processos legislativos devem acompanhar a alteração desses valores, regras e garantias, bem como novas sanções e remédios especiais devem ser adotados para os casos de sua violação. Portanto, a constitucionalização dos direitos do jurisdicionado, vale dizer, a sua inserção em um novo tipo de direito positivo, a saber, a lei superior, vincula, inclusive o Legislativo.[52]

Esta necessidade fundamental e urgente de valorizar a força normativa da Constituição e a partir dela reavaliar todas as leis elaboradas ao longo dos séculos, naturalmente exige do juiz uma nova postura frente ao Direito. Significa dizer que ao juiz não cabe mais ficar inerte perante uma lacuna legislativa ou simplesmente aplicar a lei mecanicamente, mas sim cabe a ele uma tarefa integrativa e implementadora do direito preexistente.[53]

Conforme expõe Klaus Stern, no constitucionalismo contemporâneo cresce a responsabilidade do juiz, na medida em que a ele incumbe a última palavra sobre o que é o Direito diante do caso concreto. A sentença, então, nada mais é do que o significado extraído das leis, viabilizando, deste modo, o constante aperfeiçoamento do Direito pelo exercício interpretativo do juiz, seja nos sistemas da *civil law*, seja naqueles da *common law*.[54]

Elaine Harzheim Macedo de forma muito apropriada sintetiza o papel do juiz no Estado Democrático de Direito:

> O magistrado de capa preta, entrincheirado atrás de infindáveis pilhas de processo, distante da realidade fática e atormentado pela aplicação formal dos textos legais, a maioria desses distanciada da própria Constituição, aos isolados e pontuais casos fá-

---

[51] FREIRE, Antonio Manuel Peña. *La garantia en el Estado constitucional de derecho.* Madrid: Editorial Trotta, 1997, p. 59.

[52] CAPPELLETTI, Mauro. Fundamental Guarantees of the Parties in Civil Litigation: Comparative Constitutional, International, and Social Trends. *Stanford Law Review,* v. 25, n. 5, p. 653, May 1973. Disponível em: <http://www.jstor.org/stable/1227903>. Acesso em: 17 out. 2013.

[53] PORTO, Sérgio Gilberto. *Lições de direitos fundamentais no processo civil:* o conteúdo processual da Constituição Federal. Porto Alegre: Livraria do Advogado, 2009, p. 19-20.

[54] STERN, Klaus. O juiz e a aplicação do direito. In: GRAU, Eros Roberto; GUERRA FILHO, Willis Santiago (Coord.). *Direito constitucional:* estudos em homenagem a Paulo Bonavides. São Paulo: Malheiros, 2003, p. 513.

ticos que lhe são apresentados, limitando-se a dizer qual dos conflitantes tem razão, tornar-se-á figura literária, alienada da realidade e sem qualquer significado político neste novo Estado.[55]

Neste contexto, convém ressaltar que um dos traços mais marcantes do fenômeno jurídico do século XX em diante foi a revalorização da utilização do recurso linguístico pelo legislador. Isso se verifica na medida em que os sistemas jurídicos idealizados sob a égide do positivismo jurídico e da codificação, marcados pelo ideal de completude e de autossuficiência, dão lugar a uma concepção aberta e consciente de suas próprias limitações. Assim, gradativamente vão ganhando espaço no modelo contemporâneo os conceitos jurídicos indeterminados, as cláusulas gerais e os princípios jurídicos, como técnica voltada a viabilizar a constante atualização e aprimoramento do Direito, sem a necessidade, para tanto, de alterações legislativas frequentes e pontuais.[56]

Como decorrência desta concepção aberta e consciente da própria limitação do sistema jurídico, Mauro Cappelletti observa que inevitavelmente existirá sempre um certo grau de discricionariedade e de criatividade por parte do intérprete ao implementar a lei diante do caso concreto. Com efeito, esta criatividade é própria de todo o ato interpretativo tenha ele como objeto de interpretação o Direito ou qualquer outro produto da civilização humana.[57]

No entanto, é importante ter bem claro que esta criatividade judicial na interpretação e aplicação da lei não significa necessariamente arbitrariedade, ou seja, embora no modelo jurídico contemporâneo o juiz seja criador do Direito, não é um criador totalmente desprovido de limitações materiais e processuais na sua atuação.[58]

Sob esta perspectiva do fenômeno jurídico contemporâneo Ingo Wolfgang Sarlet ensina que a ferramenta dos princípios jurídicos possibilita que o Direito esteja sempre aberto à renovação e aprimoramento. A aplicação de princípios pelo operador abrange um constante processo de reconstrução da ordem jurídica, sempre protagonizada pelo Poder Judiciário, visto que é a jurisprudência a responsável, em grande parte, pela própria compreensão do conteúdo e significado jurídico desses princípios.[59]

Constatou-se, assim, que por mais detalhada e específica que fosse a lei, sempre restaria uma margem a ser complementada pela prestação jurisdicional diante da situação concreta. Neste cenário, portanto, a técnica legislativa do

---

[55] MACEDO, Elaine Harzheim. *Jurisdição e processo:* crítica histórica e perspectivas para o terceiro milênio. Porto Alegre: Livraria do Advogado, 2005, p. 131.

[56] PORTO, Sérgio Gilberto. *Lições de direitos fundamentais no processo civil:* o conteúdo processual da Constituição Federal. Porto Alegre: Livraria do Advogado, 2009, p. 20.

[57] CAPPELLETTI, Mauro. *Juízes legisladores?* Tradução de Carlos Alberto Alvaro de Oliveira. Porto Alegre: SAFE, 1999, p. 22.

[58] Idem, p. 24.

[59] SARLET, Ingo Wolfgang. Breves notas sobre a contribuição dos princípios para a renovação da jurisprudência brasileira. In: TEPEDINO, Gustavo (Coord.). *A constitucionalização do direito.* São Paulo: Atlas, 2003, p. 298.

formato aberto das normas surge como forma de permitir que os operadores avancem na criação e implementação do Direito diante do caso concreto.

Diante deste panorama contextualizador do constitucionalismo contemporâneo, não teria como se admitir nos dias atuais uma atuação jurisdicional que não fosse voltada a realizar ao máximo, dentro do fático e juridicamente possível, os direitos fundamentais, sob pena de agindo de forma contrária desacreditar a própria Constituição. Para atender a esta missão, o Poder Jurisdicional passa a resolver novos e complexos conflitos a partir de uma interpretação do Direito que seja a mais conforme possível com a Constituição.[60]

É justamente com base nesta concepção de interpretação do Direito conforme a Constituição e, portanto, conforme os direitos fundamentais aplicáveis ao processo nela consagrados, que se buscará resolver o problema da sentença sem eficácia imediata que tutela direito em risco de dano ou perecimento, objeto central deste estudo.

1.1.1.2. Os reflexos do constitucionalismo contemporâneo sobre o processo civil: aspectos positivos e negativos

A constatação de que a Constituição Federal possui um conteúdo processual e de que as normas constitucionais surtem efeitos sobre toda a ordem jurídica, como já referido, ensejou uma profunda e decisiva mudança na ciência processual civil brasileira.

Neste contexto, é importante destacar, preliminarmente, que não obstante a Constituição Federal de 1891 já estimulasse a aplicação de suas normas em diversos ramos especializados do direito, por motivos de contingências históricas e de formação dos magistrados daquela época, que se utilizavam da "eximente" da natureza meramente programática para se eximir da responsabilidade de dar efetividade às normas constitucionais, não houve na prática uma efetiva interferência dos postulados constitucionais sobre os variados ramos do direito.[61]

Até bem pouco tempo atrás, era muito comum a interpretação e aplicação de determinado ramo do Direito apenas com base na lei ordinária principal que o disciplinava, de modo que o processualista,[62] a título de exemplo, encontrava no Código de Processo Civil a única norma a ser utilizada para a solução dos casos concretos que envolviam qualquer espécie de conflito em matéria processual.

---

[60] PORTO, Sérgio Gilberto. *Lições de direitos fundamentais no processo civil:* o conteúdo processual da Constituição Federal. Porto Alegre: Livraria do Advogado, 2009, p. 20.

[61] Idem, p. 28.

[62] NERY JUNIOR, Nelson. *Princípios do processo civil na Constituição Federal.* 8. ed. São Paulo: Revista dos Tribunais, 2004, p. 25.

Este cenário jurídico permaneceu inalterado nas Constituições subsequentes que vigeram ao longo do século XX. Foi apenas a partir da Constituição de 1988, através da recepção dos anseios constitucionais tanto por parte da dogmática constitucional, quanto da jurisprudência, que foi possível observar uma alteração de paradigma no que tange à influência da Constituição sobre os mais diversos ramos do direito.[63]

No que concerne especificamente ao âmbito do direito processual, a Constituição voltou a ser valorizada pela academia de processo a partir dos preciosos estudos realizados por autores, como José Carlos Barbosa Moreira, Cândido Rangel Dinamarco e Carlos Alberto Alvaro de Oliveira. Neste contexto, abandonou-se a tradicional mentalidade de encarar o processo como uma ciência autônoma e completamente desvinculada do direito material. Em decorrência desta nova compreensão do fenômeno processual à luz da Constituição, e principalmente, da consolidação do Constitucionalismo Contemporâneo brasileiro e da eficácia imediata dos direitos fundamentais, houve uma gradativa releitura de temas processuais tidos até então como esgotados.[64]

Conforme sinaliza Daniel Mitidiero,[65] chega-se, então, à fase contemporânea do formalismo-valorativo.[66] Nela o processo é dominado pelos valores constitucionais e pela perspectiva de que o processo é um instrumento eivado de axiomas. A vinculação entre o direito (subjetivo da parte) e processo deixa de ter como único elo a ação judicial, passando a incidir sobre toda a extensão do processo, de tal modo que o direito material passa a dar os contornos ao direito processual, e não mais o inverso.

No paradigma atual do fenômeno jurídico, destaca Nelson Ney Júnior que: "o intérprete deve buscar a aplicação do Direito ao caso concreto, sempre tendo como pressuposto o exame da Constituição Federal. Depois, sim, deve ser consultada a legislação infraconstitucional a respeito do tema".[67] Ressalta o processualista que esta é a razão pela qual todos os operadores e estudiosos do Direito devem conhecer e aplicar o Direito Constitucional em toda a sua

---

[63] PORTO, Sérgio Gilberto. *Lições de direitos fundamentais no processo civil:* o conteúdo processual da Constituição Federal. Porto Alegre: Livraria do Advogado, 2009, p. 28.

[64] Idem, p. 28-29.

[65] MITIDIERO, Daniel. *Elementos para uma teoria contemporânea do processo civil brasileiro.* Porto Alegre: Livraria do Advogado, 2005, p. 70.

[66] Para aprofundar o tema ver: ALVARO DE OLIVEIRA, Carlos Alberto. *O formalismo-valorativo no confronto com o formalismo excessivo.* Disponível em: <http://www.ufrgs.br/ppgd/doutrina/CAO_O_Formalismo-valorativo_no_confronto_com_o_Formalismo_excessivo_290808.htm>. Acesso em: 15 out. 2013; e AMARAL, Guilherme Rizzo. *Cumprimento e execução de sentença sob a ótica do formalismo-valorativo.* Porto Alegre: Livraria do Advogado, 2008.

[67] NERY JÚNIOR, Nelson. *Princípios do processo civil na Constituição Federal.* 8. ed. São Paulo: Revista dos Tribunais, 2004, p. 26.

extensão, independentemente da área específica do Direito infraconstitucional que seja objeto de exame.[68]

Como decorrência da constitucionalização do Direito Processual Civil, vale dizer, como consequência da incorporação no texto constitucional de um catálogo de princípios e de direitos fundamentais aplicáveis ao processo, surge a necessidade de proteger e realizar na maior escala possível o conteúdo essencial destes direitos. Para tanto, ensina Sérgio Gilberto Porto[69] que aos intérpretes e operadores do Direito incumbe considerar a ordem jurídica como um sistema uniforme e coerente a fim de viabilizar a identificação da solução mais adequada ao caso concreto.

A partir desta recepção constitucional do conteúdo processual, os princípios funcionam como pontos de apoio aos hermeneutas no exercício de sua tarefa interpretativa, servindo, deste modo, como parâmetro de aferição da razoabilidade e coerência das soluções alcançadas tanto na seara doutrinária, quanto jurisprudencial. Decorrência disto, é que os princípios constitucionais aplicáveis ao processo viabilizam a revitalização do ordenamento processual, possibilitando que as suas normas absorvam as transformações culturais e, desta feita, sejam examinadas à luz da unidade constitucional.[70]

Diante deste panorama, para aqueles casos complexos em que for impossível obter uma solução harmônica dos interesses envolvidos, tal como se dá no caso das sentenças sem eficácia imediata que tutelam direito em risco de dano ou perecimento no qual há um conflito valorativo entre efetividade e segurança jurídica, a Carta Magna oferece aos cidadãos direitos fundamentais processuais e um Poder Judiciário independente e por ela legitimado, apto a responder aos anseios da sociedade.

Não obstante os inquestionáveis méritos deste novo paradigma constitucional do processo civil é importante atentar que ele traz consigo alguns riscos no que concerne à utilização inapropriada e abusiva dos princípios constitucionais processuais para a resolução de novos e complexos casos jurídicos. Dada a relevância deste tema para o enfrentamento do problema da falta de eficácia e exequibilidade imediata das sentenças que tutelam direito em risco de dano ou perecimento, ponto crucial deste estudo, o mesmo será abordado em seção específica logo a seguir.

Em síntese, como consequência inafastável deste novo paradigma constitucional do fenômeno jurídico contemporâneo, o processo civil passa a ser examinado por seu intérprete sob o enfoque de sua conformidade com a Constituição Federal. Neste cenário, portanto, o operador do Direito tem como

---

[68] NERY JÚNIOR, Nelson. *Princípios do processo civil na Constituição Federal*. 8. ed. São Paulo: Revista dos Tribunais, 2004, p. 26.

[69] PORTO, Sérgio Gilberto. *Lições de direitos fundamentais no processo civil*: o conteúdo processual da Constituição Federal. Porto Alegre: Livraria do Advogado, 2009, p. 22-23.

[70] Idem, p. 23.

pressuposto teórico o postulado constitucional de que toda a elaboração, interpretação e aplicação da legislação processual ordinária deve observar os princípios e valores consagrados na norma fundamental.

1.2. OS DIREITOS FUNDAMENTAIS NO PROCESSO CIVIL PÁTRIO: O CONTEÚDO PROCESSUAL DA CONSTITUIÇÃO FEDERAL DE 1988

Como consequência do advento do Constitucionalismo Contemporâneo, a força normativa da Constituição Federal passa a se estender sobre todo o ordenamento jurídico, conduzindo a uma necessidade cada vez maior de se valorizar e estudar a sua relação com todas as tradicionais áreas do direito, incluindo dentre estas, a ciência processual.

Passam, então, a ser reconhecidos no cenário jurídico mundial garantias e direitos proclamados nos ordenamentos constitucionais internos e nos diplomas internacionais, destacando-se frente aos demais direitos e garantias consagrados pela legislação infraconstitucional justamente por possuírem um *status* de positivação diferenciado na ordem jurídica.[71]

Consoante destaca Mauro Cappelletti,[72] este fenômeno não é estranho ao processo civil. Por milênios uma série de princípios básicos se desenvolveu, dando sustentação teórica e fortalecendo direitos dos litigantes frente ao juiz, adversário e terceiros ao processo. A exemplo, (*i*) direito exclusivo da parte de iniciar uma ação e determinar o seu conteúdo (*"nemo judex sine actore"*, *"ne eat judex ultra petita et allegata a partibus"*); (*ii*) direito a imparcialidade judicial (*"nemo judex in re sua"*); (*iii*) direito de defesa (*"audiatur et altera pars"*). Outros princípios contam com uma história um pouco mais recente, como a garantia da independência do Judiciário em relação ao Executivo; outros, ainda, como o direito a um juiz natural ou legal (isto é, um juiz predeterminado pela lei) e a garantia de um processo aberto e público, podem ser considerados como conquista ou aspiração dos tempos modernos.

Especialmente após a segunda guerra mundial, a positivação das garantias do processo na lei suprema assumiu dimensões universais como uma reação contra a abominável violação e abuso aos direitos humanos. Tal fenômeno foi significativo em países emergentes do pesadelo da ditadura e derrotados, como Alemanha, Itália e Japão.[73]

---

[71] CAPPELLETTI, Mauro. Fundamental guarantees of the parties in civil litigation: comparative constitutional, international, and social trends. *Stanford Law Review*, v. 25, n. 5, p. 652, May 1973. Disponível em: <http://www.jstor.org/stable/1227903>. Acesso em: 17 out. 2013.

[72] Ibidem.

[73] Ibidem.

Segundo Mauro Cappelletti,[74] este crescente processo de positivação dos direitos é um aspecto importante do que foi denominado "Constitucionalismo Moderno". Menos pronunciado, mas paralelo a isto, é outro fenômeno: "a internacionalização" de certas garantias e direitos similares, observando o autor que, no particular e a despeito de alguns documentos internacionais, como a Declaração Universal dos Direitos Humanos de 1948 e os pactos mais tarde editados para a sua implementação, não foi, ainda, suficientemente consagrado, tema certamente relevante, mas que se afasta da proposta aqui desenhada.

No que concerne ao Direito pátrio, a relação entre Constituição e processo se tornou mais nítida a partir da Constituição de 1988 em razão das significativas previsões destinadas ao Direito Processual. Consequência disto, como bem ressalta Sérgio Gilberto Porto,[75] é que matérias antes definidas pela aplicação de normas infraconstitucionais, agora merecem ser analisadas à luz dos comandos constitucionais, hierarquizando-se.

O vínculo constituição-processo é nitidamente constatado na medida em que a Constituição Federal de 1988 outorga aos cidadãos direitos fundamentais aplicáveis ao processo. Tais direitos consistem basicamente em comandos constitucionais tradicionalmente chamados de garantias constitucional-processuais.[76] Significa dizer, são princípios voltados a proteger o jurisdicionado, os quais foram identificados pela dogmática constitucional ao longo do século XX, e gradativamente reconhecidos pelas Constituições sucessivamente promulgadas e aplicados pelas Cortes Superiores, estando hodiernamente consagrados formal e materialmente na Carta Magna de 1988.[77]

Neste fio, cabe referir, que não obstante a distinção existente entre direitos e garantias, estas últimas ainda que apresentem função de natureza assecuratória, e assim, instrumental de proteção dos direitos materiais, são utilizadas também como direitos subjetivos, na medida em que outorgam ao seu titular posição subjetiva autorizando-o a exigir (plano da exigibilidade dos direitos fundamentais) a tutela prevista no ordenamento legal em seu favor. Eis a razão

---

[74] CAPPELLETTI, Mauro. Fundamental guarantees of the parties in civil litigation: comparative constitutional, international, and social trends. *Stanford Law Review*, v. 25, n. 5, p. 652-654, May 1973. Disponível em: <http://www.jstor.org/stable/1227903>. Acesso em: 17 out. 2013.

[75] PORTO, Sérgio Gilberto. *Lições de direitos fundamentais no processo civil*: o conteúdo processual da Constituição Federal. Porto Alegre: Livraria do Advogado, 2009, p. 11.

[76] Em sede de doutrina alienígena, imperdível as lições de Mauro Cappelletti. O artigo elaborado pelo brilhante jurista almeja examinar os aspectos mais relevantes das garantias processuais, as quais ligam os direitos das partes à proteção judicial, ao acesso efetivo à proteção e ao tratamento judicial justo dos casos das partes. Ver em: CAPPELLETTI, Mauro. Fundamental guarantees of the parties in civil litigation: comparative constitutional, international, and social trends. *Stanford Law Review*, v. 25, n. 5, p. 651-715, May 1973 Disponível em: <http://www.jstor.org/stable/1227903>. Acesso em: 17 out. 2013.

[77] PORTO, op. cit., p. 36.

da escolha neste estudo pelo uso da denominação direito-garantia fundamental aplicável ao processo.[78]

Segundo Sérgio Gilberto Porto "os direitos fundamentais do jurisdicionado formam um verdadeiro modelo principiológico processual, de macro-compreensão do sistema, eis que representam primados constitucionais incidentes em todos os ramos processuais especializados".[79] Tais direitos consistem em autênticos comandos constitucionais que visam a ordenar o processo, o que justifica a recorrente designação que lhes é atribuída pela doutrina de princípios constitucionais-processuais.[80]

A Constituição Federal de 1988 traz um vasto catálogo de direito-garantias fundamentais do jurisdicionado, contemplando, ao lado dessas, instrumentos (como as ações constitucionais) e disciplinando temas concernentes ao exercício da jurisdição, além de regras destinadas à organização institucional do Poder Judiciário, seja na sua formação, como na distribuição das respectivas competências.

Este é, em apertada síntese, o conteúdo processual da Constituição pátria vigente, composto por um conjunto de direitos concernentes ao processo e oferecidos aos cidadãos, os quais podem se revelar tanto na forma de direitos (posições jurídico-subjetivas tuteláveis do cidadão), quanto de instrumentos ou direito-meio (meios através dos quais se exerce judicialmente determinado direito), ou então, como regência de distribuição de funções ou atribuições (quando dispõe sobre a organização judiciária), tudo, como bem resume Sérgio Gilberto Porto,[81] instituído com base no intuito maior de concretizar a cultura democrática na sociedade atual.

Diante deste contexto constitucional-processual, forçoso perceber que a ordem constitucional unificadora de todo o ordenamento jurídico outorgou ao jurisdicionado certos direitos a serem exercidos durante o processo ou em razão dele, destacando-se: a publicidade dos atos processuais (arts. 5º, LX, e 93, IX), a isonomia no tratamento das partes (art. 5º, caput), o devido processo legal (art. 5º, LIV), a inafastabilidade da prestação jurisdicional à lesão ou ameaça a direito (art. 5º, XXXV), a proibição da obtenção de prova por meio ilícito (art. 5º, LVI), a segurança jurídica decorrente da coisa julgada (art. 5º, XXXVI), a atuação do juiz natural (art. 5º, XXXVII), a tempestividade processual

---

[78] Neste sentido: SARLET, Ingo Wolfgang. *A eficácia dos direitos fundamentais:* uma teoria geral dos direitos fundamentais na perspectiva constitucional. 11. ed. Porto Alegre: Livraria do Advogado, 2012, p. 211; ANDRADE, José Carlos Vieira de. *Os direitos fundamentais na Constituição Portuguesa de 1976.* 3. ed. Coimbra: Almedina, 2004, p. 116.

[79] PORTO, Sérgio Gilberto. *Lições de direitos fundamentais no processo civil:* o conteúdo processual da Constituição Federal. Porto Alegre: Livraria do Advogado, 2009, p. 12.

[80] NERY JÚNIOR, Nelson. *Princípios do processo civil na Constituição Federal.* 8. ed. São Paulo: Revista dos Tribunais, 2004, p. 26.

[81] PORTO, Sérgio Gilberto. *Lições de direitos fundamentais no processo civil:* o conteúdo processual da Constituição Federal. Porto Alegre: Livraria do Advogado, 2009, p. 13.

(art. 5º, LXXVIII), fora outros princípios que, embora não estejam formalmente previstos, decorrem do regime e dos princípios por ela adotados e dos tratados internacionais de que a República Federativa do Brasil seja parte, ou seja, da Constituição compreendida em um sentido material.

É, em apertada síntese, a consagração do processo como um espaço democrático de construção do Direito do caso concreto, como um novo paradigma de jurisdição e de processo.[82]

Em que pese a inquestionável relevância de cada um destes direitos-garantia fundamentais para o processo civil contemporâneo, tendo em vista o objetivo precípuo deste estudo de investigar a solução ao problema da sentença sem eficácia imediata *ope legis* que tutela direito em risco de dano ou perecimento, a seção seguinte destinar-se-á a definir o âmbito conceitual e de proteção do direito-garantia à tutela jurisdicional adequada, tempestiva e efetiva, eis que mais adiante tais conceitos servirão de embasamento teórico para o desenvolvimento da solução ao problema em exame.

1.2.1. O direito-garantia fundamental à tutela jurisdicional adequada e efetiva

1.2.1.1. Previsão constitucional

No presente estudo adota-se como teoria de base o entendimento doutrinário capitaneado por Luiz Guilherme Marinoni e Daniel Mitidiero[83] de que ao proibir a autotutela e afirmar no art. 5º, XXXV, que: "a lei não excluirá da apreciação do Poder Judiciário lesão ou ameaça a direito", a Constituição pátria admite a existência de um direito-garantia fundamental à tutela jurisdicional adequada e efetiva.

É desta positivação no catálogo de direitos fundamentais do Título II da Constituição Federal que decorre, portanto, a fundamentalidade formal deste direito-garantia. Já a sua fundamentalidade material está totalmente associada à relevância da sua existência na estrutura do Estado Constitucional, a qual decorre não só da proibição da autotutela e consequente assunção do monopólio da jurisdição pelo Estado, mas, da própria existência dos direitos substanciais e, assim, da sua imprescindibilidade para a plena realização destes sempre que resultem lesados ou ameaçados de lesão.

---

[82] Para aprofundamento do tema, remete-se o leitor a MACEDO, Elaine Harzheim. *Jurisdição e processo:* crítica histórica e perspectivas para o terceiro miLenio. Porto Alegre: Livraria do Advogado, 2005.

[83] MARINONINI, Luiz Guilherme; MITIDIERO, Daniel. Direitos fundamentais processuais. In: SARLET, Ingo Wolfgang (Coord.). *Curso de direito constitucional*. 2. ed. São Paulo: Revista dos Tribunais, 2013, p. 711.

Com efeito, a fundamentalidade material deste direito-garantia pode ser resumida nas seguintes palavras de Luiz Guilherme Marinoni e Daniel Mitidiero: "Onde há um direito existe igualmente direito à sua realização".[84] [85]

A rigor, esta compreensão do art. 5°, XXXV, da CF é a mais adequada aos próprios fundamentos do Estado Democrático de Direito, e para se chegar a esta conclusão basta ponderar que a força normativa do Direito fica totalmente anulada quando esse carece de realização na prática, e deste modo, o direito à tutela jurisdicional deve ser compreendido não apenas como o direito que todos têm de acessar o Poder Judiciário para a tutela de seus direitos, mas, para além disso, como o direito à adequada e efetiva proteção do direito material posto em juízo, do qual são devedores tanto o Estado-legislador quanto o Estado-juiz. É justamente por essa razão, que a teorização do direito fundamental à tutela adequada e efetiva proposta por Luiz Guilherme Marinoni e Daniel Mitidiero é escolhida para servir de assento teórico neste estudo.

Nesta linha, diante da proibição da justiça de mão própria nada mais razoável e natural do que conferir ao Estado Democrático de Direito o dever de prestar tutela jurisdicional idônea aos direitos, pois entender de modo diverso implica em tornar sem qualquer valor e efeito prático não só o direito à tutela jurisdicional (plano do direito processual), mas também o próprio direito material, ou seja, o direito à tutela do direito (plano do direito material). É por essa razão que o direito fundamental à tutela jurisdicional constitui direito à efetiva e adequada proteção jurídica.[86]

Se, por um lado, a proibição da autotutela e a consequente assunção do monopólio da jurisdição pelo Estado atribuiu a este o dever de prestar tutela jurisdicional idônea e efetiva aos direitos, por outro, conferiu ao cidadão o direito de propor ação sempre que sofrer ameaça ou lesão a direito, e este direito nada mais é do que o instrumento pelo qual o indivíduo exerce o seu direito fundamental à tutela jurisdicional.

Como consequência desta compreensão do art. 5°, XXXV, da Constituição Federal, o direito de ação, na dogmática contemporânea do processo civil, deixa de ser compreendido como mero direito à decisão de mérito para significar o direito ao provimento e aos meios executivos idôneos a conferir efetividade ao direito substancial nele reconhecido. Ou seja, na concepção contemporânea, o foco do direito de ação é deslocado do conceito para o resultado propiciado pelo seu exercício. Essa nova leitura do direito de ação parte ade-

---

[84] Esta leitura da fundamentalidade material do direito-garantia à tutela jurisdicional efetiva nada mais é do que uma releitura do direito de ação previsto no art. 75 do Código Civil de 1916, *vide*: "Art. 75. A todo o direito corresponde uma ação, que o assegura".

[85] MARINONINI, Luiz Guilherme; MITIDIERO, Daniel. Direitos fundamentais processuais. In: SARLET, Ingo Wolfgang (Coord.). *Curso de direito constitucional*. 2. ed. São Paulo: Revista dos Tribunais, 2013, p. 722.

[86] Idem, p. 712. Neste mesmo sentido, na doutrina pátria: FERRARI, Regina Maria Macedo Nery. *Direito constitucional*. São Paulo: Revista dos Tribunais, 2011, p. 643; e na doutrina alienígena: ALEXY, Robert. *Teoria dos direitos fundamentais*. Tradução de Virgílio Afonso da Silva. 2. ed. São Paulo: Malheiros, 2009, p. 488.

quadamente do pressuposto de que o provimento de mérito só tem relevância e utilidade se o direito material nele reconhecido for realizado.[87]

Eis a raiz constitucional do direito-garantia fundamental à tutela jurisdicional adequada e efetiva. Cabe, nesta senda, avançar para a análise do seu conceito e âmbito de proteção.

1.2.1.2. Definição conceitual e âmbito de proteção

A efetividade da tutela está diretamente associada ao resultado do processo. Neste sentido, consiste na necessidade de o resultado do processo corresponder o máximo possível ao direito material que se busca obter ou ver protegido, propiciando às partes, sempre que possível, a tutela específica, ou então, a tutela pelo resultado prático equivalente, e apenas quando estas não forem possíveis, a tutela pelo equivalente monetário. Partindo desta concepção, torna-se fácil compreender a necessidade de pensar todo o processo a partir do direito material com o fito de viabilizar a sua efetividade. Via de consequência, o direito à tutela efetiva exige a necessidade: "(*i*) de encarar o processo a partir do direito material – especialmente a partir da teoria da tutela dos direitos; e (*ii*) de viabilizar não só a tutela repressiva, mas também e fundamentalmente a tutela preventiva aos direitos".[88]

Inequivocamente, a tutela efetiva não se resume apenas em uma tutela prestada rapidamente, assim como não há dúvidas de que não é efetiva a tutela prestada a destempo. Tanto é que, quanto mais morosa a tutela, maior é o dano marginal experimentado pela parte que tem razão em seu pedido.[89]

A efetividade da proteção jurisdicional se traduz, em síntese, na preocupação com a especificidade e tempestividade da tutela. Isso significa dizer que o resultado processo deve ser: (*i*) o mais próximo possível do direito material postulado e (*ii*) alcançado em tempo razoável o suficiente para garantir a utilidade da tutela jurisdicional prestada.

A tutela jurisdicional adequada, por sua vez, consiste na ideia de que o processo deve ser apto a promover a realização do direito material, ou ainda, em outras palavras, o meio deve ser adequado à realização do fim. Via de consequência, a adequação da tutela implica a necessidade de analisar o direito material em litígio, e com base nesta análise, estruturar o processo com técnicas processuais idôneas à situação de direito substancial posta em juízo.[90]

---

[87] MARINONI, Luiz Guilherme. *Técnica processual e tutela dos direitos*. São Paulo: Revista dos Tribunais, 2010, p. 139. Também neste mesmo sentido se posiciona Mitidiero em recente obra escrita em co-autoria com Marinoni e Sarlet: MARINONINI, Luiz Guilherme; MITIDIERO, Daniel. Direitos fundamentais processuais. In: SARLET, Ingo Wolfgang (Coord.). *Curso de direito constitucional*. 2. ed. São Paulo: Revista dos Tribunais, 2013, p. 712.

[88] MARINONINI; MITIDIERO, op. cit., p. 720-721.

[89] MITIDIERO, Daniel. *Processo e estado constitucional*. Porto Alegre: Livraria do Advogado, 2007, p. 93-94.

[90] Idem, p. 92.

Nesta linha, segundo Luiz Guilherme Marinoni e Daniel Mitidiero, o direito-garantia fundamental à proteção jurisdicional adequada determina que o legislador estruture o processo mediante a previsão:

> [...] (*i*) de procedimentos com nível cognição apropriado à tutela do direito pretendida, (*ii*) de distribuição adequada do ônus da prova, inclusive com possibilidade de dinamização e inversão; (*iii*) de técnicas antecipatórias idôneas a distribuir isonomicamente o ônus do tempo no processo, seja em face da urgência, seja em face da evidência; (*iv*) de formas de tutela jurisdicional com executividade intrínseca; (*v*) de técnicas executivas idôneas; e (*vi*) de técnicas para valoração probatória pertinentes à natureza do direito material debatido em juízo. Contudo, assim como é dever do legislador estruturar o processo com todas estas técnicas a partir da necessidade de adequação da tutela jurisdicional, é dever do juiz adaptá-lo concretamente, com base na lei, a fim promover a tutela adequada dos direitos.[91]

Como bem resume Daniel Mitidiero, o direito fundamental à tutela jurisdicional consiste no reconhecimento do direito a uma tutela jurisdicional adequada e efetiva. Adequada no sentido de atender as necessidades e peculiaridades evidenciadas pelo direito material, e efetiva no sentido de que seja apta a realizá-lo específica e concretamente em tempo hábil.[92]

1.2.2. O direito-garantia fundamental à tutela jurisdicional tempestiva

A ideia de que o processo – até por sua definição como um movimento direcionado a um fim determinado, de significativo caráter teleológico – não deve apenas seguir um rito organizado, previamente estabelecido, mas deve também alcançar o seu desiderato dentro de um "tempo" determinado ou determinável, não é nenhuma novidade, pois já no passado trabalhava-se, doutrinária e jurisprudencialmente, com o princípio da celeridade como forma de atingir esse objetivo mesmo antes da reforma introduzida pela Emenda Constitucional 45/2004, sem embargo de reconhecê-lo como implicitamente clausulado, seja por meio da cláusula material aberta do § 2º do art. 5º, seja sob o comando do devido processo legal, como adiante se verá.

1.2.2.1. *Antecedentes históricos e a recente previsão constitucional expressa*

Em que pese a (recente) recepção constitucional do direito fundamental à tempestividade da tutela jurisdicional, concretizada por meio da Emenda Constitucional 45/2004, é importante destacar que sua previsão poderia ser reconhecida implicitamente na ordem constitucional por meio do disposto no

---

[91] MARINONINI, Luiz Guilherme; MITIDIERO, Daniel. Direitos fundamentais processuais. In: SARLET, Ingo Wolfgang (Coord.). *Curso de direito constitucional.* 2. ed. São Paulo: Revista dos Tribunais, 2013, p. 714-715.

[92] MITIDIERO, Daniel. *Processo e estado constitucional.* Porto Alegre: Livraria do Advogado, 2007, p. 92.

§ 2º e no inciso LIV do art. 5º da Constituição Federal e no art. 8º, nº 1, da Convenção Americana sobre Direitos Humanos.

Isso porque, o § 2º do art. 5º da Constituição Federal estabelece que "os direitos e garantias expressos nesta Constituição não excluem outros decorrentes do regime e dos princípios por ela adotados, ou dos tratados internacionais em que a República Federativa do Brasil seja parte" e, como se sabe, o Brasil foi signatário do Pacto de São José da Costa Rica, que traz no art. 8º, nº 1, o direito à duração razoável por meio da seguinte redação:

> Toda pessoa terá o direito de ser ouvida, com as devidas garantias e dentro de um prazo razoável, por um juiz ou tribunal competente, independente e imparcial, estabelecido anteriormente por lei, na apuração de qualquer acusação penal imputada a ela, ou na determinação de seus direitos e obrigações de caráter cível, trabalhista, fiscal ou de qualquer natureza.

Por outro lado, a concepção de um devido processo legal não pode abdicar de um processo que respeite o tempo em que o mesmo deve prevalecer, seja no sentido de um tempo mínimo (o excesso de celeridade é tão danoso quanto a sua ausência), seja no que diz com um tempo máximo.

Em termos de sistema comparado, o direito-garantia fundamental à tempestividade da tutela jurisdicional encontra abrigo em inúmeras Constituições e Tratados Internacionais. Na Constituição Italiana a *durata ragionevole* está prevista no art. 111. Na Carta Portuguesa a decisão em prazo razoável está prevista no art. 20. Na Constituição Espanhola o direito ao processo sem dilações indevidas é consagrado no art. 24.[93]

Como se percebe, a previsão da duração razoável na Constituição Federal Brasileira através do inciso LXXVIII do art. 5º segue os mesmos moldes traçados nas Constituições dos sistemas ocidentais da *civil law*.

Em suma, pode-se afirmar que a partir da promulgação da Emenda Constitucional 45/2004 instaura-se formalmente um novo pensamento jurídico nacional voltado a estabelecer novas condutas e comportamentos dos operadores do Direito que propiciem a duração razoável do processo.

1.2.2.2. Definição conceitual e âmbito de proteção

O inciso LXXVIII inserido no art. 5º da Constituição Federal, por meio da Emenda Constitucional 45/2004, traz em seu bojo dois direitos fundamentais processuais do cidadão, ambos vinculados ao tempo do processo, são eles: (*i*) o direito-garantia fundamental à razoável duração do processo, ou ainda, direito-garantia fundamental à tempestividade processual e (*ii*) o direito-garantia fundamental à celeridade processual.

---

[93] PORTO, Sérgio Gilberto. *Lições de direitos fundamentais no processo civil*: o conteúdo processual da Constituição Federal. Porto Alegre: Livraria do Advogado, 2009, p. 101.

A primeira parte do referido dispositivo legal destina-se a consagrar o direito ao processo tempestivo. Trata-se de um dever de prestação do Estado e de um direito-garantia do jurisdicionado no processo judicial ou administrativo, independentemente de sua posição de autor ou réu na relação instaurada. Dele se extrai um comando direcionado ao Estado de que tanto no âmbito judicial, quanto no administrativo, o processo deve ser finalizado em um tempo que seja, no mínimo, razoável.[94]

A definição conceitual do direito à tutela jurisdicional tempestiva está diretamente associada à noção de utilidade da prestação jurisdicional no sentido de que o tempo razoável do processo é aquele que não prejudique a utilidade do provimento final.

Deste modo, o processo deverá ter a duração que não importe no perecimento do direito posto em juízo, ou seja, que não importe na sua inefetividade. Por essa razão que se afirma que a tempestividade é, de regra, condição da efetividade da tutela jurisdicional, e que a tutela prestada a destempo é, pelo menos em princípio, inefetiva, isso porque o tempo tende a corroer os interesses submetidos à decisão judicial, ainda que se possa admitir situações inversas, onde o tempo (mais longo) é indispensável à efetividade.

De qualquer sorte, na linha da regra geral, é a definição conceitual apresentada por Sérgio Gilberto Porto ao referir que:

> [...] a jurisdição deverá agir e concretizar o direito controvertido dentro de um tempo apto ao gozo desse direito. Do contrário, a promessa constitucional de acesso jurisdicional não alcança a realidade, prejudicando a confiança social na administração da justiça. E poucos fatos são tão lamentados pelo cidadão quanto o reconhecimento tardio e inútil de seu direito. A injustiça nestas hipóteses ocorre duas vezes: pela ameaça ou agressão pretérita e pela resposta jurisdicional tardia e ineficaz.[95]

Do direito à tempestividade da tutela jurisdicional extraem-se, portanto, duas projeções: (*i*) a adoção de meios adequados pelo operador do direito para a resolução do conflito; e (*ii*) a coibição de dilações indevidas.[96]

Cabe, então, ao operador do Direito, especialmente ao juiz, empregar o meio processual que se revele mais adequado à tutela do direito posto em juízo, a fim de indeferir aqueles que possam importar sua inefetividade.

Em outras palavras, incumbe ao julgador avaliar a pertinência de cada medida requerida pelos litigantes, a fim de indeferir de forma fundamentada aquelas que se revelarem protelatórias e inúteis à resolução do conflito. Isso porque, como bem observa Sérgio Gilberto Porto, cada ato processual só se

---

[94] JOBIM, Marco Félix. *O direito à duração razoável do processo:* responsabilidade civil do Estado em decorrência intempestividade processual. 2. ed. Porto Alegre: Livraria do Advogado, 2012, p. 91.

[95] PORTO, Sérgio Gilberto. *Lições de direitos fundamentais no processo civil:* o conteúdo processual da Constituição Federal. Porto Alegre: Livraria do Advogado, 2009, p. 101.

[96] CRUZ E TUCCI, José Rogério. *Tempo e processo.* São Paulo: Revista dos Tribunais, 1997, p. 63.

justifica se for útil ao processo. Logo, se dele não for possível extrair qualquer utilidade à resolução do conflito, sua realização se torna ilegítima, na medida em que viola o princípio da duração razoável e da efetividade.[97]

Por outro lado, é a especificidade da demanda que deve efetivamente determinar, de forma razoável, o tempo do processo. Assim, por exemplo, não há como comparar o razoável tempo de uma ação de usucapião ou de uma ação de divisão e demarcação de terras com o de uma ação de alimentos.

E não apenas isso. Diante de determinadas peculiaridades do caso concreto, trinta dias podem ser excessivos, como se dá no caso em que há necessidade de realizar uma cirurgia de urgência coberta pelo plano de saúde e negada administrativamente pela operadora. Em contrapartida, dois anos podem se enquadrar na exigência constitucional de efetivação da tutela jurisdicional em tempo razoável, num caso em que se busca uma simples reparação por um dano material ocasionado em um acidente de trânsito, especialmente se a produção de prova exigiu uma dilação mais ampliada.

Tais exemplos demonstram que, para propiciar uma tutela jurisdicional tempestiva, é preciso que o magistrado considere as condições subjetivas e objetivas da causa, pois será justamente a partir do caso concreto com base na análise dos sujeitos e do direito posto em causa que se definirá o tempo razoável para a efetivação da tutela jurisdicional.

Neste particular, impende referir que, para fins de responsabilização do Estado por prestação intempestiva da tutela jurisdicional, o que importa verificar é se o órgão jurisdicional influiu ou não na referida intempestividade, com omissão ou com ação, disponibilizando ou não os meios necessários para que o jurisdicionado obtenha a efetividade da tutela pretendida.[98]

A segunda parte do inciso LVIII do art. 5º, CF, por seu turno, destina-se a positivar o direito à celeridade processual. Dele, por sua vez, se extrai um dever do Estado de disponibilizar ao cidadão, no mínimo, os meios necessários a conferir maiores condições de obter um processo efetivo, tempestivamente, por meio da celeridade processual.[99]

As linhas seguintes se destinam justamente a diferenciar conceitualmente estes dois importantes direitos fundamentais do cidadão aplicáveis ao processo: a tempestividade e a celeridade da tutela jurisdicional.

---

[97] PORTO, Sérgio Gilberto. *Lições de direitos fundamentais no processo civil:* o conteúdo processual da Constituição Federal. Porto Alegre: Livraria do Advogado, 2009, p. 101.

[98] JOBIM, Marco Félix. *O direito à duração razoável do processo:* responsabilidade civil do Estado em decorrência intempestividade processual. 2. ed. Porto Alegre: Livraria do Advogado, 2012, p. 93.

[99] Idem, p. 91.

1.2.2.3. A necessária diferenciação entre os conceitos de tempestividade versus celeridade e morosidade versus intempestividade

No processo civil contemporâneo, especialmente a partir do advento da Emenda Constitucional 45/2004, tornou-se inadmissível estudar o direito fundamental à duração razoável do processo sem proceder previamente uma análise acerca da diferenciação entre os conceitos de tempestividade e celeridade, bem como de intempestividade e morosidade.

Neste particular, lamentavelmente tanto a doutrina quanto a jurisprudência tem apresentado confusões conceituais concernentes a tais expressões, na medida em que as empregam como se sinônimos fossem, o que, data vênia, não procede.

Conforme demonstrar-se-á mais adiante, parte da doutrina e da jurisprudência entendem que o princípio da duração razoável do processo nada mais é do que o princípio da celeridade processual, revestido a partir da Emenda Constitucional 45/2004 de *status* fundamental-constitucional.

A verdade é que a confusão conceitual se manifesta de várias formas. No âmbito jurisprudencial, a título de exemplo, em sede de Agravo de Instrumento, a decisão, proferida monocraticamente, sequer faz referência ao direito à tempestividade processual ao mencionar o novo dispositivo constitucional, destacando apenas a celeridade processual, a ensejar a conclusão de que os conceitos de tempestividade e celeridade confundem-se em um só. É o que se conclui do seguinte trecho extraído da decisão em comento "Concordam os operadores do Direito que os serviços prestados pelo Poder Judiciário devem ser céleres, tanto que a celeridade processual foi guindada a direito fundamental do jurisdicionado a teor do art. 5º, LXXVIII, da Constituição Federal. [...]".[100]

Na doutrina, por seu turno, há quem defina o princípio da tempestividade como parte integrante do princípio da celeridade. Assim faz Rui Portanova[101] ao abordar em sua obra o princípio da duração razoável do processo dentro do capítulo denominado de princípio da celeridade.

Há, outrossim, quem defina, de modo inverso, o princípio da celeridade como parte integrante do princípio da razoável duração do processo. Neste sentido Gisele Mazzoni Welsch ao afirmar:

> A conjugação de ambos oferece toda a fundamentação necessária à efetiva implementação do conceito de 'razoável duração do processo', razoabilidade essa que

---

[100] RIO GRANDE DO SUL. Tribunal de Justiça. 1ª Câmara Especial Cível. Agravo de Instrumento nº 70022087779. Relatora: Desembargadora Walda Maria Melo Pierrô. *Diário da Justiça da União*, 22 nov. 2007. Disponível em: <http://www.tjrs.jus.br/>. Acesso em: 24 maio 2014.

[101] PORTANOVA, Rui. *Princípios do processo civil*. 7. ed. Porto Alegre: Livraria do Advogado, 2007, p. 173--174.

deve ser encarada tanto sob o prisma da celeridade, quanto da efetividade da decisão. De nada adiantaria pronunciamento judicial célere porém ineficaz.[102]

Mesmo após a Emenda Constitucional 45/2004, há autores, como Guilherme Rizzo Amaral, que expõem conceitualmente celeridade e tempestividade como se tratassem de um mesmo valor constitucional, ao referir que:

> No Brasil, a celeridade processual ganhou destaque com a introdução, pela Emenda Constitucional nº 45, do inciso LXXVIII ao artigo 5º da Carta Magna, prevendo como garantia de todos, no âmbito judicial e administrativo, "a razoável duração do processo e os meios que garantam a celeridade de sua tramitação". Mesmo antes disso, a preocupação com a celeridade sempre foi crescente.[103]

Do mesmo modo, o Ministro Gilmar Ferreira Mendes alinha-se neste caminho, adotando os conceitos de celeridade e tempestividade como se fossem um só, consignando que: "o reconhecimento de um direito subjetivo a um processo célere – ou com duração razoável – impõe ao Poder Público em geral e ao Poder Judiciário em particular a adoção de medidas destinadas a realizar esse objetivo".[104]

Ainda, neste fio de raciocínio, Fredie Didier Jr. se refere à razoável duração do processo como sendo o próprio princípio da celeridade, ao afirmar "É preciso, porém, fazer uma reflexão como contraponto. Bem pensadas as coisas, conquistou-se, ao longo da história, um direito à demora na solução dos conflitos. [...] É preciso fazer o alerta, para evitar discursos autoritários, que pregam a celeridade como valor insuperável".[105]

Outros autores, como Delosmar Mendonça Júnior, defendem que o princípio da celeridade ganhou *status* constitucional, transformando-se no princípio da duração razoável do processo, ao afirmar que:

> A emenda n. 45 de 8.12.2004, ao inserir o inciso LXXVIII no art. 5º da Constituição, positivou explicitamente o conteúdo da tempestividade da tutela jurisdicional, ou seja, a norma que era implícita no sistema e apontava para o direito à duração razoável do processo, a celeridade, tornou-se norma manifesta, incorporada à estrutura dos dispositivos constitucionais, resultando em fácil visibilidade.[106]

---

[102] WELSCH, Gisele Mazzoni. A razoável duração do processo (art. 5º, LXXVIII, da CF/88) como garantia constitucional. In: MOLINARO, Carlos Alberto; MILHORANZA, Mariângela Ribeiro; PORTO, Sérgio Gilberto (Coord.). *Constituição, jurisdição e processo:* estudos em homenagem aos 55 anos de revista jurídica. Sapucaia do Sul: Notadez, 2007, p. 361-362.

[103] AMARAL, Guilherme Rizzo. *Cumprimento e execução da sentença sob a ótica do formalismo-valorativo.* Porto Alegre: Livraria do Advogado, 2008, p. 52.

[104] MENDES, Gilmar Ferreira. A proteção da dignidade da pessoa humana no contexto do processo judicial. In: MIRANDA, Jorge; SILVA, Marco Antonio Marques da (Coord.). *Tratado luso-brasileiro da dignidade da pessoa humana.* São Paulo: Quartier Latin, 2008, p. 131.

[105] DIDIER JÚNIOR, Fredie. *Curso de direito processual civil – teoria geral do processo e processo de conhecimento.* 8. ed. Bahia: PODIVM, 2007, v. I, p. 41.

[106] MENDONÇA JÚNIOR, Delosmar. Princípio constitucional da duração razoável do processo. In: LEITE, George Salomão; LEITE, Glauco Salomão (Coord.). *Constituição e efetividade constitucional.* Bahia: JusPODIVM, 2008, p. 32.

A par dessa conceituável corrente doutrinária, opta-se por enfrentar o dispositivo constitucional em questão como consagrador de dois bem definidos princípios constitucionais, hierarquizados a direitos fundamentais autônomos e diversos entre si, sendo ambos parte integrante do processo consagrado pela Constituição brasileira como processo democrático de direito.[107]

Ademais, tais princípios possuem conceitos e objetivos bastante específicos, o suficiente para concebê-los como distintos entre si, sendo por isso inadmissível confundi-los um com o outro. Tanto é assim que basta considerar que um processo pode ser intempestivo mesmo tendo sido célere em várias fases da sua tramitação, como por exemplo, quando da dilação indevida pelo juiz do prazo para sentenciar.[108]

Em outras palavras, a intempestividade do processo não significa a ausência de celeridade em várias fases do seu procedimento, podendo ambos os fenômenos conviver numa mesma relação processual. Exemplo maior disso é o processo que se presta a compor uma relação creditícia, dividido em duas fases distintas: a cognitiva e a executiva ou cumprimento da sentença, podendo, na primeira fase, ter alcançado uma tempestividade exemplar até a prolação da sentença, mas o mesmo não acontecer no curso do cumprimento do julgado, tornando, eventualmente, até ineficaz o resultado alcançado por força do julgamento.

A duração razoável do processo, como bem explicita Marco Félix Jobim,[109] tem por desiderato a garantia ao jurisdicionado que acessa o Poder Judiciário de que tenha o seu processo efetivado em um tempo razoável. E aqui o sentido de acesso deve se ter também estendido ao réu, que goza da mesma garantia constitucional. A celeridade processual, por sua vez, é a garantia ao jurisdicionado de que os atos processuais sejam realizados no menor espaço de tempo possível, num viés mais de economia processual ou, quiçá, de eficiência na administração do processo.

Também nesta linha de autonomia conceitual da tempestividade e celeridade do processo, José Renato Nalini contribui asseverando que: "razoável é algo logicamente plausível. É aceitável pela razão. [...] Todavia, é um termo cuja densidade semântica dependerá de subjetivismo".[110] Não menos difícil é a definição precisa do conceito de celeridade. Esta, segundo o autor: "significa velocidade, rapidez, presteza" no trâmite processual.

---

[107] Neste mesmo sentido: JOBIM, Marco Félix. *O direito à duração razoável do processo:* responsabilidade civil do Estado em decorrência intempestividade processual. 2. ed. Porto Alegre: Livraria do Advogado, 2012, p. 118.

[108] JOBIM, Marco Félix. *O direito à duração razoável do processo:* responsabilidade civil do Estado em decorrência intempestividade processual. 2. ed. Porto Alegre: Livraria do Advogado, 2012, p. 119-120.

[109] Idem, p. 119.

[110] NALINI, José Renato. Duração razoável do processo e dignidade da pessoa humana. In: MIRANDA, Jorge; SILVA, Marco Antonio Marques da (Coord.). *Tratado luso-brasileiro da dignidade humana.* São Paulo: Quartier Latin, 2008, p. 196.

Significa dizer, em suma, que a tempestividade impõe que o resultado prático do processo deve ser alcançado em tempo razoável, oportuno, ao passo que a celeridade determina que o seu trâmite seja o mais célere possível, especificamente comprometido com os prazos processuais.

Além desta confusão conceitual concernente à tempestividade e celeridade processual, a doutrina e a jurisprudência também têm incorrido em equívoco terminológico ao utilizar a expressão morosidade processual como se fosse sinônima de intempestividade processual. Mais uma vez, tem-se que não é bem assim, a exigir um maior aprofundamento em cada um destes conceitos, sob pena de restarem empregados de forma indevida e não atingirem os objetivos para os quais foram traçados pelo legislador constituinte.

Como bem aponta Marco Félix Jobim,[111] exemplo explícito deste equívoco terminológico pode ser facilmente encontrado no título de inúmeras obras jurídicas, como Morosidade da Justiça = Impunidade + Injustiça de autoria de Flávio Beal, A Morosidade Processual e a Responsabilidade Civil do Estado de autoria de Ivan de Oliveira Silva, e A Morosidade no Poder Judiciário e seus Reflexos Econômicos de autoria de Fabiana Rodrigues Silveira.

Ao que tudo indica, em tais trabalhos intempestividade processual adquire nitidamente sentido como sinônimo de morosidade processual.

Neste particular, impende considerar, ao efeito de problematizar o tema, que um processo pode ser tempestivo mesmo tendo passado por diversas fases demoradas, de significativo custo temporal, como, por exemplo, a fase citatória em um processo de usucapião, de procedimento editalício, a expedição de carta rogatória para a oitiva de uma testemunha, dentre outras tantas mais. Por essa razão, os conceitos de tempestividade e celeridade não podem ser confundidos.

Ainda da lição de Marco Félix Jobim[112] "pode o processo ser na sua essência moroso, pelas inúmeras diligências que devem ser realizadas para que ele se torne efetivo, sem com isso adentrar no conceito de intempestividade".[113]

Em suma, a morosidade do processo não significa a sua intempestividade. Os ritos ou etapas processuais são em princípio morosos (custosos) por sua natureza, vale dizer, demandam um custo temporal para serem realizados. Apenas quando a morosidade extrapola o limite temporal para que o direito em jogo não reste lesado ou pereça é que se pode falar em intempestividade processual.

Intempestivo, segundo definição do próprio dicionário de língua portuguesa,[114] significa algo que "se produz, acontece ou chega numa ocasião im-

---

[111] JOBIM, Marco Félix. O direito à duração razoável do processo: responsabilidade civil do Estado em decorrência intempestividade processual. 2. ed. Porto Alegre: Livraria do Advogado, 2012, p. 120.

[112] Idem, p. 120.

[113] A compreensão da expressão "moroso", no caso, é de "demorado", com custo temporal.

[114] HOUAISS, Antônio; VILLAR, Mauro de Salles. Dicionário Houaiss da Língua Portuguesa. Elaborado no Instituto Antônio Houaiss de Lexicografia e Banco de Dados da Língua Portuguesa S/C Ltda. Rio de Janeiro: Objetiva, 2004, p. 1631.

própria, inoportuna. Moroso, por sua vez, significa algo "que age com vagar, vagaroso, lento", ou ainda, "que se mostra custoso, difícil de realizar".

Como sintetiza Marco Félix Jobim, o processo pode apresentar tramitação altamente morosa, e nem por isso resultar em um processo intempestivo, bem como ele pode resultar intempestivo, sem nunca ter sido moroso.[115] Trata-se, portanto, de conceitos autônomos, específicos e com um fim determinado, não merecendo, desta feita, serem confundidos entre si.

1.2.2.4. A tempestividade como característica e condição da efetividade da tutela jurisdicional em situações concretas específicas

Quando o assunto em pauta é a tempestividade da tutela jurisdicional, ponto que gera grande dúvida e polêmica na doutrina processual contemporânea é a questão de ela ser ou não condição de implementação da efetividade processual.

De um lado, parte da doutrina defende que tempestividade e efetividade são conceitos completamente independentes um do outro. Em contrapartida, outra parte significativa defende que o direito ao processo tempestivo é parte integrante do direito fundamental à efetividade processual, sendo, portanto, considerado característica ou condição deste.

A esse respeito, José Carlos Barbosa Moreira,[116] quando, em apertada síntese, define que a efetividade consiste no resultado prático do processo com o mínimo dispêndio de tempo possível. Sob sua ótica, existe a pretensão de que o processo alcance o resultado propugnado pelo direito material num razoável espaço de tempo, porém, não se impõe essa tempestividade como condição ou característica da efetividade do processo.

No entanto, esse não é o entendimento de muitos dos processualistas contemporâneos, na medida em que grande parte destes defende que a duração razoável do processo constitui característica e condição da efetividade processual, e por essa razão, a efetividade da tutela reclama necessariamente a sua tempestividade. Nesta linha, José Roberto dos Santos Bedaque, ao afirmar que processo efetivo é aquele que, respeitado o equilíbrio entre os valores segurança e celeridade, alcança às partes a tutela específica almejada, vale dizer, o resultado desejado pelo direito material.[117]

---

[115] JOBIM, Marco Félix. *O direito à duração razoável do processo:* responsabilidade civil do Estado em decorrência intempestividade processual. 2. ed. Porto Alegre: Livraria do Advogado, 2012, p. 121.

[116] José Carlos Barbosa Moreira é responsável por um dos pioneiros e mais relevantes referenciais teóricos acerca da polêmica efetividade do processo, ao publicar em 1988 o artigo intitulado "Notas sobre o problema da efetividade do processo". *Vide* em: MOREIRA, José Carlos Barbosa, Notas sobre o problema da "efetividade" do processo. *Revista da Ajuris – Associação dos Juízes do Rio Grande do Sul,* Porto Alegre: AJURIS, n. 29, p. 87, 1983.

[117] BEDAQUE, José Roberto dos Santos. *Efetividade do processo e técnica processual.* São Paulo: Malheiros, 2006, p. 49.

Forçoso concluir que o processualista impõe ao processo efetivo as características da celeridade, referindo-se, na verdade, à noção de tempestividade, e da segurança jurídica, sendo esta, por sua vez, manifestada pela observância ao contraditório e à ampla defesa. Nestes termos, defende que não há efetividade sem segurança e, por conseguinte, sem contraditório e ampla defesa, bem como trata a noção de tempestividade e a de celeridade num mesmo sentido, não atentando, pois, à distinção desses direitos fundamentais como autônomos e diversos entre si.

Sob esta mesma linha de raciocínio que define a tempestividade como característica e condição do processo efetivo, se apresenta a compreensão de Daniel Mitidiero, para quem só é efetiva a tutela jurisdicional se for tempestiva. Explica o autor que a efetividade exige que a tutela jurisdicional seja tempestivamente prestada. Inequivocamente, a tutela efetiva não se resume apenas em uma tutela prestada rapidamente, assim como não há dúvidas de que não é efetiva a tutela prestada a destempo. Tanto é que, quanto mais morosa a tutela, maior é o dano marginal experimentado pela parte que tem razão em seu pedido.[118]

Neste mesmo sentido é a definição conceitual apresentada por Sérgio Gilberto Porto ao referir que a compreensão de tempo razoável do processo está vinculada à ideia de tempo necessário para garantir a utilidade da prestação da tutela jurisdicional,[119] ou seja, à ideia de efetividade.

Em síntese, sob esta perspectiva, a efetividade da proteção jurisdicional se traduz na preocupação com a especificidade e tempestividade da tutela. Isso significa dizer que o resultado processo deve ser: (*i*) o mais próximo possível do direito material postulado e (*ii*) alcançado em tempo razoável.

Em crítica a esta linha argumentativa, Marco Félix Jobim afirma que ao sustentar que uma tutela é efetiva quando é realizada específica e concretamente em tempo hábil, acaba-se por qualificar a tempestividade como assessório da efetividade, o que não parece ser a intenção do legislador constitucional ao consagrar este direito fundamental por meio da Emenda Constitucional nº 45/2004. O autor defende que tempestividade e efetividade são conceitos distintos e autônomos um do outro, de modo que o primeiro consiste na entrega do bem da vida postulado em um prazo razoável, ao passo que o segundo consiste na tutela realizada específica e concretamente.[120]

De qualquer sorte, para fundamentar a autonomia conceitual do direito fundamental à tempestividade e à efetividade processual, Marco Félix Jobim aduz que, no caso de intempestividade do processo, tem o lesado o direito a postular perante o Estado uma indenização. Já na hipótese de inefetividade

---

[118] MITIDIERO, Daniel. *Processo e Estado constitucional.* Porto Alegre: Livraria do Advogado, 2007, p. 93-94.

[119] PORTO, Sérgio Gilberto. *Lições de direitos fundamentais no processo civil:* o conteúdo processual da Constituição Federal. Porto Alegre: Livraria do Advogado, 2009, p. 101.

[120] JOBIM, Marco Félix. *O direito à duração razoável do processo:* responsabilidade civil do Estado em decorrência intempestividade processual. 2. ed. Porto Alegre: Livraria do Advogado, 2012, p. 105-106.

processual, não tem o jurisdicionado prejudicado tal direito, visto que não pode o Estado garantir, por exemplo, que o devedor tenha bens passíveis de responder pela dívida, salvo se essa inefetividade decorrer circunstância ocasionada pelo Estado, fato este que, então, autorizaria a sua responsabilização.[121]

No mesmo andar, em prol da autonomia conceitual dos direitos à tempestividade e efetividade processual, Rafael Fernandes Estevez afirma que a efetividade processual consiste em garantir o resultado específico e efetivo do processo, de modo que este altere o *status quo ante* das partes, ainda que a destempo, ao passo que a tempestividade processual busca fazer com que o processo alcance a resolução da controvérsia no menor espaço de tempo possível, podendo ser efetivo ou não.[122]

Américo Bedê Freire Júnior, no entanto, contra argumenta que a decisão judicial efetiva é aquela prestada dentro de um prazo razoável.[123] Da mesma forma, Simone Rodrigues Ferreira[124] para quem a efetividade da jurisdição se traduz no direito de exigir do Estado a prolação de uma decisão justa dentro de um prazo razoável.

Como pode se depreender, para a maioria dos processualistas contemporâneos até aqui apresentados, o processo intempestivo é invariavelmente processo inefetivo. Há, inclusive, quem[125] sustente que a tutela jurisdicional prestada a destempo, além de inefetiva, é uma não tutela, ou seja, inexistente.

Sem embargo de a tempestividade processual constituir um direito autônomo, há determinados bens da vida, tal como o direito à saúde, em relação aos quais não há como imaginar um caso de tutela prestada a destempo que seja efetiva, na medida em que a urgência da tutela é inerente à própria natureza do direito material (vida e saúde) em risco de dano ou perecimento.

Nesta linha, imperioso concluir que há espécies de direitos materiais, como a vida, segurança, saúde, moradia, educação, personalidade, alimentos, dentre outros tantos mais, que podem não ser passíveis de serem realizados caso a tutela seja prestada intempestivamente, vale dizer, em um prazo que comprometa a utilidade do provimento final.

---

[121] JOBIM, Marco Félix. *O direito à duração razoável do processo:* responsabilidade civil do Estado em decorrência intempestividade processual. 2. ed. Porto Alegre: Livraria do Advogado, 2012, p. 104.

[122] ESTEVEZ, Rafael Fernandes. *Direito fundamental à razoável duração do processo e os mecanismos processuais garantidores de sua eficácia após a Emenda Constitucional nº 45/2004.* Porto Alegre, 2007. Dissertação (Mestrado em Direito), Faculdade de Direito, Pontifícia Universidade Católica do Rio Grande do Sul, 2007. Disponível em: <http://tede.pucrs.br/tde_busca/arquivo.php?codArquivo=867>. Acesso em: 18 jun. 2014.

[123] FREIRE JÚNIOR, Américo Bebê. Breve análise sobre o direito fundamental à duração razoável do processo. In: FREIRE E SILVA, Bruno; MAZZEI, Rodrigo (Coord.). *Reforma do judiciário:* análise interdisciplinar e estrutural do primeiro ano de vigência. Curitiba Juruá, 2008, p. 465-466.

[124] FERREIRA, Simone Rodrigues. A efetividade do direito fundamental à razoável duração do processo. *Revista IOB de Direito Civil e Processo Civil,* São Paulo, n. 53, p. 149, maio/jun. 2008.

[125] SILVEIRA, Fabiana Rodrigues. *A morosidade no poder judiciário e seus reflexos econômicos.* Porto Alegre: Sérgio Antônio Fabris, 2007, p. 147.

Por essa razão, especialmente no que concerne a esta categoria de direitos materiais em que a urgência na tutela é inerente à sua própria natureza, não há como admitir uma tutela efetiva sem que seja prestada tempestivamente. O processo intempestivo é, portanto, nesses casos concretos específicos, invariavelmente processo inefetivo, embora não o seja necessariamente em todas as hipóteses concretas.

A conclusão que se impõe, quase que numa forma de contemporização entre as duas correntes doutrinárias mais exacerbadas, é que a tempestividade da proteção jurisdicional embora não seja por si só característica ou, mais precisamente, condição de efetividade, haverá em situações específicas, como nos exemplos citados, uma indispensável conjugação das duas garantias, sob pena de não se configurar o processo democrático, adequado e justo, podendo, sim, ainda que excepcionalmente, a tempestividade configurar condição da efetividade da prestação jurisdicional.

1.2.2.5. Desdobramento do direito fundamental à tempestividade processual: o direito à técnica antecipatória da tutela jurisdicional

Partindo do pressuposto de que há espécies de direitos materiais, como a vida, segurança, saúde, moradia, educação, personalidade, alimentos, dentre outros tantos mais, que podem não ser passíveis de serem realizados caso a tutela seja prestada intempestivamente, sendo a tempestividade, para estes direitos, condição da efetividade da tutela, pode-se dizer que a técnica antecipatória, como corolário da tempestividade, em última análise, é instrumento de viabilização da efetividade da tutela e, portanto, direito-garantia fundamental do cidadão.

Neste sentido também é o entendimento de Luiz Guilherme Marinoni e Daniel Mitidiero, para quem: "O direito à tutela antecipada decorre expressamente do direito à tutela jurisdicional adequada e efetiva e tem foro constitucional entre nós".[126]

Conforme se verá pormenorizadamente no capítulo seguinte, a tutela antecipada pode fundamentar-se: na urgência (art. 300, *caput*, CPC 2015) ou na evidência (art. 311, CPC 2015).

O primeiro fundamento da tutela antecipada está associado ao perigo de dano ao direito e ao resultado útil do processo pela demora na prestação jurisdicional, ou seja, pela demora na entrega do bem da vida ao seu titular. Refere, assim, àquela situação em que o titular do direito não pode aguardar até o final do processo para receber o bem da vida pretendido sob pena de sofrer dano de difícil ou incerta reparação ou risco ao resultado útil do processo, justificando deste modo a antecipação de sua entrega a seu titular.

---

[126] MARINONINI, Luiz Guilherme; MITIDIERO, Daniel. Direitos fundamentais processuais. In: SARLET, Ingo Wolfgang (Coord.). *Curso de direito constitucional.* 2. ed. São Paulo: Revista dos Tribunais, 2013, p. 717.

Pois bem, conforme se verá mais detalhadamente no capítulo a seguir, para que se configure o fundamento da urgência, estabelece o art. 300[127] do CPC 2015 que são necessários elementos que evidenciem a probabilidade do direito e o perigo de dano ou o risco ao resultado útil do processo.

Neste particular, evidencia-se uma das inovações trazidas pelo CPC de 2015, na medida em que acrescenta nos fundamentos da tutela antecipada o risco ao resultado útil do processo com a nítida pretensão de abarcar o risco do ilícito. Com efeito, de forma inovadora, a tutela inibitória é incluída expressamente nas hipóteses de tutela antecipada de urgência.

Diferentemente, o segundo fundamento da tutela antecipada não está associada, pelo menos diretamente, ao perigo de dano ao direito ou ao resultado útil do processo, mas sim, ao objetivo fundamental de conferir tratamento racional ao tempo do processo, ou seja, à necessidade de distribuir adequadamente às partes o ônus do tempo processual.

Estes dois fundamentos da técnica antecipatória no sistema processual pátrio partem da premissa de que o tempo constitui ônus e, deste modo, não pode ser visto como algo neutro ou indiferente às partes. Em outras palavras, não faz sentido submeter o demandante a sofrer os efeitos danosos do tempo do processo quando há abuso de defesa praticado pelo réu ou quando parcela da demanda é passível de ser definida no curso do processo por ser incontroversa.

Neste sentido, se para o demandante obter o reconhecimento de seu direito o fator tempo é imprescindível, é conclusão lógica que, quanto mais rápido for o processo, mais efetivo ele será. Face à evidência do direito justifica-se, portanto, que decisões de mérito sejam tomadas no curso do processo, ou seja, de forma antecipada.

A técnica antecipatória da tutela é, desta feita, instrumento e condição da sua tempestividade e efetividade, por essa razão, tem raiz constitucional no ordenamento jurídico pátrio.

1.3. O CONFLITO VALORATIVO ENTRE EFETIVIDADE E SEGURANÇA E OS PARÂMETROS PARA A SUA HARMONIZAÇÃO NO PROCESSO CIVIL CONTEMPORÂNEO

Não há como tratar da temática das sentenças sem eficácia imediata que tutelam direito em risco de dano ou perecimento sem enfrentar, ainda que

---

[127] Art. 300. A tutela de urgência será concedida quando houver elementos que evidenciem a probabilidade do direito e o perigo de dano ou o risco ao resultado útil do processo. (BRASIL. *Lei nº 13.105/2015, de 16 de março de 2015. Código de Processo Civil.* Brasília, DF: Congresso Nacional, 2015. Disponível em: <http://www.planalto.gov.br/ccivil_03/_Ato2015-2018/2015/Lei/L13105.htm>. Acesso em: 04 ago. 2015).

brevemente, a questão, também problemática, do conflito valorativo entre efetividade e segurança jurídica existente nos casos concretos que envolvem esta categoria de sentença, apresentando os parâmetros para a sua harmonização no processo civil contemporâneo, os quais constituem o objeto de análise da seção seguinte.

1.3.1. Efetividade versus segurança: o conflito valorativo do processo civil contemporâneo

Não raras vezes direitos e interesses fundamentais da pessoa humana, amparados em sede constitucional, podem se revelar antagônicos entre si diante de determinada situação concreta. De fato, é perfeitamente possível que ocorra na prática colisão de direitos ou valores com o mesmo *status* constitucional. Exemplo disto é o conflito que se trava entre os valores da efetividade e da segurança jurídica nos casos em que se concede provimento antecipatório, e com isso, se viabiliza a efetivação do direito pretendido antes do trânsito em julgado do provimento final, e em alguns casos, antes mesmo da instauração do contraditório.

É justamente este conflito valorativo que se evidencia nos casos concretos de sentença que tutela direito em risco de dano ou perecimento e se encontra obstaculizada pela regra do duplo recursal. Se, de um lado, há o valor segurança jurídica que exige, no mínimo, a espera do julgamento da apelação, ou até mesmo em alguns casos, do trânsito em julgado para dar exequibilidade a esta categoria de sentença, por outro, há o valor efetividade que exige o cumprimento imediato deste tipo de provimento jurisdicional sob pena do mesmo restar totalmente ineficaz caso aguarde o trânsito em julgado para ser efetivado.

Para solucionar este fenômeno de tensão é preciso que sejam sopesados os bens e valores em conflito, a fim de dar preferência àquele que, na concepção do intérprete, seja superior e mereça prevalecer diante de determinada situação concreta. Neste contexto, portanto, dois fatores revelam-se de vital importância: a tutela dos direitos fundamentais, bem como o emprego do princípio da proporcionalidade.[128]

A questão, no entanto, não é de fácil resolução, pois um dos maiores problemas enfrentados quando o tema é direitos fundamentais consiste exatamente em sua efetiva concretização e em como aplicar ponderadamente o princípio da proporcionalidade sem incorrer em abusos e arbítrio jurisdicional. É justamente neste panorama problemático que ganha relevância o estudo da aplicação do princípio da proporcionalidade.

---

[128] SILVA, Jaqueline Mielke. *Tutela de urgência:* de Piero Calamandrei a Ovídio Araújo Baptista da Silva. Porto Alegre: Verbo Jurídico, 2009, p. 49-50.

De fato, é preciso evitar o abuso na aplicação de princípios, e de um modo especial, na aplicação do princípio da proporcionalidade. Para tanto, como bem pontua Jaqueline Mielke da Silva, é necessário que o intérprete o utilize com prudência, empregando-o apenas quando for adequado, necessário e proporcional à solução do caso concreto, e assim, à idônea tutela do direito posto em causa. Deste modo, deve-se reservar a sua aplicação apenas para aqueles casos concretos em que for efetivamente oportuna e necessária, vale dizer, quando for essa a medida mais conforme à finalidade precípua do ordenamento jurídico: "o maior benefício possível da comunidade com o mínimo sacrifício de seus membros individualmente".[129]

Além disso, para afastar o risco da utilização indevida da linguagem propositadamente aberta do texto constitucional, Sérgio Gilberto Porto[130] destaca que cabe à doutrina e à academia estabelecer critérios para o adequado e prudente exercício da atividade interpretativa a fim de bem delimitar o alcance dos princípios constitucionais, incluindo dentre estes o da proporcionalidade, o qual, muito embora não esteja expressamente positivado, decorre do regime e dos princípios adotados pela Constituição Federal (art. 5º, § 2º, CF).

Nesta medida, como forma de delimitar o alcance da força normativa dos princípios, a doutrina constitucional, representada por Gilmar Mendes, Inocêncio Coelho e Paulo Gustavo Branco, apresenta princípios norteadores da interpretação do texto constitucional: (*i*) a unidade da Constituição; (*ii*) concordância prática/harmonização; (*iii*) correção funcional; (*iv*) eficácia integradora; (*v*) força normativa da Constituição e (*vi*) proporcionalidade/razoabilidade.[131]

Dada a relevância desta temática para os fins almejados por este estudo de investigar soluções ao problema da sentença sem eficácia imediata que tutela direito em risco de dano ou perecimento, oportuno elucidar, ainda que brevemente, o que significa cada qual dos princípios apontados.

O princípio da unidade da Constituição sinaliza ao intérprete que qualquer norma constitucional deve ser compreendida e interpretada a partir de uma visão global, unificada e coerente do ordenamento constitucional.

Pela correção funcional, adverte-se o intérprete para a necessária observância da distribuição de competências constitucionais, de tal modo que as soluções oferecidas às questões jurídicas complexas não prejudiquem a salutar e harmônica divisão dos Poderes.[132]

---

[129] SILVA, Jaqueline Mielke. *Tutela de urgência:* de Piero Calamandrei a Ovídio Araújo Baptista da Silva. Porto Alegre: Verbo Jurídico, 2009, p. 73-74.

[130] PORTO, Sérgio Gilberto. *Lições de direitos fundamentais no processo civil:* o conteúdo processual da Constituição Federal. Porto Alegre: Livraria do Advogado, 2009, p. 25-26.

[131] MENDES, Gilmar; COELHO, Inocêncio Mártires; BRANCO, Paulo Gustavo Gonet. *Curso de direito constitucional.* 2. ed. São Paulo: Saraiva, 2008, p. 253.

[132] PORTO, op. cit., p. 26.

O critério da eficácia integradora determina que a resolução dos casos jurídicos conflituosos deve buscar o alcance de resultados que contribuam para a integração social e unidade política. Por seu turno, a força normativa da Constituição implica na necessidade de que todas as normas constitucionais preservem a sua vigência, evitando que se tornem letras mortas, o que resultaria no descrédito de todo o sistema jurídico. Via de consequência, o princípio da máxima efetividade estimula o intérprete a conferir o máximo possível de eficácia a todas as normas constitucionais.[133]

O critério da intepretação conforme a Constituição, por sua vez, sugere aos hermeneutas que, ao interpretarem as normas infraconstitucionais, extraiam delas o significado que melhor se coadune ao espírito constitucional, ou seja, deduzam o significado que as torne constitucionais, e não aquele que implique na declaração da sua inconstitucionalidade.[134]

Por seu turno, o critério da harmonização prática determina que, diante de um conflito de princípios ou valores constitucionais, o intérprete deve harmonizá-los na medida do fático e juridicamente possível. Significa dizer, a solução deverá se dar com o máximo de preservação possível aos diferentes direitos ou valores em conflito. Por essa razão é que se afirma que a solução deverá ser buscada na unidade da Constituição.[135] Em suma, o princípio da harmonização prática dos direitos e valores reconhecidos na ordem constitucional funciona como critério interpretativo de solução dos conflitos.

No entanto, o princípio da harmonização prática, como critério de solução dos conflitos valorativos, não é admitido ou compreendido na dogmática jurídica como um regulador automático. A rigor, tal princípio é executado na prática por meio de um critério de proporcionalidade na distribuição dos custos do conflito.[136]

Por derradeiro, então, o princípio da proporcionalidade como critério regulador da harmonização prática de valores em conflito, e mais especificamente os seus subprincípios da necessidade, adequação e proporcionalidade em sentido estrito, exige, por um lado, que o sacrifício de cada um dos valores constitucionais em jogo seja necessário e adequado à salvaguarda dos outros, até porque se não o for, sequer existirá em um verdadeiro conflito. Por outro, impõe, com base na ideia de proporcionalidade em sentido estrito, que dentre as diversas alternativas de solução do conflito a escolha se faça em termos de restringir o mínimo possível cada um dos valores em jogo, segundo o seu grau de relevância na situação concreta, ou seja, segundo a intensidade e a extensão

---

[133] PORTO, Sérgio Gilberto. *Lições de direitos fundamentais no processo civil:* o conteúdo processual da Constituição Federal. Porto Alegre: Livraria do Advogado, 2009, p. 27.

[134] Ibidem.

[135] ANDRADE, José Carlos Vieira de. *Os direitos fundamentais na Constituição Portuguesa de 1976.* 3. ed. Coimbra: Almedina, 2004, p. 222.

[136] Idem, p. 223.

com que sua manifestação no caso concreto atinge a proteção que constitucionalmente lhe é concedida.[137]

Em síntese, como consequência inafastável deste novo paradigma constitucional do fenômeno jurídico contemporâneo, o criador, intérprete e operador do Direito tem como pressuposto teórico o postulado constitucional de que toda a elaboração, interpretação e aplicação da legislação processual ordinária deve observar os princípios e valores consagrados na norma fundamental.

Considerando a relevância do princípio da proporcionalidade para os fins traçados neste estudo, oportuno abordar, ainda que brevemente e sem qualquer pretensão de exaurir o tema, (*i*) como tal princípio pode colaborar para a solução do conflito valorativo instaurado entre efetividade e segurança jurídica e (*ii*) como deve ser aplicado nos casos concretos de sentença sem eficácia imediata *ope legis* que tutela direito em risco de dano ou perecimento de modo a afastar o risco da sua utilização arbitrária, abusiva e, assim, indevida.

A seção seguinte se destina justamente a perquirir critérios para a adequada e prudente aplicação do princípio da proporcionalidade a fim de bem delimitar o alcance da sua força normativa.

1.3.2. O princípio da proporcionalidade no direito processual civil como critério de solução de conflitos valorativos e o método para a sua aplicação

Para resolver o conflito valorativo entre a efetividade e a segurança jurídica evidenciado nos casos de sentença sem eficácia imediata *ope legis* que tutela direito em risco de dano ou perecimento, surge o princípio da proporcionalidade como critério de solução.

Com efeito, para solucionar o conflito valorativo em questão, opta-se neste estudo por adotar a proposta teórica de Robert Alexy,[138] a partir da qual a proporcionalidade é definida como um sistema que disciplina a aplicação e fundamentação das normas de direitos fundamentais, mais especificamente, de princípios jurídicos, existindo alguns desdobramentos metodológicos que devem ser levados em conta para tanto, os quais nada mais são do que orientações objetivas sobre como deve ser aplicado o princípio da proporcionalidade. É o que se passará a analisar a seguir.

Pois bem, o primeiro passo para a aplicação da máxima da proporcionalidade é a verificação das submáximas que a constituem, quais sejam, adequação, necessidade e proporcionalidade em sentido estrito do ato em exame. Nesta

---

[137] ANDRADE, José Carlos Vieira de. *Os direitos fundamentais na Constituição Portuguesa de 1976*. 3. ed. Coimbra: Almedina, 2004, p. 222-223.

[138] ALEXY, Robert. *Teoria dos direitos fundamentais*. Tradução de Virgílio Afonso da Silva da 5. ed. alemã. São Paulo: Malheiros, 2008, p. 543.

linha, ensina Fausto Santos de Morais, com base na proposta teórica de Robert Alexy, que toda vez que o ato for considerado válido à luz da proporcionalidade é porque foi submetido à verificação do atendimento das referidas submáximas. Inicialmente, examinar-se-á se o ato é adequado, e na sequência, se é necessário. Se estas duas primeiras submáximas estiverem devidamente atendidas pelo ato em questão, avançar-se-á para a verificação da terceira submáxima da proporcionalidade em sentido estrito.[139]

Neste momento da verificação da terceira submáxima da proporcionalidade em sentido estrito será realizado o sopesar dos valores em colisão, ou ainda nas próprias palavras de Robert Alexy,[140] será aplicada "a lei de sopesamento".

O sopesamento de valores nada mais é do que a operação lógica que antecede à construção dos elementos lógicos necessários à criação de uma regra aplicada ao caso concreto através da subsunção. Tais elementos lógicos correspondem às condições fáticas e jurídicas da situação concreta que compõem o suporte fático, o qual, por sua vez, dará aplicabilidade a uma regra específica que dilui a tensão entre diferentes valores diante do caso concreto.[141]

Segundo Robert Alexy, a primeira lei do sopesamento consiste basicamente no seguinte: "Quanto maior for o grau de não satisfação ou de afetação de um princípio, tanto maior terá que ser a importância da satisfação do outro".[142] Esta é considerada a primeira lei de sopesamento que tem associação direta à relevância material das razões que sustentam a intervenção/satisfação entre os valores envolvidos.

Explica o filósofo do Direito alemão que os graus de intensidade de intervenção e satisfação sobre os princípios envolvidos podem ser considerados leves, médios ou severos. Partindo desta graduação, a aplicação da lei de sopesamento envolveria três passos. Os dois primeiros corresponderiam à avaliação do grau de intervenção e satisfação entre os valores envolvidos,[143] enquanto que o terceiro e último corresponderia à avaliação dos diferentes níveis de certeza sobre os pressupostos empíricos através da graduação destes em (*i*) certo ou garantido, (*ii*) sustentável ou plausível ou (*iii*) evidente ou falso.[144]

Estas são as premissas para a aplicação da lei de sopesamento.

---

[139] MORAIS, Fausto Santos de. *Hermenêutica e pretensão de correção:* uma revisão crítica da aplicação do princípio da proporcionalidade pelo Supremo Tribunal Federal. São Leopoldo: UNISINOS, 2013, p. 64.

[140] ALEXY, Robert. *Teoria dos direitos fundamentais.* Tradução de Virgílio Afonso da Silva da 5. ed. alemã. São Paulo: Malheiros, 2008, p. 98.

[141] MORAIS, op. cit., p. 65-66.

[142] ALEXY, op. cit., p. 167.

[143] ALEXY, Robert. Posfácio. In: *Teoria dos direitos fundamentais.* Tradução de Virgílio Afonso da Silva da 5. ed. alemã. São Paulo: Malheiros, 2008, p. 602.

[144] ALEXY, Robert. On balancing and subsumption. A structural comparison. *Ratio Juris,* v. 16, n. 4, p. 447, Dec. 2003.

A definição do peso concreto de cada um dos princípios envolvidos no conflito, por sua vez, resulta dos juízos de valor sobre a intensidade de intervenção e satisfação (leve, médio ou severo) sobre cada um deles. Tais juízos poderiam culminar em três tipos de resultados: (*i*) preponderância do princípio I; (*ii*) preponderância do princípio II ou (*iii*) empate na relação entre os princípios. Nesta última hipótese seria reconhecida a discricionariedade do legislador e impossibilidade de controle por parte do Poder Judiciário. Trata-se de fenômeno que Robert Alexy denomina de espaço estrutural de discricionariedade.[145]

Concluída a incidência da primeira lei do sopesamento, se faz necessário conhecer a certeza das premissas epistêmicas que justificam a intervenção, passando-se, então, à incidência da segunda lei do sopesamento, a qual, segundo Robert Alexy, consiste basicamente no seguinte: "Quanto mais pesada for a intervenção em um direito fundamental, tanto maior terá que ser a certeza das premissas nas quais essa intervenção se baseia".[146]

Destarte, assim como os juízos de valor acerca da intensidade de intervenção e satisfação (leve, médio ou severo) sobre cada um dos princípios envolvidos, a segunda lei do sopesamento pode avaliar diferentes níveis de certeza sobre os pressupostos empíricos envolvidos na aplicação dos princípios através da graduação destes em: (*i*) certo ou garantido, (*ii*) sustentável ou plausível ou (*iii*) evidente ou falso.[147]

Portanto, para fins de atendimento da terceira e última submáxima da proporcionalidade, a operação de sopesamento dos valores em conflito deve ser exercida com base nestas duas leis de sopesamento a fim de viabilizar o alcance da "Fórmula de Peso". Como se vê, enquanto uma lei diz respeito à fundamentação material da intervenção e satisfação sobre os valores envolvidos, a outra concerne à certeza empírica sobre os juízos de intervenção e satisfação.[148]

O que interessa para os fins deste estudo é a relevância da contribuição da Lei de Sopesamento material e epistêmica, e por óbvio do princípio da proporcionalidade, e mais precisamente, da Fórmula de Peso para a solução do conflito valorativo entre efetividade e segurança jurídica evidenciada nos casos de sentença sem eficácia imediata *ope legis* que tutela direito em risco de dano

---

[145] ALEXY, Robert. Posfácio. In: *Teoria dos direitos fundamentais.* Tradução de Virgílio Afonso da Silva da 5. ed. alemã. São Paulo: Malheiros, 2008, p. 608.

[146] ALEXY, Robert. On balancing and subsumption. A structural comparison. *Ratio Juris,* v. 16, n. 4, Dec. 2003, p. 446.

[147] ALEXY, Robert. On balancing and subsumption. A structural comparison. *Ratio Juris,* v. 16. n. 4, Dec. 2003, p. 447: "*The three classes of the epistemic triadic model are the classes of certain or reliable (r), maintainable or plausible (p), and not evidently false (e). The fact that the power of defence as well the power of attack declines with increasing uncertainty of the premises backing the respective side can be expressed by assigning*".

[148] MORAIS, Fausto Santos de. *Hermenêutica e pretensão de correção:* uma revisão crítica da aplicação do princípio da proporcionalidade pelo Supremo Tribunal Federal. São Leopoldo: UNISINOS, 2013, p. 65-67.

ou perecimento. Tal relevância que se traduz, nas palavras de Fausto Santos de Morais, no fato de que:

> O grau de incerteza na satisfação de um determinado princípio jurídico determina maior peso à impossibilidade de intervenção no princípio colidente. Da mesma forma, quanto maior a certeza da satisfação do princípio jurídico envolvido, maior será a possibilidade de intervenção no princípio adversário.[149]

Pois bem, apresentado passo a passo o método de aplicação do princípio da proporcionalidade, cumpre resolver o conflito valorativo entre a efetividade e a segurança jurídica evidenciado nos casos complexos de sentença sem eficácia imediata *ope legis* que tutela direito em risco de dano ou perecimento através da sua aplicação, e mais precisamente, da Lei de Sopesamento material e epistêmica e da fórmula de peso, a fim de definir qual dos dois valores deve prevalecer diante de do caso concreto em análise.

O primeiro passo é verificar o atendimento das submáximas da adequação e necessidade. Conforme demonstrar-se-á no próximo capítulo, a técnica da eficácia imediata *ope judicis* da sentença implementada através da aplicação do provimento antecipatório no ato sentencial ou em grau recursal constitui instrumento: (*i*) *adequado* para afastar o efeito suspensivo do recurso e liberar a produção de efeitos e cumprimentos imediatos da sentença, e (*ii*) *necessário* para viabilizar a satisfação imediata dos direitos em iminente risco de dano ou perecimento reconhecidos na sentença, os quais, por qualquer outro, meio restariam lesionados ou perecidos.

O segundo passo é verificar o atendimento da terceira e última submáxima da proporcionalidade através da operação de sopesamento dos valores em colisão. Aplica-se nesta verificação as duas leis de sopesamento: (*i*) a lei da fundamentação material da intervenção e satisfação sobre os valores envolvidos, segundo a qual quanto maior for o grau de afetação de um princípio, tanto maior terá que ser a importância da satisfação do outro; e (*ii*) a lei da certeza empírica sobre os juízos de intervenção e satisfação, segundo a qual quanto maior for a certeza da satisfação do princípio jurídico envolvido, maior será a possibilidade de intervenção no princípio adversário.

Neste sentido, a técnica da eficácia imediata *ope judicis* da sentença implementada através da aplicação do provimento antecipatório no ato sentencial ou em decisão proferida em grau recursal constitui instrumento *proporcional*, pois (*i*) tutela eficazmente e tempestivamente o direito que exige satisfação imediata; e (*ii*) dentre as alternativas de solução existentes na ordem jurídica se revela a menos prejudicial à segurança jurídica, na medida em que concede eficácia imediata apenas àquelas sentenças que realmente dela necessitam, e não descriteriosamente a todas, evitando deste modo a inversão de dano às partes decorrente do risco de irreversibilidade do provimento provisoriamente cumprido, como ocorre com a adoção da eficácia imediata *ope legis* como regra geral.

---

[149] MORAIS, Fausto Santos de. *Hermenêutica e pretensão de correção:* uma revisão crítica da aplicação do princípio da proporcionalidade pelo Supremo Tribunal Federal. São Leopoldo: UNISINOS, 2013, p. 65-68.

Como se verá no capítulo a seguir, a partir da análise dos casos concretos paradigmáticos de sentenças afetadas pelo custo temporal da regra do duplo efeito recursal, fica nítida a necessidade de conferir efetividade imediata às mesmas, sob pena de não o fazendo o direito por elas reconhecido resultar gravemente lesado ou, inclusive, perecer, justificando, deste modo, a leve afetação ao princípio da segurança jurídica, na medida em que antecipa uma satisfação que de regra só viria após o julgamento da apelação, ou em alguns casos, apenas após o trânsito em julgado. Eis o atendimento à lei do sopesamento material.

Do mesmo modo, é evidente a concretização do valor efetividade, pois o direito em risco de dano ou perecimento reconhecido em sentença resta eficazmente tutelado através da técnica de concessão de eficácia imediata *ope judicis* através da concessão de provimento antecipatório na sentença ou em grau recursal, permitindo, assim, a leve afetação do valor segurança jurídica ao antecipar a execução que de regra só viria após o julgamento da apelação, ou em alguns casos, apenas após o trânsito em julgado. Eis o atendimento à lei do sopesamento epistêmica.

Portanto, a técnica da eficácia imediata *ope judicis* da decisão judicial implementada através da aplicação do provimento antecipatório de ofício na sentença ou em grau recursal, a ser analisada pormenorizadamente no capítulo seguinte, constitui solução *proporcional*, legitimada pelo modelo constitucional do processo civil, pois resguarda a um só tempo dois dos mais caros e imprescindíveis valores e direitos fundamentais do ordenamento constitucional pátrio: a efetividade e a segurança jurídica, atendendo, assim, o princípio da harmonização prática de valores na medida do fático e juridicamente possível.

1.3.3. A mitigação do conflito valorativo efetividade-segurança na fase sentencial e a necessidade da valorização do provimento de primeiro grau de jurisdição

É importante ter bem claro que este conflito que se trava entre os valores da efetividade e da segurança jurídica nos casos em que se concede provimento antecipatório para afastar o efeito suspensivo do recurso e liberar o cumprimento imediato da sentença que tutela direito em risco de dano ou perecimento varia seu grau de intensidade conforme o processo avança em suas fases postulatória, instrutória e decisória.

Assim, suponha-se a seguinte situação fática: determinado jurisdicionado obtém uma sentença procedente, que o legitima a exigir a produção de efeitos e cumprimento imediato em razão de incontroverso risco de dano irreparável ou perecimento do direto nela reconhecido. Contudo, a efetividade da decisão em questão encontra óbice na regra do duplo efeito recursal, na medida em que não se enquadra em nenhuma das hipóteses de sentença com eficácia imediata previstas nos incisos do § 1º do art. 1012 do CPC 2015. Nada obstante a liquidez e certeza do direito reconhecido no título judicial, não há como conferir efetividade ao mesmo.

Com efeito, desta liquidez e certeza do direito reconhecido na sentença decorre naturalmente uma mitigação do conflito valorativo entre efetividade e segurança, conflito este que só é eliminado por ocasião do trânsito em julgado do provimento final. Basta observar que neste momento processual é atenuada a afetação da segurança jurídica, na medida em que o provimento antecipatório concedido em sentença é proferido com base em juízo de certeza do direito, o qual por sua vez, é alcançado através de uma cognição plena e exauriente da lide.

Neste quadro problemático, há que se reconhecer que na sentença de procedência a conjugação dos elementos certeza do direito e urgência na entrega do bem da vida constituem fundamento suficiente a legitimar e autorizar a produção imediata de seus efeitos, e assim, o seu cumprimento imediato.

Aplicando o princípio da proporcionalidade como critério de solução do conflito valorativo em exame, verifica-se que a leve afetação da segurança jurídica em virtude do cumprimento antecipado da sentença é necessária e adequada à salvaguarda da efetividade da tutela jurisdicional, sob pena de risco de dano ou perecimento do direito nela reconhecido caso tal sentença tivesse que aguardar o julgamento da apelação ou o trânsito em julgado para ser cumprida. Ademais, evidencia-se que, dentre as diversas alternativas de solução, a escolha pelo afastamento do efeito suspensivo do recurso para liberar o cumprimento imediato da sentença se faz de modo a restringir o mínimo possível a segurança jurídica, tendo em vista o elevado grau de relevância da efetividade da tutela na situação concreta em exame.

Partindo desta linha de raciocínio fica difícil compreender a lógica do sistema processual, pois, de um lado, autoriza que decisões proferidas com base em juízo de probabilidade do direito, tais como os provimentos antecipatórios proferidos no limiar do processo, surtam imediatamente os seus efeitos e sejam imediatamente cumpridos, mas, por outro, obsta que o mesmo se proceda relativamente às sentenças procedentes prolatadas com base em juízo de certeza e liquidez do direito em iminente risco de dano ou perecimento.

Neste sentido é o entendimento de Luiz Rodrigues e Teresa Arruda Alvim Wambier. Segundo os processualistas, não faria sentido algum permitir ao juiz antecipar os efeitos da tutela com base em cognição sumária e na verificação de perigo na demora ao conceder a liminar antecipatória, e não permitir que o juiz execute da mesma forma na sentença quando tiver plena convicção de que o demandante possui o direito que alega ter com base em cognição exauriente e na convicção de que efetivamente há perigo de perecimento do direito.[150]

---

[150] WAMBIER, Luis Rodrigues; WAMBIER, Teresa Arruda Alvim. *Breves comentários à 2ª fase da Reforma do Código de Processo Civil.* São Paulo: Revista dos Tribunais, 2002, p. 145.

Essa linha de raciocínio, só vem corroborar a necessidade cada vez maior de se valorizar e prestigiar o magistrado e o provimento de primeiro grau de jurisdição, tendo em vista o contato epidérmico e direto daquele com o conjunto fático e probatório dos autos e, sobretudo, a plena e exauriente atividade cognitiva exercida sobre a matéria posta em juízo.

Tais circunstâncias conferem ao magistrado de primeiro grau de jurisdição maior chance de se aproximar da verdade dos fatos e da real necessidade de tutela do direito material do que aquela oportunizada ao mesmo no limiar do processo, ou então, ao órgão colegiado em instância recursal, dado o distanciamento destes de todo o conteúdo fático e probatório dos autos.

A incoerência do sistema processual pátrio em autorizar, de um lado, que decisões proferidas com base em juízo de probabilidade do direito surtam imediatamente os seus efeitos e sejam imediatamente cumpridas, e por outro, obstar que o mesmo se proceda relativamente às sentenças procedentes prolatadas com base em juízo de certeza e liquidez do direito em iminente risco de dano ou perecimento, indubitavelmente justifica e legitima a necessidade cada vez maior de se criar técnicas processuais aptas a dar efetividade a esta categoria de sentença que se encontra obstaculizada pela regra do duplo efeito recursal.

Deste contexto exsurge a conclusão de que da liquidez e certeza da sentença que tutela direito em risco de dano ou perecimento decorre naturalmente uma mitigação do conflito valorativo entre efetividade e segurança. É justamente esta mitigação do conflito valorativo efetividade-segurança partir da fase sentencial e a omissão do ordenamento processual em conferir tratamento protetivo a situação concreta em exame que justifica a necessidade de investigar soluções ao problema da sentença sem eficácia imediata outorgante de direito que exige satisfação imediata.

No entanto, para uma investigação adequada sobre o tema, é preciso antes compreender a questão problemática central deste estudo concernente ao custo temporal gerado pela regra do duplo efeito recursal para a sentença outorgante de direito que exige satisfação imediata.

1.4. O PROBLEMA DA AUSÊNCIA DE EFICÁCIA IMEDIATA *OPE LEGIS* DA SENTENÇA QUE TUTELA DIREITO EM IMINENTE RISCO DE DANO OU PERECIMENTO

Situado o tema no cenário processual civil contemporâneo e estabelecidas as premissas básicas para o seu enfrentamento, apresenta-se a seguir a questão problemática central deste estudo: o custo temporal gerado pela regra do duplo efeito recursal (art. 1012, *caput*, CPC 2015) para a sentença outorgante de direito que exige satisfação imediata.

1.4.1. O custo temporal gerado pela regra do duplo efeito recursal para a sentença outorgante de direito que exige satisfação imediata

No ordenamento processual pátrio vigora a regra (art. 1012, *caput*, CPC 2015)[151] da suspensividade dos efeitos da sentença na hipótese de interposição de recurso de apelação, a qual é excepcionada pelo legislador apenas para determinadas categorias de sentença previstas taxativamente no Código de Processo Civil de 2015 (§ 1º do art. 1012) e, externamente a este, na legislação extravagante.

As sentenças que constituem exceção a esta regra, ou seja, aquelas que já nascem com eficácia imediata *ope legis*, são as seguintes:[152] (*i*) no CPC de 1973 (art. 520) – homologatória da divisão ou da demarcação de terras; condenatória à prestação de alimentos; que decide o processo cautelar; que rejeita liminarmente embargos à execução ou que os julga improcedentes; que julga procedente o pedido de instituição de arbitragem e que confirma a antecipação dos efeitos da tutela; e (*ii*) no novo CPC (art. 1012, § 1º) – homologa divisão ou demarcação de terras; condena a pagar alimentos; extingue sem resolução do mérito ou julga improcedentes os embargos do executado; julga procedente o pedido de instituição de arbitragem; confirma, concede ou revoga tutela provisória e decreta a interdição.

Como se vê, as referidas regras diferem uma da outra apenas no que tange à hipótese (*i*) da sentença que decide o processo cautelar, a qual foi deslocada no CPC de 2015 de um inciso separado para integrar a hipótese da sentença que confirma, concede ou revoga tutela provisória, eis que constitui umas das espécies deste gênero; e (*ii*) da sentença que decreta a interdição, a qual foi deslocada do art. 1184 do CPC de 1973 para integrar o rol das sentenças com eficácia imediata do art. 1012, § 1º, do CPC 2015.

Entretanto, como já referido, é importante ter bem claro que as exceções à regra da suspensividade dos efeitos da sentença não se restringem apenas àquelas tipificadas taxativamente nos incisos do art. 1012, § 1º, do CPC 2015, uma vez que há também outras exceções à regra da suspensividade previstas externamente ao Código de Processo Civil, em leis esparsas, relativas a sentenças proferidas em ações de procedimento sumaríssimo e especial ou em ações coletivas *lato sensu*.

---

[151] No CPC de 2015: Art. 1.012. A apelação terá efeito suspensivo. BRASIL. *Lei nº 13.105/2015, de 16 de março de 2015. Código de Processo Civil*. Brasília, DF: Congresso Nacional, 2015. Disponível em: <http://www.planalto.gov.br/ccivil_03/_Ato2015-2018/2015/Lei/L13105.htm>. Acesso em: 19 abr. 2015.

[152] Neste sentido, *vide*: MOREIRA, José Carlos Barbosa. *Comentários ao Código de Processo Civil, Lei nº 5.869, de 11 de janeiro de 1973, vol. V*: arts. 476 a 565. Rio de Janeiro: Forense, 2011, p. 282-283, 467-468; SILVA, Ovídio Baptista da. *Curso de processo civil, volume 1*: processo de conhecimento. 7. ed. rev. e atual. com o Código Civil de 2002. Rio de Janeiro: Forense, 2005, p. 403-404.

Dentre estas, se aponta apenas algumas principais a título ilustrativo, tais como a sentença proferida: em processo sob o rito do Juizado Especial Cível,[153] em ação civil pública,[154] em ação que versa sobre relação de consumo,[155] em mandado de segurança, em ação de busca e apreensão do Decreto-Lei nº. 911/69, em ação de desapropriação, em ação de despejo fundada na Lei nº. 8.245/91,[156] dentre outras[157] mais.[158]

O problema central da regra da suspensividade dos efeitos da sentença é o fato de constituir obstáculo intransponível à efetividade daquelas sentenças que não possuem eficácia imediata por força da lei, mas que, entretanto, dela necessitam por tutelar direito material em risco de dano ou perecimento, que sequer pode aguardar o prazo de interposição do recurso cabível para ser satisfeito e entregue ao seu titular.

Neste contexto, portanto, há que se considerar a seguinte hipótese: a antecipação de tutela pode não ter sido deferida no curso do processo porque naquele dado momento processual o juiz não havia se convencido suficientemente da verossimilhança da alegação de existência do direito material posto em juízo e, principalmente, do risco de dano irreparável ou de perecimento

---

[153] "Art. 43. O recurso terá somente efeito devolutivo, podendo o Juiz dar-lhe efeito suspensivo, para evitar dano irreparável para a parte" (BRASIL. *Lei nº 9.099/1995, de 26 de setembro de 1995*. Brasília, DF: Congresso Nacional, 1995. Dispõe sobre os Juizados Especiais Cíveis e Criminais e dá outras providências. Disponível em: <http://www.planalto.gov.br/ccivil_03/leis/l9099.htm>. Acesso em: 19 jun. 2014).

[154] "Art. 14. O juiz poderá conferir efeito suspensivo aos recursos, para evitar dano irreparável à parte" (BRASIL. *Lei nº 7.347/1985, de 24 de julho de 1985*. Brasília, DF: Congresso Nacional, 1985. Disciplina a ação civil pública de responsabilidade por danos causados ao meio-ambiente, ao consumidor, a bens e direitos de valor artístico, estético, histórico, turístico e paisagístico (VETADO) e dá outras providências. Disponível em: <http://www.planalto.gov.br/ccivil_03/leis/l7347orig.htm>. Acesso em: 19 jun. 2014).

[155] "Art. 90. Aplicam-se às ações previstas neste título as normas do Código de Processo Civil e da Lei nº 7.347, de 24 de julho de 1985, inclusive no que respeita ao inquérito civil, naquilo que não contrariar suas disposições." Como se vê, o mesmo regime da ação civil pública, que consiste no critério *ope iudicis* para concessão de efeito suspensivo à apelação também se aplica às ações que versam sobre relação de consumo. (BRASIL. *Lei nº 8.078/1990, de 11 de setembro de 1985*. Brasília, DF: Congresso Nacional, 1985. Dispõe sobre a proteção do consumidor e dá outras providências. Disponível em: <http://www.planalto.gov.br/ccivil _03/leis/l8078.htm>. Acesso em: 19 jun. 2014).

[156] A Lei nº 8.245/91 de locação de imóveis urbanos foi alterada recentemente pela Lei nº. 12.112/2009, mas a sentença que determina o despejo segue como exceção à regra da suspensividade dos efeitos (art. 63, Lei 8.245), *vide*: BRASIL. *Lei nº 12.112/2009, de 09 de dezembro de 2009*. Brasília, DF: Congresso Nacional, 2009. Altera a Lei nº 8.245, de 18 de outubro de 1991, para aperfeiçoar as regras e procedimentos sobre locação de imóvel urbano. Disponível em: <http://www.planalto.gov.br/ccivil_03/_Ato2007-2010/2009/Lei/ L12112.htm>. Acesso em: 19 jun. 2012.

[157] Para o fim de verificar todas as sentenças de procedimento especial que constituem exceção à regra da suspensividade dos efeitos basta ver as Lei nºs. 6014 e 6071. Estas leis adaptaram ao sistema do CPC os recursos previstos em leis extravagantes relativas a certos procedimentos especiais. *Vide*: BRASIL. *Lei nº 6.014/1973, de 27 de dezembro de 1973*. Brasília, DF: Congresso Nacional, 1973. Adapta ao novo Código de Processo Civil as leis que menciona. Disponível em: <http://www.planalto.gov.br/ccivil_03/leis/L6014.htm>. Acesso em: 19 jun. 2012; BRASIL. *Lei nº 6.071/1974, de 03 de julho de 1974*. Brasília, DF: Congresso Nacional, 1974. Adapta ao Código de Processo Civil as leis que menciona, e dá outras providências. Disponível em: <http://www. planalto.gov.br/ccivil_03/leis/L6071.htm>. Acesso em: 19 jun. 2012.

[158] MOREIRA, José Carlos Barbosa. *Comentários ao Código de Processo Civil, Lei nº 5.869, de 11 de janeiro de 1973, vol. V:* arts. 476 a 565. Rio de Janeiro: Forense, 2011, p. 282-283, 469, 471, 480.

deste. Ou seja, apenas no momento da prolação da sentença, após robusta instrução probatória do feito, obtém tal convencimento através (*i*) do juízo de certeza da existência do direito material afirmado e (*ii*) do risco de lesão ou perecimento do mesmo caso não fosse urgentemente tutelado.

Tem-se, deste modo, o seguinte problema: como viabilizar o cumprimento imediato desta sentença frente à obstaculização implementada pela regra do duplo efeito recursal (art. 1012, *caput*, CPC 2015)?

Athos de Gusmão Carneiro define muito bem o problema em questão: "O grande desafio da jurisdição inicia-se, e não acaba, quando da publicação da sentença. Eis o grande desafio: 'impor ao mundo dos fatos os preceitos abstratamente formulados no mundo do direito'".[159]

A gravidade da existência de sentenças como esta – que embora exijam imediato cumprimento se encontram obstaculizadas pela regra do duplo efeito recursal – está no descuido do julgador de não avaliar adequadamente que o direito postulado sequer pode aguardar a interposição do recurso cabível para ser concretamente concedido ao seu titular.

Tratam-se de casos complexos nos quais, por exemplo, o jurisdicionado sequer pode aguardar a interposição da apelação para se submeter à cirurgia, cujo custeamento fora determinado em sentença, uma vez que a demora na sua realização coloca em risco não só a integridade física, risco de enfartar, mas inclusive, a vida do demandante. Cuida-se, assim, de sentença que já nasce com os seus efeitos práticos suspensos e sua exequibilidade imediata obstaculizada, em que pese necessite de imediato cumprimento para conseguir tutelar o bem jurídico posto em juízo de forma adequada, tempestiva e efetiva.

Em casos concretos como este, incumbe ao juiz ponderar adequadamente a existência de risco de dano irreparável ou perecimento do direito diante da morosidade do sistema recursal, a fim de evidenciar se a postergação da concessão da tutela pretendida ao jurisdicionado importaria na própria negação da efetividade, adequação e tempestividade do processo.

Como pode se perceber, não há como desconsiderar a possibilidade de ocorrer na prática situações concretas que não se enquadrem em nenhuma das decisões tipificadas com eficácia imediata, mas que, entretanto, dela necessitem por tutelar direito material em risco de dano irreparável ou de perecimento.

As hipóteses de sentenças que sequer podem aguardar a interposição do recurso cabível para serem efetivadas são verificadas com muita nitidez nas ações que pressupõem urgência na entrega da prestação da tutela jurisdicional pelo simples fato de tutelarem bens jurídicos de relevância social e constitucional, alguns inclusive, com *status* de direito fundamental.

---

[159] CARNEIRO, Athos de Gusmão. Sugestões para uma nova sistemática da execução. *Revista de Processo*, v. 26, n. 102, p. 140, abr./jun. 2001.

Cuidam-se, assim, de sentenças que envolvem bens jurídicos relativamente aos quais a urgência na entrega da tutela jurisdicional é inerente à sua própria natureza material, e por essa razão afiguram-se incompatíveis com a morosidade[160] do sistema recursal para que sejam realizados e entregues ao seu titular. E neste sentido, o custo temporal da apelação e do trânsito em julgado representa um grave obstáculo à efetividade dos direitos.

Some-se a isto, a consideração de que além da apelação é perfeitamente possível que a parte vencedora tenha ainda que aguardar o esgotamento de todas as instâncias recursais para ver o seu direito – já reconhecido em sentença – satisfeito no mundo dos fatos. Ou seja, é possível que tenha que aguardar, além da apelação, o julgamento dos seguintes recursos: embargos de declaração, recurso especial e extraordinário, agravo de admissão do recurso especial e extraordinário e, por fim, embargos de divergência no Superior Tribunal de Justiça e no Supremo Tribunal Federal.

Em que pese os embargos de declaração e os recursos aos tribunais superiores – aqui incluídos recurso especial e extraordinário, agravo de admissão de recurso especial ou extraordinário e embargos de divergência –, sejam desprovidos de efeito suspensivo por determinação legal expressa (arts. 1.026,[161] 1.029, § 5º,[162] do CPC 2015) existe a possibilidade, outorgada pelo art. 995, parágrafo único,[163] do CPC 2015, de se agregar tal efeito aos mesmos, mantendo a suspensão dos efeitos da sentença, e assim, impedindo o seu cumprimento antes do trânsito em julgado. Eis o custo temporal do trânsito em julgado para a efetividade da sentença.

Embora não represente nenhuma novidade, é relevante ponderar, ainda, que existe um significativo espaço de tempo entre o momento da interposição de cada recurso e o do seu respectivo processamento e julgamento, pois o recurso passa por todo um trâmite processual, que conta com juízo de admissibilidade e necessária observação do contraditório, até ser posto em pauta e, finalmente, julgado e oficialmente publicado.

---

[160] MACHADO, Jorge Pinheiro. *Tutela antecipada na teoria geral do processo*. São Paulo: LTR, 1999, v. 1, p. 597.

[161] Art. 1.026. Os embargos de declaração não possuem efeito suspensivo e interrompem o prazo para a interposição de recurso. (BRASIL. *Lei nº 13.105/2015, de 16 de março de 2015. Código de Processo Civil*. Brasília, DF: Congresso Nacional, 2015. Disponível em: <http://www.planalto.gov.br/ccivil_03/_Ato2015-2018/2015/Lei/L13105.htm>. Acesso em: 04 ago. 2015).

[162] Art. 1029. § 5º O pedido de concessão de efeito suspensivo a recurso extraordinário ou a recurso especial poderá ser formulado por requerimento dirigido: [...]. (BRASIL. *Lei nº 13.105/2015, de 16 de março de 2015. Código de Processo Civil*. Brasília, DF: Congresso Nacional, 2015. Disponível em: <http://www.planalto.gov.br/ccivil_03/_Ato2015-2018/2015/Lei/L13105.htm>. Acesso em: 04 ago. 2015).

[163] Art. 995. Parágrafo único. A eficácia da decisão recorrida poderá ser suspensa por decisão do relator, se da imediata produção de seus efeitos houver risco de dano grave, de difícil ou impossível reparação, e ficar demonstrada a probabilidade de provimento do recurso. (BRASIL. *Lei nº 13.105/2015, de 16 de março de 2015. Código de Processo Civil*. Brasília, DF: Congresso Nacional, 2015. Disponível em: <http://www.planalto.gov. br/ccivil_03/_Ato2015-2018/2015/Lei/L13105.htm>. Acesso em: 04 ago. 2015).

Contudo, as situações concretas específicas em que o risco de dano ao direito se configura após a prolação da sentença, mais precisamente, em fase recursal, nas quais, portanto, o provimento antecipatório é aplicado em grau recursal a fim de conferir eficácia imediata *ope judicis* à sentença, serão abordadas pormenorizadamente em seção específica mais adiante.

O que importa, por ora, para os fins deste capítulo é demonstrar aos operadores e estudiosos do Direito, e à comunidade jurídica em geral, o custo temporal que a apelação e o trânsito em julgado podem representar para a efetividade das sentenças que necessitam produzir seus efeitos e serem cumpridas de imediato em razão da existência de risco de dano irreparável ou periclitação do direito nelas reconhecido.

Detectada na prática a ocorrência deste problema, a preocupação que exsurge é o fato do sistema processual civil pátrio se omitir em conferir tratamento protetivo a esta categoria de sentença, na medida em que não a inclui no rol taxativo das decisões com eficácia imediata, em que pese lá merecesse estar inserida.

O problema que o presente estudo busca resolver, portanto, é o de como viabilizar a efetividade da sentença que não possui eficácia imediata por força da lei, mas que, entretanto, dela necessita por tutelar direito material em risco de dano ou perecimento que sequer pode aguardar o prazo de interposição do recurso cabível para ser satisfeito e entregue ao seu titular.

Nesse ínterim, esta obra almeja analisar se se existe, no Código de Processo Civil brasileiro de 2015, mecanismo capaz de outorgar ao Estado-juiz o poder de atribuir eficácia imediata à sentença que não a possui por força da lei, mas dela necessita por tutelar direito em risco de dano ou perecimento, ou se a solução a este problema só pode ser buscada no plano legislativo através de uma reforma pontual do art. 1012, *caput*, do Código de 2015, que prevê a regra da suspensividade dos efeitos da sentença.

1.4.2. Casos paradigmáticos de sentenças sem eficácia imediata outorgantes de direitos em risco de dano ou perecimento

O problema das sentenças sem eficácia imediata outorgantes de direitos em risco de dano ou perecimento é facilmente verificado, por exemplo, no âmbito das demandas que têm por objeto o adimplemento urgente de serviço de assistência à saúde, ou que, simplesmente envolvam a proteção da saúde e segurança dos cidadãos.

É o que se evidencia no caso das ações promovidas em face do Instituto Nacional de Seguridade Social (INSS), operadora de plano de saúde ou seguradora com o fito de cobrar o custeamento de determinado tratamento ou medicamento, ou no caso destas últimas, de determinada cobertura securitária.

Nestes tipos de demanda é perfeitamente possível que ao longo do processo ocorra alteração do quadro de saúde do titular do direito, especialmente quando este se tratar de pessoa idosa ou com estado de saúde bastante debilitado, implicando, desta feita, na necessidade de concessão de uma tutela jurisdicional diferenciada e urgente, sob pena de ineficácia do provimento final.

Para a melhor visualização e compreensão da problemática em questão, basta considerar a seguinte situação: no momento do ajuizamento da ação em que o demandante postula a cobertura ou custeamento de determinado tratamento cirúrgico não se vislumbra urgência na sua realização a justificar a concessão de provimento antecipatório *in limine*.

Entretanto, no curso do processo, encerrada a instrução e já estando o processo sendo encaminhado para a prolação da sentença, o quadro de saúde do demandante idoso ou com estágio da doença bastante avançado repentinamente se agrava. Sobrevém sentença de procedência para ordenar que o demandado conceda cobertura ou custeie o tratamento cirúrgico. Na sequência, é interposto recurso de apelação pela parte sucumbente, o qual é recebido no duplo efeito, dado que a decisão não se enquadra em nenhuma das hipóteses excepcionais de sentença com eficácia imediata, tipificadas nos incisos do art. 1012, § 1º, do CPC de 2015.

Este problema da impossibilidade de conferir eficácia e efetividade imediata à sentença que demanda urgência no seu cumprimento é facilmente detectado na prática forense.

Neste sentido, pode-se citar a título de exemplo uma sentença de procedência[164] proferida recentemente em caso semelhante ao acima ilustrado, no qual o pedido antecipatório formulado no limiar do processo foi indeferido por inexistir naquele dado momento processual urgência na realização da cirurgia bariátrica. Todavia, encerrada a instrução, sobrevém sentença procedente e com ela a alteração do quadro de saúde do demandante portador de obesidade mórbida de grau III, o qual passou então, a exigir urgência na efetivação da tutela concedida, ou seja, o imediato cumprimento da sentença, a qual, no entanto, restou obstaculizada pela regra processual geral do duplo efeito recursal do art. 1012, *caput*, CPC de 2015.

Neste caso, a realização da cirurgia bariátrica somente após o julgamento da apelação poderia se revelar seriamente danoso, ou inclusive, sem qualquer valor ou utilidade prática ao demandante, pois se este não fosse operado em tempo hábil, correria o sério risco de enfartar, sujeitando-se a consequências de natureza talvez irreversível, ou seja, a sua morte.

---

[164] RIO GRANDE DO SUL. Porto Alegre. Vara Cível do Foro Regional Partenon. *Ação de obrigação de fazer nº 0011.12.0126714-6*. 13 de fevereiro de 2013. Disponível em: <http://www.tjrs.jus.br/>. Acesso em: 23 mar. 2014.

Em outra situação concreta, suponha-se que a parte ingresse com uma ação contra o INSS, postulando o fornecimento de medicação em razão de doença grave. Não obstante a urgência na entrega da medicação, dado que a saúde e a vida do demandante depende do mesmo, o seu procurador não postula a antecipação da tutela, nem liminarmente, nem incidentalmente, por não vislumbrar adequadamente a possibilidade de irreparabilidade do risco de dano caso o medicamento fosse concedido só ao final do processo; ou ainda, por desconhecimento da real gravidade da doença, ou até mesmo, por simples despreparo técnico.

Ao ser proferida sentença de procedência, esta, no entanto, não pode surtir de imediato seus efeitos e ser imediatamente cumprida por não se enquadrar em nenhuma das hipóteses de sentenças com eficácia imediata tipificadas nos incisos do art. 1012, § 1º, do CPC de 2015. Ocorre que o demandante sequer pode aguardar a interposição do recurso obrigatório do INSS para receber o medicamento e ter a sua saúde e vida eficazmente resguardadas.

Imagine-se outra situação em que a parte ingresse com uma ação de cobrança contra uma determinada seguradora, postulando cobertura securitária em razão de diagnóstico de hérnia de disco, necessitando urgentemente de uma cirurgia sob pena de sofrer paralisia ou até mesmo morrer. Não obstante a urgência na concessão da cobertura postulada, visto que a saúde e vida do demandante depende da mesma, o seu procurador não postula a antecipação da tutela, nem liminarmente, nem incidentalmente, por não vislumbrar adequadamente a possibilidade de irreparabilidade do risco de dano caso a cobertura securitária fosse concedida só ao final do processo; ou ainda, por desconhecimento da real gravidade da doença e risco de vida sob o qual se encontra o segurado, ou até mesmo, por simples despreparo técnico. Situação idêntica a esta é encontrada nos autos da ação de cobrança tombada sob o nº 077/1.13.0003498-7.[165]

Ao ser proferida sentença de procedência, esta, no entanto, não pode surtir de imediato seus efeitos e ser imediatamente cumprida por não se enquadrar em nenhuma das hipóteses de sentenças com eficácia imediata tipificadas nos incisos do art. 1012, § 1º, do CPC 2015. Ocorre que o demandante sequer pode aguardar a interposição do recurso pela seguradora sucumbente para se submeter a cirurgia e ter a sua saúde e vida eficazmente resguardadas.

Ou ainda, suponha-se que a parte ingresse com uma ação de cobrança contra uma determinada seguradora postulando cobertura securitária em razão de diagnóstico de neoplasia maligna de colo de útero com lesão invasiva necessitando em caráter emergencial de uma cirurgia de remoção do tumor sob pena de vir a falecer. O pedido antecipatório formulado no limiar do processo é indeferido por inexistir naquele dado momento processual prova contundente

---

[165] A ação em comento ainda não foi sentenciada, encontrando-se em fase instrutória. (RIO GRANDE DO SUL. Venâncio Aires. 2ª Vara. *Ação de cobrança nº 077/1.13.0003498-7*. Rio Grande do Sul. Disponível em: <http://www.tjrs.jus.br/>. Acesso em: 17 dez. 2014).

da urgência na realização da cirurgia. Situação idêntica a esta é encontrada nos autos da ação de cobrança tombada sob o nº 028/1.14.0000671-2.[166]

Todavia, exaurida a cognição e constatada a procedência do pedido, além da urgência, consubstanciada no fato de a demandante estar realmente correndo sério risco de vida, a exequibilidade da sentença resta obstaculizada pela regra do duplo efeito recursal do art. 1012, *caput*, CPC de 2015. Neste caso, a realização da cirurgia de remoção do tumor somente após o julgamento da apelação da seguradora sucumbente poderia se revelar sem qualquer valor ou utilidade prática à demandante, pois se esta não fosse operada em tempo hábil, correria o sério risco de falecer, sujeitando-se a consequências de natureza irreversível.

É o que se verifica também no âmbito dos direitos coletivos *lato sensu*, como no caso de uma ação civil pública movida contra determinada empresa poluidora com o intuito de compelir esta a instalar filtro para desenvolver a sua atividade sem causar dano à saúde das pessoas que vivem nas proximidades. Neste tipo de demanda é perfeitamente possível que ao longo do processo se obtenha prova, inexistente no momento da propositura da ação, capaz de comprovar o nexo de causalidade existente entre a atividade desenvolvida pela empresa e os efeitos maléficos decorrentes de sua atividade ocasionados em inúmeras pessoas por aspirarem substância tóxica emitida pela mesma, implicando, desta feita, a necessidade de concessão de uma tutela jurisdicional urgente, ou seja, a necessidade urgente de instalação de filtro, sob pena de ineficácia do provimento final.

Para o melhor compreender e visualizar a problemática em questão basta considerar a seguinte hipótese: no momento do ajuizamento da ação em que o Ministério Público postula que a empresa poluente seja compelida a instalar filtro em suas instalações para evitar a emissão de substância tóxica, não se vislumbra prova inequívoca do nexo de causalidade existente entre a atividade desenvolvida pela empresa e os graves danos ocasionados à saúde em inúmeras pessoas, bem como da urgência na sua instalação a justificar a concessão de provimento antecipatório *in limine*.

Entretanto, encontrando-se o processo em fase de razões finais, é juntada aos autos prova inequívoca da nocividade da substância emitida pela empresa e da extensão do dano ocasionado à saúde de inúmeras pessoas que vivem nas proximidades da sede da empresa. Sobrevém sentença de procedência para ordenar que a empresa instale filtro em suas instalações.

Ocorre que neste caso concreto específico, diferentemente de todos os outros até aqui analisados, justamente visando tutelar de forma eficaz a situação concreta narrada a Lei da Ação Civil Pública nº 7.347/1985 estabeleceu

---

[166] A ação em comento ainda não foi sentenciada, encontrando-se ainda em fase instrutória. (RIO GRANDE DO SUL. Santa Rosa. 1ª Vara Cível. *Ação de cobrança nº 028/1.14.0000671-2*. Disponível em: <http://www.tjrs.jus.br/>. Acesso em: 17 dez. 2014).

em seu art. 14[167] que a apelação é recebida, via de regra, somente com o efeito devolutivo, ou seja, estabelece o critério *ope iudicis*[168] para concessão de efeito suspensivo à apelação, diferentemente do que faz o CPC de 2015, no âmbito dos direitos individuais, ao estabelecer como regra o critério *ope legis* para concessão de efeito suspensivo, instituindo a regra do duplo efeito recursal e não albergando nas hipóteses de sentença com eficácia imediata previstas taxativamente nos incisos do art. 1012, § 1º, aquela que tutela direito em risco de dano ou perecimento.[169]

O que impende destacar por ora é a questão delicada de como fazer para conferir efetividade à categoria de sentença que requer efetivação imediata, mas que, entretanto, encontra-se obstaculizada pela regra do duplo efeito recursal, questão que restou demonstrada em todos os casos paradigmáticos analisados acima. A resposta a esta indagação é o objeto de estudo no capítulo seguinte.

Todavia, antes de adentrar na análise da solução ao problema em questão, é importante abordar, ainda que brevemente, a questão do dever constitucional do Estado de propiciar e prestar a tutela idônea e efetiva dos direitos.

1.4.3. O dever constitucional do Estado de propiciar e prestar a tutela idônea e efetiva dos direitos

O direito-garantia à tutela jurisdicional adequada, tempestiva e efetiva, já estudado nas seções anteriores, consiste basicamente em um direito à prestação estatal protetiva (*status positivus* de Jellinek), e em um direito à participação mediante procedimento adequado (*status activus processualis* de Peter Häberle), pois como bem define Luiz Guilherme Marinoni, engloba três direitos: (*i*) à técnica processual adequada, (*ii*) ao procedimento apto a viabilizar a participação e, (*iii*) à resposta do juiz.[170]

Na medida em que o direito-garantia à tutela jurisdicional adequada, tempestiva e efetiva se constitui pela conjugação destes três direitos, por consequência natural, a efetividade, tempestividade e adequação da tutela jurisdicional exigem: (*i*) a predisposição no ordenamento de técnicas processuais

---

[167] Art. 14. O juiz poderá conferir efeito suspensivo aos recursos, para evitar dano irreparável à parte (BRASIL. *Lei nº 7.347/1985, de 24 de julho de 1985*. Brasília, DF: Congresso Nacional, 1985. Disciplina a ação civil pública de responsabilidade por danos causados ao meio-ambiente, ao consumidor, a bens e direitos de valor artístico, estético, histórico, turístico e paisagístico (VETADO) e dá outras providências. Disponível em: <http://www.planalto.gov.br/ccivil_03/leis/l7347orig.htm>. Acesso em: 19 jun. 2014).

[168] O critério *ope iudicis* para concessão de efeito suspensivo à apelação também é utilizado pelo regime do CDC, bem como do Juizado Especial Cível.

[169] Art. 1012. A apelação terá efeito suspensivo (BRASIL. *Lei nº 13.105/2015, de 16 de março de 2015. Código de Processo Civil*. Brasília, DF: Congresso Nacional, 2015. Disponível em: <http://www.planalto.gov.br/ccivil_03/_Ato2015-2018/2015/Lei/L13105.htm>. Acesso em: 04 ago. 2015).

[170] MARINONI, Luiz Guilherme. *Técnica processual e tutela dos direitos*. São Paulo: Revista dos Tribunais, 2010, p. 143.

adequadas à tutela do direito material posto em juízo, (*ii*) procedimentos idôneos a viabilizar a participação do jurisdicionado (dever do Estado-legislador) e, por fim, (*iii*) a própria idoneidade da resposta jurisdicional (dever do Estado-juiz). Percebe-se, assim, que o direito à proteção dos direitos, sejam eles fundamentais ou não, exige não apenas normas de natureza material, mas também, e com especial relevância, normas de natureza processual, e por essa razão pode-se afirmar que o direito à proteção dos direitos tem como corolário o direito à preordenação das técnicas idôneas, à prestação da tutela jurisdicional adequada, tempestiva e efetiva.[171]

Convém relembrar, entretanto, que o direito-garantia à tutela jurisdicional não exige apenas prestação protetiva por parte do Estado-legislador através da edição de normas processuais, mas também requer prestação protetiva por parte do Estado-juiz mediante a própria resposta jurisdicional a ser prestada por este. Como se vê, ambas as prestações representam formas de prestação estatal protetiva dos direitos, diferenciadas, porém, por uma representar resposta abstrata do legislador, ou seja, a lei, enquanto a outra representa resposta diante do caso concreto, isto é, a decisão.

Em suma, pode-se dizer, nas próprias palavras de Luiz Guilherme Marinoni que:

> Há direito, devido pelo Estado-legislador, à edição de normas de direito material de proteção, assim como de normas de direitos instituidoras de técnicas processuais capazes de propiciar efetiva proteção. Mas o Estado-juiz também possui dever de proteção, que realiza no momento em que profere a sua decisão a respeito dos direitos.[172]

Sejam tais direitos fundamentais ou não, certo é que sempre que o direito substancial necessitar de tutela jurisdicional, por sofrer lesão ou ameaça de lesão, a decisão emanada pelo Estado-juiz configura evidente prestação jurisdicional de proteção ao direito, justificando o enquadramento deste direito-garantia na categoria de direitos prestacionais à proteção.

Uma vez compreendido os aspectos funcionais do direito-garantia fundamental à tutela jurisdicional adequada, tempestiva e efetiva, já é possível avançar o desenvolvimento do tema para o seguinte questionamento: considerando que o Estado-legislador tem o dever de editar normas que outorguem técnicas e procedimentos idôneos à tutela do direito substancial, caso este dever seja descumprido diante de determinado caso concreto, o Estado-juiz perde o seu dever de prestar a tutela jurisdicional adequada, tempestiva e efetiva?

Pressupõe-se que, diante do que se expôs até aqui a respeito do âmbito de proteção do direito-garantia fundamental à tutela adequada, tempestiva e

---

[171] MARINONI, Luiz Guilherme. *Técnica processual e tutela dos direitos*. São Paulo: Revista dos Tribunais, 2010, p. 143-144.
[172] Idem, p. 144.

efetiva e dos seus aspectos funcionais, qualquer estudioso do Direito esteja apto a responder tal questionamento de forma negativa, pois se a própria efetividade dos direitos violados ou ameaçados de lesão depende da prestação jurisdicional idônea e efetiva, caso esta não seja cumprida pelo Estado-juiz diante de determinado caso concreto, em razão da omissão do Estado-legislador em predispor no ordenamento processual técnicas e procedimentos idôneos, os direitos substanciais que delas dependem restarão totalmente ineficazes, ou seja, sem qualquer valor prático aos seus titulares.

Por esta simples, mas relevante razão, o Estado-juiz tem o dever de interpretar a legislação infraconstitucional processual à luz do direito fundamental à tutela jurisdicional, ficando obrigado a extrair da norma processual a sua máxima potencionalidade, sempre com vistas a tutelar os direitos de forma adequada, tempestiva e efetiva, sem com isso, entretanto, violar o direito de defesa da parte adversa.[173]

Consoante demonstrar-se-á no capítulo a seguir, este questionamento se enquadra perfeitamente à situação concreta, objeto central de análise neste estudo, de como viabilizar a efetividade da sentença que não possui eficácia imediata por força da lei, mas que, entretanto, dela necessita por tutelar direito material em risco de dano ou perecimento e, que, portanto, sequer pode aguardar o prazo de interposição do recurso cabível para ser satisfeito e entregue ao seu titular.

Este cenário jurídico-processual problemático constitui tema de inquestionável importância, pois versa sobre uma categoria de sentença para a qual o ordenamento processual civil pátrio omite-se em conferir tratamento protetivo na medida em que não a inclui no rol taxativo das sentenças com eficácia imediata (art. 1012, § 1º, CPC 2015), em que pese lá merecesse estar inserida como "a sentença que tutela direito em iminente risco de dano irreparável ou de perecimento".

Diante da omissão do Estado-legislador em conferir tratamento protetivo expresso e imediato a esta categoria de sentença, cabe aos estudiosos e operadores do Direito resolvê-la à luz do direito-garantia fundamental à tutela jurisdicional adequada, tempestiva e efetiva, de modo a investigar se existe no Código de Processo Civil brasileiro de 2015 mecanismo capaz de outorgar ao Estado-juiz o poder de atribuir eficácia imediata a este tipo de sentença, ou se a solução a este problema só pode ser buscada no plano legislativo através de uma reforma pontual da regra da suspensividade dos efeitos da sentença prevista no art. 1012, *caput*, do CPC 2015.

A resposta a estes questionamentos constitui o objeto de investigação do capítulo seguinte.

---

[173] Neste sentido: MARINONI, Luiz Guilherme. *Técnica processual e tutela dos direitos*. São Paulo: Revista dos Tribunais, 2010, p. 146.

2. O provimento antecipatório e a eficácia imediata *ope judicis* da sentença

Pois bem, uma vez verificado no Capítulo anterior o descumprimento pelo Estado-legislador do seu dever de editar normas que outorguem técnicas idôneas à tutela do direito substancial ao não incluir no rol taxativo das sentenças com eficácia imediata (1012, § 1º, CPC 2015) "a sentença que tutela direito em iminente risco de dano ou perecimento", resta ao Estado-juiz cumprir o seu dever constitucional de interpretar a legislação processual à luz do direito fundamental à tutela jurisdicional adequada, tempestiva e efetiva, ficando obrigado a retirar da norma processual a sua máxima potencionalidade sempre com vistas a tutelar os direitos de forma adequada, tempestiva e efetiva, sem com isso, entretanto, violar o direito de defesa da parte adversa.[174]

É justamente diante desta falha do Estado-legislador que o provimento antecipatório é identificado no cenário processual pátrio como técnica apta a viabilizar a imediata eficácia da sentença que não a possui por força da lei, mas que, entretanto, dela necessita por tutelar direito material em risco de dano ou perecimento, e que sequer pode aguardar o prazo de interposição do recurso cabível para ser satisfeito e entregue ao seu titular.

Diante deste contexto, este capítulo se dedica a demonstrar que o problema do custo temporal gerado pela regra do duplo efeito recursal à sentença outorgante de direito que exige satisfação imediata é solucionado no CPC de 2015 através da previsão do provimento antecipatório como técnica processual de concessão da eficácia imediata *ope judicis* da decisão judicial (art. 1012, § 1º, inciso V).

2.1. O PROVIMENTO ANTECIPATÓRIO

Antes de adentrar no estudo específico do provimento antecipatório como técnica processual de concessão da eficácia imediata *ope judicis* à decisão

---

[174] Neste sentido: MARINONI, Luiz Guilherme. *Técnica processual e tutela dos direitos.* São Paulo: Revista dos Tribunais, 2010, p. 146.

judicial, é preciso consignar algumas notas introdutórias sobre a técnica antecipatória no CPC de 1973, bem como proceder uma análise prévia acerca da sua definição conceitual e do seu âmbito de aplicação no CPC de 2015 a fim de melhor enfrentar e abordar o tema central desta obra.

2.1.1. Breves notas introdutórias sobre a técnica antecipatória no CPC de 1973

A técnica antecipatória[175] tem por desiderato precípuo viabilizar ao jurisdicionado a fruição imediata de um resultado prático concedido via provimento jurisdicional. Não é por outra razão que um dos pontos mais sensíveis em matéria de provimento antecipatório é se o ordenamento processual oferece técnicas processuais aptas a permitir a sua efetiva realização. Destarte, considerando que ter um direito significa ter uma posição juridicamente tutelável, vale dizer, passível de concretização, é imprescindível para o jurisdicionado que o provimento jurisdicional (provisório ou definitivo) por ele obtido seja suscetível de efetivação.[176]

Em apertada síntese, a técnica processual em comento constitui legítimo mecanismo criado para combater os prejuízos que podem decorrer da atuação do tempo no processo, revelando-se, desta feita, aplicável não só para evitar um dano irreparável ou de difícil reparação, forte no art. 273, I, do CPC 1973, mas também para que o lapso temporal a transcorrer ao longo do processo seja distribuído entre as partes na devida proporção da probabilidade do direito do demandante e da fragilidade da defesa do demandado, consoante autoriza o art. 273, II, e § 6º, do CPC 1973.[177]

Significa dizer que a antecipação dos efeitos da tutela final nada mais é do que uma técnica processual de distribuição do ônus do tempo no processo, na medida em que, ao passo que viabiliza ao réu maiores oportunidades de defesa no decorrer do processo de conhecimento, assegura simultaneamente ao autor a capacidade de requerer a tutela antecipada. Essa técnica, portanto, elimina, ou no mínimo reduz, o prejuízo sofrido pelo requerente em decorrência do custo temporal do processo.[178]

---

[175] Esta seção, por questões didáticas, dedicar-se-á a abordar o sistema genérico de antecipação de tutela previsto no art. 273 do Código de 1973, optando-se, assim, por deixar a análise da disciplina específica do instituto antecipatório voltado às obrigações de fazer, não fazer e entrega de coisa prevista, respectivamente, nos arts. 536 e 538 do CPC 2015 para um capítulo específico, no qual se abordará as técnicas para a efetivação do provimento antecipatório de tutela que implique em uma ação, abstenção ou entrega de coisa. Ver esta abordagem no Capítulo 3.

[176] MITIDIERO, Daniel. *Antecipação de tutela:* da tutela cautelar à técnica antecipatória. São Paulo: Revista dos Tribunais, 2013, p. 151.

[177] MARINONI, Luiz Guilherme; ARENHART, Sérgio Cruz. *Curso de processo civil:* processo de conhecimento. São Paulo: Revista dos Tribunais, 2008, v. 2, p. 199.

[178] MARINONI, Luiz Guilherme. *A tutela antecipatória na reforma processual.* São Paulo: Malheiros, 1995, p. 63.

Apresentada, ainda que brevemente, a definição conceitual do instituto da antecipação de tutela no CPC de 1973, cumpre analisar como tal instituto se configura no CPC de 2015, eis que este sim é objeto de estudo na presente obra.

2.1.2. A técnica antecipatória no CPC de 2015

Dentre as mais significativas inovações trazidas pelo CPC 2015[179] está a que unifica no Livro V a regência da tutela de natureza provisória, e assim, de suas espécies antecipada e cautelar, instituindo com isso o fim da regência da tutela cautelar em livro próprio.

Como se vê, a tutela cautelar que, no Código de 1973, é tratada no Livro III, intitulado Do Processo Cautelar, passa, então, a ser tratada no Livro V, intitulado Da Tutela Provisória, que unifica a disciplina deste gênero de tutela, do qual são espécies a tutela antecipada e a cautelar. Indubitavelmente, esta é uma das mais significativas alterações introduzidas pelo CPC 2015 na matéria.

A nova disciplina da tutela provisória foi basicamente organizada em três Títulos. O primeiro corresponde à parte geral destinada à regência comum da tutela provisória, antecipada e cautelar. O segundo se destina a regrar as hipóteses de tutela antecipada e cautelar fundadas na urgência, subdividindo-se em dois Capítulos, o primeiro voltado a reger o procedimento da tutela antecipada requerida em caráter antecedente e o segundo, o procedimento da tutela cautelar requerida em caráter antecedente. Por derradeiro, o terceiro Título destina-se a regular as hipóteses de tutela antecipada e cautelar fundada na evidência.

Conforme demonstrar-se-á a seguir, o principal propósito da regência da tutela provisória, e especialmente da tutela antecipada, no CPC 2015 é sem dúvida alguma conferir maior celeridade, tempestividade, efetividade e economia à prestação da tutela jurisdicional por meio da simplificação do regramento e procedimento da técnica antecipatória, sem com isso deixar de privilegiar outros direitos e garantias fundamentais do cidadão de igual relevância constitucional, tais como, a segurança jurídica, o contraditório, a ampla defesa, enfim, o devido processo legal.

A fim de concretizar este propósito, o legislador de 2015 buscou investigar na legislação processual de 1973 as falhas estruturais causadoras da morosidade, intempestividade e inefetividade da tutela jurisdicional, concluindo que estas eram ocasionadas por três razões principais: o rigorismo formal desnecessário; a litigiosidade exacerbada decorrente do vasto elenco de direitos reconhecidos pela Constituição Federal de 1988; e o sistema recursal com suas regras obstaculizadoras da célere, tempestiva e efetiva prestação jurisdicional

---

[179] BRASIL. *Lei nº 13.105/2015, de 16 de março de 2015. Código de Processo Civil.* Brasília, DF: Congresso Nacional, 2015. Disponível em: <http://www.planalto.gov.br/ccivil_03/_Ato2015-2018/2015/Lei/L13105. htm>. Acesso em 15 jul. 2015.

do direito,[180] como a do art. 520, CPC 1973, que obstaculiza a eficácia e exequibilidade imediata da sentença outorgante de direito em risco de dano ou perecimento.

Diante destas constatações, no que refere ao tema da tutela antecipada, o legislador de 2015 optou por eliminar e reformular institutos já existentes, bem como criar novas ferramentas processuais aptas a promover uma tutela jurisdicional célere, tempestiva e efetiva do direito.[181]

Dentre as principais alterações trazidas pelo CPC 2015 em matéria de tutela antecipada, estão: a disciplina do gênero tutela provisória e, assim, das suas espécies antecipada e cautelar, em um único Livro; a unificação dos fundamentos de concessão da tutela provisória de natureza cautelar e antecipada, a saber, a urgência e a evidência; a criação da possibilidade de requerer tutela antecipada em caráter antecedente e a criação do fenômeno da estabilização dos efeitos da tutela antecipada.

Conforme se verá a seguir, com esta nova estruturação da disciplina da tutela provisória antecipada e cautelar houve muitos progressos, em que pese ainda permaneçam algumas imprecisões e omissões no trato legal desta matéria, merecedoras, portanto, de uma cuidadosa reflexão e aprimoramento.

2.1.2.1. A aproximação da tutela antecipada e cautelar e a inovadora unificação da disciplina da tutela provisória

Para compreender a reestruturação que o CPC de 2015 implementa em matéria de tutela provisória, é pressuposto básico partir de uma correta compreensão acerca das diferentes posturas legislativas que os últimos três Códigos de Processo Civil brasileiro, apresentam a respeito desta matéria.

Neste particular, destaca Elaine Harzheim Macedo que o CPC de 1973, inovando em relação ao CPC de 1939, adotou uma postura legislativa bastante teórica, distinguindo rigidamente os processos conforme as respectivas funções jurisdicionais: cognição, execução e cautelar. Como consequência desta postura legislativa teórica, a doutrina e a jurisprudência por um longo período se focaram em distinguir, afastar, divorciar as funções cautelares daqueles provimentos que, não obstante antecipassem conteúdos decisórios típicos de decisões definitivas, ainda não exauriam a jurisdição.[182]

---

[180] Neste sentido: FUX, Luiz. O novo processo civil. In: FUX, Luiz (Coord.). *O novo processo civil brasileiro:* direito em expectativa (reflexões acerca do Anteprojeto do novo Código de Processo Civil). Rio de Janeiro: Forense, 2011, p. 1.

[181] FUX, Luiz. O novo processo civil. In: ——. (Coord.). *O novo processo civil brasileiro:* direito em expectativa (reflexões acerca do Anteprojeto do novo Código de Processo Civil). Rio de Janeiro: Forense, 2011, p. 1.

[182] MACEDO, Elaine Harzheim. Tutela cautelar *versus* tutela antecipada. In: MENDONÇA, Delosmar; MACEDO, Elaine Harzheim; TEIXEIRA, Sérgio Torres; BARROS, Wellington Pacheco. *Tutela diferenciada.* Curitiba: IESDE, 2007, p. 80.

Por outro lado, o CPC de 2015, inovando em relação ao CPC de 1973, adota uma postura legislativa completamente oposta, aproximando a jurisdição cautelar da jurisdição hodiernamente reconhecida como de antecipação de tutela.

Nessa linha, o processo civil contemporâneo, mais precisamente a partir de 1994 com o advento do instituto da antecipação de tutela no ordenamento jurídico pátrio, passa a considerar a função comum que ambas as medidas exercem, qual seja, a de superar o perigo da demora. É justamente este traço comum que as torna medidas de urgência. Na essência, o que se altera numa e noutra é a função da atividade jurisdicional. Enquanto no processo cautelar não há satisfação, mas há cautela, nos provimentos antecipatórios há satisfação, ainda que de forma provisória. Por isso que se reconhece que a antecipação é mais que mera cautela.[183]

É justamente esta inovadora postura de aproximação das tutelas cautelar e antecipada adotada tanto pela doutrina, quanto pela jurisprudência nacional, que fortalece o princípio da fungibilidade e fundamenta a unificação da disciplina e dos fundamentos de concessão da tutela de natureza provisória no Código de Processo Civil de 2015.

Deste modo, o CPC de 2015 altera significativamente a organização da disciplina utilizada pelo CPC de 1973 em matéria da tutela antecipada e cautelar. Enquanto o ordenamento de 1973 separa a disciplina de tais espécies de tutela provisória em dois livros distintos: a tutela antecipada no Livro I Do Processo de Conhecimento e a tutela cautelar no Livro III Do Processo Cautelar, o diploma processual de 2015 as regula em um único livro, Livro V, intitulado Da Tutela Provisória, gênero do qual ambas são espécies.

O Livro V, portanto, é dedicado ao regramento do gênero: tutela provisória. Neste livro são disciplinadas as suas espécies: antecipada e cautelar, os seus fundamentos: urgência e evidência do direito que se busca tutelar, bem como o momento de sua concessão: em caráter antecedente ou incidente no processo.

Neste panorama inovador, a tutela antecipada segue sendo compreendida como toda decisão que antecipa provisoriamente a tutela pretendida, tipicamente com base em juízo de verossimilhança fundado em cognição sumária, quando concedida liminarmente, após justificação prévia ou ao longo da instrução do processo, ou então, atipicamente com base em juízo de certeza fundado em cognição plena e exauriente da lide, quando concedida em sentença ou em grau recursal, desde que presente seus requisitos autorizadores, quais sejam, elementos que evidenciem a probabilidade do direito e o perigo de dano ou o risco ao resultado útil do processo ou a evidência do direito.

---

[183] MACEDO, Elaine Harzheim. Tutela cautelar *versus* tutela antecipada. In: MENDONÇA, Delosmar; MACEDO, Elaine Harzheim; TEIXEIRA, Sérgio Torres; BARROS, Wellington Pacheco. *Tutela diferenciada*. Curitiba: IESDE, 2007, p. 80.

Além disso, a tutela antecipada permanece com o seu traço característico de provisoriedade no diploma processual de 2015, na medida em que o seu art. 296[184] mantém a possibilidade de revogação ou modificação do provimento que a concede, desde que através de decisão fundamentada. Do mesmo modo, permanece a regra geral da manutenção dos seus efeitos em caso de suspensão do processo, salvo se houver decisão judicial em contrário.

Ademais, a indispensável reversibilidade dos efeitos da decisão que concede a tutela antecipada segue sendo requisito para a sua concessão no CPC de 2015 (art. 300, § 3°). Quanto a este requisito, Daniel Mitidiero esclarece apropriadamente que a vedação à prolação de provimentos com efeitos irreversíveis refere apenas à impossibilidade de concessão de antecipação de tutela quando houver perigo de inviabilização de retorno ao *status quo ante*.[185]

Assim, para que a tutela possa ser antecipada, o que deve ser reversível, isto é, o que não pode ser irreversível, é a situação fática criada pelo provimento, ou ainda, o conjunto de efeitos que esse provimento produz.[186]

Como se vê, no diploma processual de 2015 o provimento antecipatório segue sendo, conforme definição de Ovídio Baptista da Silva, o provimento que concede o privilégio da execução imediata, ou seja, da antecipação dos efeitos da tutela final em razão da urgência na satisfação do direito. Tem-se, neste caso, cumprimento provisório urgente determinado pela necessidade de imediata realização concreta do direito material posto em causa.[187]

A esse respeito, cumpre destacar que antes mesmo da instituição do modelo de processo sincrético no Direito Processual brasileiro através da reforma processual implementada pela Lei 11.232/2005, Ovídio Baptista da Silva já ensinava que o art. 273 do CPC de 1973 introduzia no sistema processual pátrio medidas liminares de caráter executivo e mandamental aptas a se efetivarem e se realizarem na mesma relação processual em que foram deferidas. Neste sentido, já desenhava naquela época (2001) o processo sincrético ao afirmar que, embora a aludida relação processual seja, em princípio, concebida apenas como cognitiva, por força do advento do instituto da tutela antecipada, perde seus

---

[184] Art. 296. A tutela provisória conserva sua eficácia na pendência do processo, mas pode, a qualquer tempo, ser revogada ou modificada. Parágrafo único. Salvo decisão judicial em contrário, a tutela provisória conservará a eficácia durante o período de suspensão do processo. (BRASIL. *Lei n° 13.105/2015, de 16 de março de 2015. Código de Processo Civil.* Brasília, DF: Congresso Nacional, 2015. Disponível em: <http://www.planalto. gov.br/ccivil_03/_Ato2015-2018/2015/Lei/L13105.htm>. Acesso em: 04 ago. 2015).

[185] MITIERO, Daniel. *Antecipação de tutela:* da tutela cautelar à técnica antecipatória. São Paulo: Revista dos Tribunais, 2013, p. 125.

[186] MOREIRA, José Carlos Barbosa Moreira. A antecipação da tutela jurisdicional na reforma do código de processo civil. *Revista de Processo,* n. 81, p. 204, 1996.

[187] SILVA, Ovídio Araújo Baptista da. *Do processo cautelar.* Rio de Janeiro: Forense, 2001, p. 44 e 64.

traços elementares, passando a abranger as ações sincréticas, justo por apresentarem as duas funções processuais: a cognição e a execução.[188]

Do mesmo modo, a tutela cautelar permanece sendo no CPC 2015, conforme definição de Ovídio Baptista da Silva,[189] a função jurisdicional de proteger o direito da parte, sem jamais satisfazê-lo, e não a de proteger o processo principal. Assim, o objeto da proteção cautelar segue sendo, primeiramente, um direito da parte, ou uma pretensão, ou uma ação.

Pois bem, partindo do pressuposto que a tutela provisória é um gênero do qual são espécies a tutela antecipada e cautelar, o CPC de 2015 opta por uma definição conceitual aberta da tutela provisória fundada na urgência.[190]

De um lado, esta abertura conceitual da tutela provisória fundada na urgência impede que haja um engessamento do conceito das espécies de tutela provisória, especialmente da tutela antecipada, e assim cria a flexibilidade necessária à efetividade da tutela jurisdicional, tendo em vista o caráter vivo e dinâmico do direito que incessantemente necessita ser adaptado às constantes alterações do contexto social, histórico e cultural. Em contrapartida, transfere ao operador do Direito a responsabilidade de construir seu conceito diante de cada caso concreto com base nos princípios e valores constitucionais do processo.

Na verdade, como bem pontua Elaine Harzheim Macedo, a atual postura adotada pela legislação, doutrina e jurisprudência pátria no sentido de aproximar os institutos da tutela antecipada e cautelar se justifica justamente nas características que são comuns a ambas, as quais, por sinal, são muito mais predominantes do que os traços ou características que as distinguem.[191]

Dentre estas características comuns que aproximam a tutela antecipada da cautelar e as tornam tutela de urgência e espécies de um gênero designado de tutela provisória, está a provisoriedade. Isso porque qualquer provimento antecipatório pode ser revogado, a requerimento ou de ofício, no curso do processo ou na própria decisão definitiva, conforme autoriza expressamente o art. 296.[192] O mesmo se dá em relação à liminar concedida no processo cautelar, o

---

[188] SILVA, Ovídio A. Baptista da. Processos de execução e cautelar: o que deve ser feito para melhorar os processos de execução e cautelar. *Revista Consulex*, n. 43, p. 46, 2000.

[189] SILVA, Ovídio Araújo Baptista da. *Do processo cautelar*. Rio de Janeiro: Forense, 1999, p. 83.

[190] *Vide*: Art. 300. A tutela de urgência será concedida quando houver elementos que evidenciem a probabilidade do direito e o perigo de dano ou o risco ao resultado útil do processo. (BRASIL. *Lei nº 13.105/2015, de 16 de março de 2015. Código de Processo Civil*. Brasília, DF: Congresso Nacional, 2015. Disponível em: <http://www.planalto.gov.br/ccivil_03/_Ato2015-2018/2015/Lei/L13105.htm>. Acesso em: 04 ago. 2015).

[191] MACEDO, Elaine Harzheim. Tutela cautelar *versus* tutela antecipada. In: MENDONÇA, Delosmar; MACEDO, Elaine Harzheim; TEIXEIRA, Sérgio Torres; BARROS, Wellington Pacheco. *Tutela diferenciada*. Curitiba: IESDE, 2007, p. 81.

[192] Art. 296. A tutela provisória conserva sua eficácia na pendência do processo, mas pode, a qualquer tempo, ser revogada ou modificada. (BRASIL. *Lei nº 13.105/2015, de 16 de março de 2015. Código de Processo Civil*. Brasília, DF: Congresso Nacional, 2015. Disponível em: <http://www.planalto.gov.br/ccivil_03/_Ato2015-2018/2015/Lei/L13105.htm>. Acesso em: 04 ago. 2015).

que se estende, inclusive, à própria sentença proferida em seu bojo, eis que esta não se qualifica pela coisa julgada material, podendo ser revista no processo principal.[193]

Ademais, é da essência de ambas as medidas de urgência a decisão que as concede ser emitida tipicamente em sede de cognição sumária. Neste sentido, ensina Elaine Harzheim Macedo que a antecipação de tutela e a tutela cautelar: "correspondem ao exercício de atividade cognitiva sumarizada, exatamente porque não exploram a amplitude dos fatos e nem a amplitude das provas, a começar pela ausência de manifestação e participação da parte adversa, que só intervirá no processo mais adiante".[194]

No entanto, ainda que seja mais típica a sua concessão liminarmente, após justificação prévia ou durante a instrução do feito, nada impede que tais tutelas de urgência sejam concedidas a partir de uma cognição plena e exauriente da lide nas hipóteses em que são deferidas em sentença ou em grau recursal, quando apenas nesta fase processual se configurar o risco de dano ao direito ou o risco ao resultado útil do processo.

Como decorrência desta cognição sumária que tipicamente caracteriza a jurisdição de urgência, as tutelas antecipada e cautelar são concedidas com base em um juízo de aparência. Tutela-se, assim, o bom direito com base em um juízo de verossimilhança. Todavia, quando o risco de dano ao direito ou ao resultado útil do processo se configura apenas no momento da sentença ou em fase recursal, por consequência natural, o juízo que as concede já é não mais de mera aparência, mas de certeza, eis que assentado em cognição plena e exauriente da lide.

Além de provisórias, as decisões outorgantes das tutelas antecipada e cautelar são temporárias, na medida em que são contempladas com curto tempo de permanência: a antecipação de tutela até a sentença final e a tutela cautelar até o julgamento do processo principal, isso quando não revogadas ou modificadas antes, a requerimento da parte adversa ou de ofício, no curso do respectivo processo.[195]

Como consequência da própria provisoriedade, a revogabilidade que marca as tutelas cautelar e antecipada se manifesta no reconhecimento de que na antecipação de tutela a decisão que a concede é provisória e temporária, podendo ser reexaminada a qualquer tempo pelo juiz da causa, e no processo cautelar no reconhecimento de que as decisões nele proferidas não se qualificam pela coisa julgada material. Tal revogabilidade pode ser decretada tanto a

---

[193] MACEDO, Elaine Harzheim. Tutela cautelar *versus* tutela antecipada. In: MENDONÇA, Delosmar; MACEDO, Elaine Harzheim; TEIXEIRA, Sérgio Torres; BARROS, Wellington Pacheco. *Tutela diferenciada*. Curitiba: IESDE, 2007, p. 81.

[194] Idem, p. 81-82.

[195] Idem, p. 82.

requerimento da parte interessada, quanto de ofício, seja no curso do processo ou por ocasião da sentença final.

Por fim, outra característica que aproxima a tutela antecipada da cautelar é a sua reversibilidade. A reversibilidade que se fala, segundo Elaine Harzheim Macedo, é a jurídica, na medida em que a fática é impossível de ser alcançada, eis que diz com a irrecuperabilidade do tempo, e por isso sempre passível de ser admitida. A irreversibilidade jurídica, quando inevitável ou ocorrente por força de erro, se resolve por perdas e danos.[196]

São, assim, estas características comuns à tutela cautelar e antecipatória que justificam a aproximação dos dois institutos no CPC de 2015 e a unificação da sua disciplina no Livro V Da Tutela Provisória, justificando, inclusive, a definição conceitual aberta da tutela provisória fundada na urgência.

2.1.2.2. Fundamentos da técnica antecipatória: urgência ou evidência

Outra das principais alterações trazidas pelo CPC de 2015 é a que unifica os fundamentos de concessão da tutela antecipada e cautelar. Neste sentido, o novel diploma processual permite que tanto a tutela antecipada, quanto a cautelar, fundamente-se na urgência ou evidência, conforme as circunstâncias específicas do caso concreto.

Andou bem o legislador ao proceder tal unificação,[197] pois o que efetivamente definirá a espécie de tutela provisória a ser concedida será a finalidade que se busca com a medida, ou seja, se a finalidade for satisfazer o direito a fim de eliminar risco de dano ou perecimento do mesmo ou o risco de ocorrência do ilícito, a tutela será antecipada, ao passo que se for acautelar estado de pessoa ou coisa a fim de garantir o resultado útil do processo, a tutela será cautelar.

Significa dizer que caberá ao juiz verificar no momento da concessão da medida qual das espécies é exigida: satisfação ou cautela.

Com efeito, o maior motivo para a unificação dos fundamentos de concessão da tutela de natureza provisória é indubitavelmente a possibilidade de fungibilidade entre as medidas antecipatórias e cautelares, que por seu turno viabiliza maior efetividade, celeridade e economia ao processo na medida em que elimina rigorismos formais desnecessários, que além de não prestigiar a segurança jurídica acabam por se tornar meros obstáculos à concessão da tutela provisória adequada à situação de direito substancial.

---

[196] MACEDO, Elaine Harzheim. Tutela cautelar *versus* tutela antecipada. In: MENDONÇA, Delosmar; MACEDO, Elaine Harzheim; TEIXEIRA, Sérgio Torres; BARROS, Wellington Pacheco. *Tutela diferenciada.* Curitiba: IESDE, 2007, p. 82.

[197] Entretanto, há doutrina contrária a este posicionamento, *vide*: SAMPAIO JÚNIOR, José Herval. *Tutelas de urgência:* sistematização das liminares. São Paulo: Atlas, 2011, p. 44-45; MARINONI, Luiz Guilherme; MITIDIERO, Daniel. *O projeto do CPC:* críticas e propostas. São Paulo: Revista dos Tribunais, 2010, p. 107.

Pois bem, para que se configure o fundamento da urgência, estabelece o art. 300[198] do CPC de 2015 que são necessários elementos que evidenciem a probabilidade do direito e o perigo de dano ou o risco ao resultado útil do processo.

Neste particular, evidencia-se uma das alterações trazidas pelo diploma processual de 2015, na medida em que acrescenta nos fundamentos da tutela antecipada a noção de risco ao resultado útil do processo com a nítida pretensão de abarcar a tutela inibitória no conceito de tutela antecipada de urgência.

No Título II, destinado especificamente ao regramento da tutela provisória de urgência, o art. 300, § 2º,[199] estabelece que esta pode ser concedida liminarmente, induzindo à conclusão de que a tutela fundada na evidência do direito apenas em certas hipóteses está autorizada a ser concedida no limiar do processo sem a ouvida da parte contrária.

Neste ponto, seria mais pertinente ter o CPC de 2015 tratado esta questão nas disposições gerais do Título I, estabelecendo simplesmente que as tutelas provisórias de urgência ou evidência, quando cabível, poderão ser concedidas liminarmente. Deste modo o dispositivo em questão surtiria os mesmos efeitos, mas em compensação, apresentaria texto mais simples e sucinto, bem como evitaria a multiplicação de disposições idênticas em Títulos distintos do Código.

A configuração da evidência, por sua vez, dispensa a demonstração do perigo de dano ou de ilícito na demora da prestação da tutela jurisdicional.

Luiz Fux já falava da tutela da evidência, nomenclatura inserida formalmente apenas no CPC de 2015, em sua obra[200] intitulada Tutela de segurança e tutela da evidência, lançada em 1996, e por essa razão, ninguém melhor do que ele para definir o direito objeto desta tutela: "O direito evidente é aquele considerado líquido e certo na sua essência e sob o prisma probatório, denotando-se indevido para a sua tutela o procedimento ordinário, ditado historicamente para os 'estados de incerteza jurídica'".

O CPC 1973 já possibilita a concessão de determinadas tutelas antecipadas com fulcro na evidência do direito. Tais hipóteses consistem no abuso do direito de defesa ou manifesto propósito protelatório do réu (art. 273, II, CPC 1973 e art. 311, I, CPC 2015), na incontrovérsia do pedido (art. 273, § 6º, CPC 1973 e art. 356, I, CPC 2015), na prova escrita sem eficácia de título

---

[198] Art. 300. A tutela de urgência será concedida quando houver elementos que evidenciem a probabilidade do direito e o perigo de dano ou o risco ao resultado útil do processo. (BRASIL. *Lei nº 13.105/2015, de 16 de março de 2015. Código de Processo Civil.* Brasília, DF: Congresso Nacional, 2015. Disponível em: <http://www.planalto.gov.br/ccivil_03/_Ato2015-2018/2015/Lei/L13105.htm>. Acesso em: 04 ago. 2015).

[199] Art. 300. § 2º. A tutela de urgência pode ser concedida liminarmente ou após justificação prévia. (BRASIL. *Lei nº 13.105/2015, de 16 de março de 2015. Código de Processo Civil.* Brasília, DF: Congresso Nacional, 2015. Disponível em: <http://www.planalto.gov.br/ccivil_03/_Ato2015-2018/2015/Lei/L13105.htm>. Acesso em: 04 ago. 2015).

[200] FUX, Luiz. *Tutela de segurança e tutela da evidência.* São Paulo: Saraiva, 1996, p. 371.

executivo que materializa obrigação de pagar soma em dinheiro, entregar coisa fungível ou determinado bem móvel na ação monitória (art. 1102-B, CPC 1973 e art. 700, CPC 2015) e na prova literal do depósito e da estimativa do valor da coisa na ação de depósito (art. 901, CPC 1973 e art. 311, III, CPC 2015). Externamente ao CPC, há também o direito líquido e certo no mandado de segurança (art. 1º da Lei nº 12.016/2009[201]) e no *habeas data* (art. 8º da Lei nº 9.507/1997),[202] o qual, na verdade, versa sobre direito mais que evidente.

No CPC de 2015, o art. 311 estabelece que a evidência do direito é verificada nos casos em que: I – ficar caracterizado o abuso do direito de defesa ou o manifesto propósito protelatório da parte; II – as alegações de fato puderem ser comprovadas apenas documentalmente e houver tese firmada em julgamento de casos repetitivos ou em súmula vinculante; III – se tratar de pedido reipersecutório fundado em prova documental adequada do contrato de depósito, caso em que será decretada a ordem de entrega do objeto custodiado, sob cominação de multa; IV – a petição inicial for instruída com prova documental suficiente dos fatos constitutivos do direito do autor, a que o réu não oponha prova capaz de gerar dúvida razoável.

Indubitavelmente, a intenção do legislador ao prever a tutela provisória, mais especificamente, a tutela antecipada fundada na evidência, foi a de redistribuir isonomicamente o ônus do tempo do processo entre as partes, transferindo-o ao litigante que aparenta não ter razão, a fim de privilegiar o direito-garantia fundamental à duração razoável do processo.

No rol das hipóteses de tutela antecipada da evidência a grande novidade está na supressão da hipótese de antecipação do pedido incontroverso, presente no § 6º do art. 273 do CPC de 1973. Plenamente compreensível e pertinente tal remoção, na medida em que o pedido incontroverso constitui, na verdade, hipótese de tutela definitiva, mais precisamente, hipótese de julgamento antecipado parcial da lide, e por essa razão não pode ser regulado no Livro destinado a disciplinar as hipóteses de tutela provisória.

Isso não significa, entretanto, que a parcela ou totalidade incontroversa da demanda não possa ser julgada e concedida antecipadamente, mas apenas que deve ser deslocada para o Livro destinado a disciplinar a tutela definitiva, mais especificamente, para o art. 356, I,[203] da Seção III intitulada Do Julgamen-

---

[201] BRASIL. *Lei nº 12.016/2009, de 07 de agosto de 2009*. Brasília, DF: Congresso Nacional, 2009. Disciplina o mandado de segurança individual e coletivo e dá outras providências. Disponível em: <http://www.planalto.gov.br/ccivil_03/_ato2007-2010/2009/lei/l12016.htm>. Acesso em: 06 jan. 2014.

[202] BRASIL. *Lei nº 9.507/1997, de 12 de novembro de 1997*. Brasília, DF: Congresso Nacional, 1997. Regula o direito de acesso a informações e disciplina o rito processual do habeas data. Disponível em: <http://www.planalto.gov.br/ccivil_03/leis/l9507.htm>. Acesso em: 06 jan. 2014.

[203] Art. 356. O juiz decidirá parcialmente o mérito quando um ou mais dos pedidos formulados ou parcela deles: I – mostrar-se incontroverso; [...] (BRASIL. *Lei nº 13.105/2015, de 16 de março de 2015. Código de Processo Civil*. Brasília, DF: Congresso Nacional, 2015. Disponível em: <http://www.planalto.gov.br/ccivil_03/_Ato2015-2018/2015/Lei/L13105.htm>. Acesso em: 04 ago. 2015).

to Antecipado Parcial do Mérito, Capítulo X Do Julgamento Conforme o Estado do Processo, Título I Do Procedimento Comum, Livro I Do Processo de Conhecimento e Do Cumprimento de Sentença, da Parte Especial.

Compartilha desta mesma perspectiva adotada pelo CPC 2015 Fredie Didier Júnior.[204] Segundo o processualista, o § 6º do art. 273 do CPC de 1973 não versa sobre o instituto da antecipação da tutela, mas sim sobre mais uma modalidade de julgamento antecipado da lide, disciplinado pelo art. 330 do Código Buzaid. Destarte, a decisão que aplica o aludido dispositivo legal é identificada como uma sentença ou decisão interlocutória definitiva, conforme verse sobre a integralidade ou parcialidade do mérito, fundamentada em cognição exauriente, e assim, hábil a produzir coisa julgada material e passível de ser executada definitivamente.

Discorda, entretanto, deste entendimento Athos de Gusmão Carneiro, sob o argumento de que, interpretando desta forma a aplicação do § 6º do art. 273 do CPC de 1973, ensejaria a produção de um provimento jurisdicional relativo apenas à parte do mérito, inapto a pôr termo ao processo, enquanto decisão interlocutória, atacável, portanto, mediante recurso de agravo. Neste prisma, entende ser mais adequada a observância do princípio da unidade da sentença, cuja quebra exigiria a elaboração de norma autorizadora, a qual, porém, figuraria de caráter duvidoso.[205]

Em que pese a divergência doutrinária ainda existente sobre o tema, andou bem o CPC de 2015 ao suprimir o pedido incontroverso do rol das hipóteses de tutela provisória (antecipada fundada na evidência), pois indubitavelmente o mesmo não constitui hipótese de tutela provisória, mas sim definitiva, mais precisamente, de julgamento antecipado parcial do mérito, merecendo, portanto, ser disciplinado no Livro destinado à tutela definitiva, mais especificamente, no art. 356, I, da Seção destinada ao tratamento do julgamento antecipado parcial do mérito.

Outra inovação é a possibilidade de concessão da tutela da evidência nos casos em que as alegações de fato puderem ser comprovadas apenas documentalmente e houver tese firmada em julgamento de casos repetitivos ou em súmula vinculante.

Ainda no concernente às alterações promovidas no rol das hipóteses de tutela antecipada da evidência, cumpre destacar a pertinente alteração promovida na redação do inciso IV do art. 311,[206] que substituiu a expressão prova

---

[204] DIDIER JÚNIOR, Fredie *apud* CARNEIRO, Athos Gusmão. *Da antecipação de tutela*. Rio de Janeiro: Forense, 2005, p. 65.

[205] CARNEIRO, Athos Gusmão. *Da antecipação de tutela*. Rio de Janeiro: Forense, 2005, p. 66.

[206] Art. 311. A tutela da evidência será concedida, independentemente da demonstração de perigo de dano ou de risco ao resultado útil do processo, quando: IV – a petição inicial for instruída com prova documental suficiente dos fatos constitutivos do direito do autor, a que o réu não oponha prova capaz de gerar dúvida razoável. [...] (BRASIL. *Lei nº 13.105/2015, de 16 de março de 2015. Código de Processo Civil.* Brasília, DF: Con-

inequívoca por prova capaz de gerar dúvida razoável. Isso porque não faz sentido exigir do demandante prova inequívoca quando a cognição que embasa a concessão de tutela antecipada é sumária, e não exauriente, não exigindo deste modo juízo de certeza do direito, mas de mera probabilidade da sua existência. A certeza só será obtida na decisão final com base em cognição plena e exauriente da lide.

Por derradeiro, o CPC de 2015 introduz formalmente no rol das hipóteses de tutela antecipada fundada na evidência (art. 311, III) o pedido reipersecutório fundado em prova documental do depósito legal ou convencional, substituindo com isso a disciplina concernente ao procedimento especial da ação de depósito prevista no art. 901 do CPC de 1973, visto que esta é suprimida no regramento processual de 2015.

Como consequência desta alteração implementada pelo CPC de 2015, a ação de depósito passa a ser regulada pelo procedimento comum e em sede de provimento provisório (antecipatório), e não mais pelo procedimento especial e em sede de provimento definitivo.[207]

Além desta inclusão no rol das hipóteses de antecipação fundadas na evidência, o CPC de 2015 inova ao: (*i*) não exigir mais como requisito da petição inicial a estimativa do valor da coisa a ser restituída como decorrência da extinção da possibilidade do réu depositar em juízo o equivalente da coisa em pecúnia, assim, esta estimativa só será exigida em sede de cumprimento de sentença, se for o caso; (*ii*) excluir o rol taxativo de matérias que podem ser objeto de defesa pelo réu; e por fim, (*iii*) silenciar quanto ao prazo para contestação, diante do que supõe-se que incide a regra geral do prazo de 15 (quinze) dias.

Observe-se que apenas nas hipóteses dos incisos II e III o juiz poderá decidir liminarmente, sendo necessário nas demais hipóteses um comportamento omisso ou comissivo do réu para configurar a evidência do direito. É o que prevê o parágrafo único do art. 311.[208]

Como se vê, a tutela antecipada fundada na evidência constitui técnica processual de extrema relevância para o processo civil contemporâneo, pois protege o direito evidente contra a dilação processual desnecessária, prestigiando a efetividade e a tempestividade da tutela jurisdicional, bem como evitando a injusta lesão ao mesmo, sem com isso violar o contraditório e a ampla defesa que devem ser assegurados à parte adversa.

---

gresso Nacional, 2015. Disponível em: <http://www.planalto.gov.br/ccivil_03/_Ato2015-2018/2015/Lei/L13105.htm>. Acesso em: 04 ago. 2015).

[207] Em que pese a relevância desta alteração, na medida em que produz significativos reflexos sobre o procedimento da ação de depósito, que deixa de ser especial para ser comum, devido ao espaço físico e ao objetivo central de investigação deste trabalho, a mesma não será aprofundada.

[208] Art. 311. Parágrafo único. Nas hipóteses dos incisos II e III, o juiz poderá decidir liminarmente. (BRASIL. *Lei nº 13.105/2015, de 16 de março de 2015. Código de Processo Civil.* Brasília, DF: Congresso Nacional, 2015. Disponível em: <http://www.planalto.gov.br/ccivil_03/_Ato2015-2018/2015/Lei/L13105.htm>. Acesso em: 04 ago. 2015).

Merece destaque, ainda, a economia processual e a segurança jurídica que tal instituto promove, na medida em que elimina a dilação processual desnecessária e colabora para a instituição de um tratamento mais igualitário nas decisões judiciais que versarem sobre as mesmas matérias de direito.[209]

2.1.2.3. Caráter antecedente ou incidente da técnica antecipatória

Outra grande novidade trazida pelo CPC de 2015 é a possibilidade de não só a tutela cautelar, mas também da tutela antecipada ser concedida em caráter antecedente.

Com efeito, o CPC de 2015, no seu art. 294, parágrafo único,[210] estabelece que a tutela provisória de urgência, antecipada ou cautelar, pode ser concedida em caráter antecedente ou incidente.

Trata-se de ponto inovador que indubitavelmente despertará grandes debates doutrinários, pois muitos doutrinadores acreditam que pelo fato da natureza fática do provimento antecipatório ser a mesma do provimento final, na medida em que ambos satisfazem o direito postulado, um de forma provisória, o outro de forma definitiva, não há como admitir o caráter antecedente (preparatório) da tutela antecipada.

Este é, por exemplo, o fio de raciocínio exposto nos próprios comentários introduzidos no relatório do Substitutivo ao Projeto de Lei nº 8.046-B/2010,[211] conforme segue:

> A rigor, tutela jurisdicional antecedente – de caráter preparatório – só pode ser a de natureza cautelar. O pedido autônomo de tutela antecipada satisfativa não deve ser chamado de antecedente, pois tem a mesma natureza do pedido de tutela final. Essa a razão da distinção entre os regramentos.

Contrapondo este entendimento, forçoso reconhecer que toda a tutela provisória, seja antecipada ou cautelar, carece de pedido principal, na medida em que é apenas a partir deste que se obterá a decisão definitiva proferida com base em uma cognição plena e exauriente da lide e protegida pela autoridade da coisa julgada material.

---

[209] Nesta linha também entende José Herval Sampaio Júnior: "[...] essa tutela é tida por nós como um grande avanço, pois prestigia ao mesmo tempo celeridade em busca da efetividade do direito e segurança jurídica, pois a economia processual é tamanha, deixando com que outros processos que realmente precisem de uma discussão tenham mais tempo para a sua solução" (SAMPAIO JÚNIOR, José Herval. *Tutelas de urgência:* sistematização das liminares. São Paulo: Atlas, 2011, p. 62-63).

[210] Art. 294. Parágrafo único. A tutela provisória de urgência, cautelar ou antecipada, pode ser concedida em caráter antecedente ou incidental. (BRASIL. *Lei nº 13.105/2015, de 16 de março de 2015. Código de Processo Civil.* Brasília, DF: Congresso Nacional, 2015. Disponível em: <http://www.planalto.gov.br/ccivil_03/_Ato2015-2018/2015/Lei/L13105.htm>. Acesso em: 04 ago. 2015).

[211] BRASIL. Congresso Nacional. Câmara dos Deputados. *Substitutivo ao Projeto de Lei nº 8.046-B/2010, de 17 de julho 2013.* Dispõe sobre a Reforma do Código de Processo Civil. Brasília, DF: Congresso Nacional, 2013, p. 49. Disponível em: <http://www.camara.gov.br/>. Acesso em: 01 abr. 2013.

Por essas razões, uma tutela antecipada concedida em caráter antecedente jamais poderá ser confundida ou equiparada à uma tutela definitiva, sendo possível falar, portanto, em tutela antecipada requerida em caráter antecedente.

2.1.2.4. Dos poderes do juiz em matéria antecipatória

O poder geral de cautela previsto no CPC de 1973, no art. 798 do Livro III, permite ao juiz determinar "as medidas provisórias que julgar adequadas, sempre que houver fundado receio de que uma parte, antes do julgamento da lide, cause ao direito da outra lesão grave e de difícil reparação". Trata-se de dispositivo que, por estar situado no livro destinado à disciplina do processo cautelar, sempre suscitou debates doutrinários sobre a sua extensão ou não às medidas de natureza satisfativa, ou seja, antecipatória.

A rigor, foi justamente a partir do advento da tutela antecipada no ordenamento processual civil pátrio e, portanto, da vedação do emprego das cautelares com o fito de satisfação do direito, que se passou a discutir se o poder geral de cautela seria aplicável também às tutelas antecipadas.

Esta questão é resolvida pelo CPC 2015 ao estabelecer no art. 297[212] que o juiz pode determinar as medidas que julgar necessárias para a efetivação da tutela provisória. Pois bem, considerando que o referido dispositivo se encontra previsto nas disposições gerais destinadas à tutela provisória *lato sensu*, não há dúvida de que o poder judicial de cautela nele prescrito se aplica a ambas as espécies de tutela provisória: cautelar e antecipada.

Definida nestes moldes, a disciplina da efetivação do provimento antecipatório fica nitidamente mais enxuta e simples e, ao mesmo tempo, flexível, pois outorga ao juiz o poder de determinar a medida que entender adequada para fins de efetivação, tomando para tanto como parâmetro as normas concernentes ao cumprimento provisório de sentença.

Ainda a respeito da atuação do juiz no âmbito da técnica antecipatória, o art. 298[213] do CPC 2015 estabelece expressamente o seu dever de motivar as decisões que concedem, modificam ou revogam a tutela provisória, repetindo em sede infraconstitucional o princípio da motivação das decisões judiciais já previsto expressamente no art. 93, IX, da Constituição Federal.

---

[212] Art. 297. O juiz poderá determinar as medidas que considerar adequadas para efetivação da tutela provisória. (BRASIL. *Lei nº 13.105/2015, de 16 de março de 2015. Código de Processo Civil.* Brasília, DF: Congresso Nacional, 2015. Disponível em: <http://www.planalto.gov.br/ccivil_03/_Ato2015-2018/2015/Lei/L13105. htm>. Acesso em: 04 ago. 2015).

[213] Art. 298. Na decisão que conceder, negar, modificar ou revogar a tutela provisória, o juiz motivará seu convencimento de modo claro e preciso. (BRASIL. *Lei nº 13.105/2015, de 16 de março de 2015. Código de Processo Civil.* Brasília, DF: Congresso Nacional, 2015. Disponível em: <http://www.planalto.gov.br/ccivil_03/_Ato2015-2018/2015/Lei/L13105.htm>. Acesso em: 04 ago. 2015).

Trata-se de reforço legislativo bastante salutar, haja vista que as alterações mais significativas trazidas pelo diploma processual civil de 2015 em matéria de tutela provisória são justamente as que conferem aos provimentos antecipatórios e cautelares maior estabilidade do que aquela oferecida pelo diploma processual de 1973, ainda que desprovidos da segurança jurídica propiciada pela coisa julgada material.

O Projeto de novo CPC, em sua versão original elaborada pelo Senado Federal (PL nº 166/2010), chegou a estabelecer no art. 277[214] a possibilidade do juiz conceder medidas de urgência de ofício, em casos excepcionais ou expressamente autorizados por lei, ampliando formalmente esta possibilidade às medidas antecipatórias, e neste ponto revelou-se inovador.

Todavia, tal inovação não foi levada adiante tanto pelo Substitutivo[215] apresentado pela Câmara de Deputados em 17 de julho de 2013, o qual levou o número PL nº 8046-B/2010, quanto pelo texto final sancionado em 16 de março de 2015, que resultou no CPC 2015, optando, portanto, o novo diploma por silenciar acerca da possibilidade de ser concedida antecipação de tutela de ofício.

A esse respeito, nada obstante a ausência de disposição expressa no Código de 1973 acerca da possibilidade de concessão de tutela antecipada de ofício, parte da doutrina[216] e jurisprudência[217] entende que é permitido ao juiz concedê-la de ofício, porém, apenas excepcionalmente, em casos graves e de evidente disparidade de armas entre as partes, com base no princípio da razoabilidade.

Para os fins deste estudo, o que importa perceber é a relevância que esta técnica do provimento antecipatório *ex officio* representa para as hipóteses concretas em que o risco de dano ou perecimento do direito se configura apenas na véspera, durante ou após a prolação da sentença.

Isso porque, nestas hipóteses concretas, como o risco de dano e a necessidade de satisfação urgente só surge na véspera, no momento ou após a prolação da sentença, o ato sentencial que reconhece o direito acaba não se enquadrando em nenhuma das categorias de sentença com eficácia imediata do rol taxativo previsto no diploma processual e na legislação extravagante, fazendo-se necessário, portanto, a concessão de tutela antecipada de ofício a

---

[214] Art. 277. Em casos excepcionais ou expressamente autorizados por lei, o juiz poderá conceder medidas de urgência de ofício (BRASIL. Senado Federal. *PLS nº 166, de 8 de junho de 2010*. Dispõe sobre a Reforma do Código de Processo Civil. Disponível em: <http://www.camara.gov.br/ >. Acesso em: 18 abr. 2011).

[215] Ver em: BRASIL. Congresso Nacional. Câmara dos Deputados. *Substitutivo ao Projeto de Lei nº 8.046-B/2010, de 17 de julho 2013*. Dispõe sobre a Reforma do Código de Processo Civil. Brasília, DF: Congresso Nacional, 2013, p. 49. Disponível em: <http://www.camara.gov.br/>. Acesso em: 01 abr. 2014.

[216] MARINONI, Luiz Guilherme; MITIDIERO, Daniel. *Código de Processo Civil comentado artigo por artigo*. São Paulo: Revista dos Tribunais, 2008, p. 270.

[217] BRASIL. Tribunal Regional Federal da 3ª Região. 1ª Turma. 8ª Turma. *Agravo Regimental nº 224215/SP*. 01 de agosto de 2002; BRASIL. Tribunal Regional Federal da 3ª Região. *Agravo nº 2003.03.00061456-6/SP*. 30 de maio de 2005. Disponível em: <http://www.tjrs.jus.br/>. Acesso em: 06 maio 2014.

fim de afastar o efeito suspensivo da apelação interposta e viabilizar a eficácia imediata da sentença.

Deste contexto exsurge a seguinte conclusão: da liquidez e certeza do direito em risco de dano ou perecimento reconhecido em sentença decorre naturalmente uma mitigação do conflito valorativo entre efetividade e segurança. É justamente esta mitigação do conflito valorativo efetividade-segurança na fase sentencial e a omissão do ordenamento processual em conferir tratamento protetivo expresso e direto a situação concreta em exame que fundamenta a possibilidade da concessão de provimento antecipatório de ofício pelo ordenamento processual pátrio.

Trata-se, portanto, de técnica processual necessária para viabilizar a satisfação imediata dos direitos em iminente risco de dano ou perecimento, os quais restariam lesionados ou perecidos caso aguardassem o julgamento da apelação, ou em alguns casos, o trânsito em julgado para serem satisfeitos e entregues ao seu titular.

2.1.2.5. Da fungibilidade das medidas cautelares e antecipatórias

A fungibilidade entre as medidas cautelar e antecipatória é autorizada expressamente no CPC de 1973 através do art. 273, § 7º, ao dispor: "Se o autor, a título de antecipação de tutela, requerer providência de natureza cautelar, poderá o juiz, quando presentes os respectivos pressupostos, deferir a medida cautelar em caráter incidental do processo ajuizado".

No entanto, a respeito desta redação sempre houve grande debates doutrinários no sentido de a fungibilidade ser ou não uma via de mão dupla.

Dentre os que defendem[218] o que se denomina de duplo sentido vetorial da fungibilidade está Cândido Rangel Dinamarco ao afirmar que: "Não há fungibilidade em uma só mão de direção. Em direito, se os bens são fungíveis, isso significa que tanto pode substituir um por outro, como outro por um".[219] Ademais, refere o autor que a regra que prevê a fungibilidade nem precisaria ser tão explícita a esse respeito, pois é regra superada no direito processual que o juiz não está adstrito às qualificações jurídicas propostas pelo demandante, mas tão somente aos fatos e pedido formulado.

Seguindo esta mesma linha de ser a fungibilidade uma via de mão dupla, Daniel Mitidiero expõe que é irrelevante se a parte postulou antecipação de tutela quando deveria ter postulado tutela cautelar ou se postulou tutela caute-

---

[218] Neste sentido: WAMBIER, Luiz Rodrigues; WAMBIER, Teresa Arruda Alvim; MEDINA, José Miguel. *Breves comentários à nova sistemática processual civil*. São Paulo: Revista dos Tribunais, 2005, p. 173-182; BUENO, Cássio Scarpinella. *Tutela antecipada*. São Paulo: Saraiva, 2007, p. 140-147; BEDAQUE, José Roberto dos Santos. *Efetividade do processo e técnica processual*. São Paulo: Malheiros, 2006, p. 117.

[219] DINAMARCO, Cândido Rangel. *A instrumentalidade do processo*. 10. ed. São Paulo: Malheiros, 2002, p. 92-93.

lar quando deveria ter postulado tutela antecipatória, pois há, nas palavras do autor "intertrocabilidade plena entre essas formas de tutela jurisdicional",[220] por força do disposto no art. 273, § 7º, CPC 1973. O que interessa para fins de concessão da tutela provisória é que a parte interessada alegue e prove os requisitos próprios à tutela que é adequada para proteger eficazmente aquela determinada situação de direito material.

Em sentido contrário,[221] há autores como Arruda Alvim,[222] que defendem que a fungibilidade é uma via de mão única. Com base neste entendimento, sustenta que a regra do § 7º do art. 273, CPC 1973 deve ser interpretada de forma literal, ou seja, a fungibilidade só se aplica na hipótese em que a parte postulou antecipação de tutela quando deveria ter postulado tutela cautelar. Isso porque além da lei não ter previsto a situação inversa, o requisito da probabilidade do direito da tutela antecipada tem mais densidade do que o requisito do *fumus bonis iuris* da tutela cautelar, eis que ao passo que o primeiro exige prova inequívoca da verossimilhança da alegação do direito, o segundo exige mera aparência do bom direito.

Em que pese a divergência ainda existente em sede doutrinária, o duplo sentido vetorial da fungibilidade já é aceito pacificamente na jurisprudência[223] sob o fundamento de que o que define a natureza jurídica da postulação é a essência da pretensão deduzida em juízo, e não o eventual *nomem juris* que a parte circunstancialmente tenha atribuído em sua petição. Em qualquer circunstância, cabe ao juiz, em atenção à instrumentalidade, à efetividade do processo e à fungibilidade, conhecer do pedido segundo a sua natureza jurídica determinada em função da essência do que é postulado. Portanto, deve ser permitido ao juiz corrigir erros de postulação da parte desde que presentes os requisitos da tutela a ser concedida, pois ambas as tutelas, antecipada e cautelar, possuem raiz constitucional.

A dúvida que remanesce, entretanto, é se seria possível aplicar a fungibilidade nos casos em que é postulada tutela cautelar em caráter antecedente, quando o correto seria postular tutela antecipada. Tal dúvida decorre do sim-

---

[220] MITIDIERO, Daniel. *Antecipação de tutela:* da tutela cautelar à técnica antecipatória. São Paulo: Revista dos Tribunais, 2013, p. 164.

[221] Nesta linha intelectiva: VASCONCELOS, Rita de Cássia Corrêa de. *Princípio da fungibilidade:* hipóteses de incidência no processo civil brasileiro contemporâneo. São Paulo: Revista dos Tribunais, 2007, p. 313; FERREIRA, William Santos. *Aspectos polêmicos e práticos da nova reforma processual civil.* Rio de Janeiro: Forense, 2002, p. 211-214.

[222] ALVIM, Arruda. Notas sobre a disciplina da antecipação da tutela na Lei 10.444, de 7 de maio de 2002. *Revista de Processo,* São Paulo: Revista dos Tribunais, n. 108, p. 110, 2002.

[223] Este é o entendimento jurisprudencial consolidado, *vide*: RIO GRANDE DO SUL. Tribunal de Justiça. 6ª Câmara Cível. *Apelação Cível nº 70046486528.* 27 de junho de 2013; RIO GRANDE DO SUL. Tribunal de Justiça. 9ª Câmara Cível. *Apelação Cível nº 70002995702.* 24 de junho de 2002; RIO GRANDE DO SUL. Tribunal de Justiça. 14ª Câmara Cível. *Apelação Cível nº 70004267977.* 03 de outubro de 2002. Disponível em: <http://www.tjrs.jus.br/>. Acesso em: 15 jul. 2014; BRASIL. Superior Tribunal de Justiça. Recurso Especial nº 889.886/RJ, Brasília, DF, 7 de agosto de 2007. *Diário da Justiça,* 17 ago. 2007. Disponível em: <http://www.stj.jus.br/>. Acesso em: 15 jul. 2014.

ples fato de que nestas hipóteses faltaria o pedido principal, vale dizer, o pedido de tutela final e, portanto, surge a seguinte questão: o que seria atendido pela tutela?

Há de se considerar, outrossim, que aplicar a fungibilidade em situações como esta, em que se antecipa a satisfação sem haver um pedido principal, poderia, inclusive, gerar prejuízos maiores à parte ré, sendo do Poder Judiciário a responsabilidade de evitar a sua ocorrência, na medida em que é ele que concede a tutela satisfativa não requerida pela parte interessada.

Oportunamente, o CPC 2015 esclarece esta questão ao estabelecer expressamente no art. 305, parágrafo único, a possibilidade de aplicar a fungibilidade nos casos em que é postulada tutela cautelar em caráter antecedente, quando o correto seria postular tutela antecipada, dispondo que: "Caso entenda que o pedido a que se refere o *caput* tem natureza antecipada, o juiz observará o disposto no art. 303", ou seja, observará a presença dos requisitos do pedido autônomo de tutela antecipada em caráter antecedente.

Portanto, nos termos do art. 305, parágrafo único, que remete ao disposto no art. 303, *caput*, caberá à parte emendar o pedido antecipatório autônomo a fim de acrescentar o pedido de tutela final e viabilizar a concessão da tutela antecipada em caráter antecedente, imprimindo, deste modo, economia, celeridade, tempestividade e efetividade à prestação da tutela jurisdicional, e ao mesmo tempo, evitando que o processo fosse extinto pela simples ausência de pedido de tutela final, gerando, possivelmente, um novo processo haja vista que a sentença extintiva se qualificaria apenas pela coisa julgada formal.

Ainda que não houvesse esta previsão expressa, a fungibilidade entre as espécies de tutela provisória poderia ser extraída implicitamente da própria regência deste gênero de tutela jurisdicional, haja vista que no CPC 2015 os fundamentos para a concessão das tutelas provisórias, antecipada e cautelar, foram unificados e, portanto, não há mais dúvida acerca da possibilidade de haver fungibilidade entre as referidas medidas, sendo, deste modo, prescindível haver previsão expressa acerca desta possibilidade.

Todavia, uma dúvida ainda remanesce a respeito desta matéria. Se, de um lado, é indiscutível a fungibilidade entre tutelas cautelares e antecipadas no CPC 2015, o que resta saber é se é possível aplicar os fundamentos da tutela de evidência para o pedido de antecipação de tutela fundado na urgência e vice-versa.

Ao que tudo indica, a resposta é positiva. Como bem pontuam Elaine Harzheim Macedo e Lenine Munari Mariano da Rocha,[224] não há problema algum em conceder-se tutela provisória com fundamentos de evidência do direito

---

[224] MACEDO, Elaine Harzheim; ROCHA, Lenine Munari da. Tutela de urgência ou tutela antecipada: o tempo e a modulação na legislação processual pátria. In: XXII Congresso Nacional do CONPEDI/UNINOVE, 2013, São Paulo. *Anais...*, do XXII Congresso Nacional do CONPEDI. Florianópolis: Fundação José Arthur Boiteux, p. 198-222, 2013, p. 214.

para petição fundamentada na urgência e vice-versa, desde que, presente os elementos configuradores de cada um destes fundamentos, os quais vêm expressos nos arts. 311[225] e 300[226] do CPC 2015. De qualquer sorte, definir esta possibilidade expressamente não seria cuidado demasiado, mas sim opção legislativa apropriada.

Como se vê, os novos conceitos apenas deslocaram o foco de dúvida sobre a matéria, não a tendo sanado por completo. De qualquer sorte, é perfeitamente perceptível que o principal propósito da manutenção e do tímido aperfeiçoamento da regra da fungibilidade entre as tutelas cautelar e antecipada no CPC 2015 é, sem dúvida alguma, o de conferir maior celeridade, tempestividade, efetividade e economia à prestação da tutela jurisdicional por meio da sua aplicação, sem com isso deixar de privilegiar outros direitos e garantias fundamentais do cidadão de igual relevância constitucional, como, a segurança jurídica, o contraditório, a ampla defesa, enfim, o devido processo legal.

2.1.2.6. Da competência para a concessão da técnica antecipatória

A competência para a concessão da tutela cautelar é disciplinada no CPC de 1973 no art. 800, ao dispor que: "As medidas cautelares serão requeridas ao juiz da causa; e, quando preparatórias, ao juiz competente para conhecer da ação principal".

Seguindo a mesma linha de raciocínio desenvolvida por Elaine Harzheim Macedo e Lenine Munari Mariano da Rocha[227] a respeito desta redação, é perceptível a existência de um descompasso entre a legislação e a necessidade de tutela urgente dos direitos em risco de dano ou perecimento. Isso porque, com base na referida regra, o juízo competente para conceder tutela cautelar em caráter preparatório é o juiz competente para conhecer da ação principal.

---

[225] Art. 311. A tutela da evidência será concedida, independentemente da demonstração de perigo de dano ou de risco ao resultado útil do processo, quando: I – ficar caracterizado o abuso do direito de defesa ou o manifesto propósito protelatório da parte; II – as alegações de fato puderem ser comprovadas apenas documentalmente e houver tese firmada em julgamento de casos repetitivos ou em súmula vinculante; III – se tratar de pedido reipersecutório fundado em prova documental adequada do contrato de depósito, caso em que será decretada a ordem de entrega do objeto custodiado, sob cominação de multa; IV – a petição inicial for instruída com prova documental suficiente dos fatos constitutivos do direito do autor, a que o réu não oponha prova capaz de gerar dúvida razoável. (BRASIL. *Lei nº 13.105/2015, de 16 de março de 2015. Código de Processo Civil.* Brasília, DF: Congresso Nacional, 2015. Disponível em: <http://www.planalto.gov.br/ccivil_03/_Ato2015-2018/2015/Lei/L13105.htm>. Acesso em: 04 ago. 2015).

[226] Art. 300. A tutela de urgência será concedida quando houver elementos que evidenciem a probabilidade do direito e o perigo de dano ou o risco ao resultado útil do processo. (BRASIL. *Lei nº 13.105/2015, de 16 de março de 2015. Código de Processo Civil.* Brasília, DF: Congresso Nacional, 2015. Disponível em: <http://www.planalto.gov.br/ccivil_03/_Ato2015-2018/2015/Lei/L13105.htm>. Acesso em: 04 ago. 2015).

[227] MACEDO, Elaine Harzheim; ROCHA, Lenine Munari da. Tutela de urgência ou tutela antecipada: o tempo e a modulação na legislação processual pátria. In: XXII Congresso Nacional do CONPEDI/UNINOVE, 2013, São Paulo. *Anais...,* do XXII Congresso Nacional do CONPEDI. Florianópolis: Fundação José Arthur Boiteux, 2013, p. 214.

Ocorre que é bastante comum de evidenciar na prática forense a necessidade de efetivar o provimento cautelar em comarca diversa daquela em que a ação principal será ajuizada. Pode ocorrer, por exemplo, situação em que seja necessário arrestar bem em um certo estado do país, em processo no qual a ação principal tenha que ser ajuizada em outro.

Nesta situação específica, se forem observados os trâmites processuais definidos no CPC, ou seja, formular pedido de tutela cautelar preparatória perante o juízo cível da comarca em que será ajuizada a ação principal e expedir carta precatória de arresto de bem para ser cumprida pelo juízo cível da comarca onde ocorre o evento que coloca o direito em risco de dano ou esvaziamento, é bem possível que o bem a ser resguardado se esvazie até que o arresto seja efetivado.

Justamente por ser comum a ocorrência de situações como esta, na prática forense, a regra do art. 800 do CPC 1973 acaba sendo relativizada como única alternativa ao cumprimento efetivo da medida cautelar.

O problema se agrava na medida em que o CPC de 2015 perde a oportunidade de corrigir esta falha do CPC de 1973, ao manter regra análoga, dispondo no art. 299 que: "A tutela provisória será requerida ao juízo da causa e, quando antecedente, ao juízo competente para conhecer do pedido principal".

Uma solução a esta questão problemática seria, tal como fez a legislação processual portuguesa, definir como competente para a concessão de tutelas provisórias em caráter preparatório ou incidental o juízo onde estiver ocorrendo o evento que coloca o direito em risco de dano ou esvaziamento, propiciando, assim, uma tutela mais tempestiva e efetiva dos direitos.[228]

Além desta questão problemática concernente à permanência da inefetividade da regra da competência para concessão da tutela provisória, o art. 299, parágrafo único, do CPC 2015 tenta resolver a questão controvertida da competência para julgar a medida provisória formulada em grau recursal.

Neste particular, o art. 800, parágrafo único, do CPC de 1973 determina simplesmente que uma vez interposto recurso, a medida cautelar será requerida diretamente no tribunal, deixando em aberto se este seria o *a quo* ou o *ad quem*. A insuficiência da redação deste dispositivo gerou inúmeros debates doutrinários e jurisprudenciais, resultando na edição das Súmulas n° 634[229]

---

[228] MACEDO, Elaine Harzheim; ROCHA, Lenine Munari da. Tutela de urgência ou tutela antecipada: o tempo e a modulação na legislação processual pátria. In: XXII CONGRESSO NACIONAL DO CONPEDI/UNINOVE, 2013, São Paulo. *Anais...*, do XXII Congresso Nacional do CONPEDI. Florianópolis: Fundação José Arthur Boiteux, p. 198-222, 2013, p. 215.

[229] *STF Súmula n° 634* – 24/09/2003 – DJ de 9/10/2003, p. 2; DJ de 10/10/2003, p. 2; DJ de 13/10/2003, p. 2.Competência – Concessão de Medida Cautelar para Dar Efeito Suspensivo a Recurso Extraordinário – Objeto de Juízo de Admissibilidade na Origem. Não compete ao Supremo Tribunal Federal conceder medida cautelar para dar efeito suspensivo a recurso extraordinário que ainda não foi objeto de juízo de admissibilidade na origem.

e 635[230] do STF, que definiram que até a admissão do recurso a competência para a concessão da tutela cautelar é do juízo de origem, uma vez admitido o recurso passa a ser do tribunal *ad quem*.

Oportunamente, o CPC 2015 no art. 299, parágrafo único, define a questão nos seguintes termos: "Ressalvada disposição especial, na ação de competência originária de tribunal e nos recursos a tutela provisória será requerida ao órgão jurisdicional competente para apreciar o mérito". Nestes termos, define de forma explícita que a competência para processar e julgar medida de natureza provisória formulada em grau recursal é exclusiva do tribunal competente para julgar o mérito do recurso, ou seja, é exclusiva do tribunal *ad quem*.

De qualquer sorte, em matéria de competência para a concessão da tutela de natureza provisória, antecipada e cautelar, ainda se encontrará no ordenamento processual pátrio de 2015 pontos bastante controvertidos e abertos a discussões doutrinárias e jurisprudenciais.

2.1.2.7. Do procedimento da tutela antecipada concedida em caráter antecedente

O procedimento para a concessão da tutela antecipada postulada em caráter antecedente está disciplinado no CPC 2015 nos arts. 303[231] e 304.[232] Tais dispositivos versam, respectivamente, sobre os requisitos da petição inicial e seu aditamento por ocasião da formulação do pedido final, bem como sobre a estabilização da tutela antecipada.

A esse respeito, impende explanar que a estabilização da tutela antecipada consiste em um fenômeno processual que se opera nos casos em que o provimento antecipatório é concedido em caráter antecedente e não impugnado pela parte adversa mediante recurso de agravo de instrumento. Nestes casos, o feito é extinto sem julgamento do mérito, pois, como já referido, a tutela de natureza provisória carece de ação principal. Via de consequência, uma vez extinto o feito, a medida antecipatória concedida torna-se estável.

---

[230] *STF Súmula n° 635* – 24/09/2003 – DJ de 9/10/2003, p. 2; DJ de 10/10/2003, p. 2; DJ de 13/10/2003, p. 2. Competência – Decisão em Pedido de Medida Cautelar em Recurso Extraordinário Pendente do Juízo de Admissibilidade Cabe ao Presidente do Tribunal de origem decidir o pedido de medida cautelar em recurso extraordinário ainda pendente do seu juízo de admissibilidade.

[231] Art. 303. Nos casos em que a urgência for contemporânea à propositura da ação, a petição inicial pode limitar-se ao requerimento da tutela antecipada e à indicação do pedido de tutela final, com a exposição da lide, do direito que se busca realizar e do perigo de dano ou do risco ao resultado útil do processo. [...] (BRASIL. *Lei n° 13.105/2015, de 16 de março de 2015. Código de Processo Civil.* Brasília, DF: Congresso Nacional, 2015. Disponível em: <http://www.planalto.gov.br/ccivil_03/_Ato2015-2018/2015/Lei/L13105.htm>. Acesso em: 17 ago. 2015).

[232] Art. 304. A tutela antecipada, concedida nos termos do art. 303, torna-se estável se da decisão que a conceder não for interposto o respectivo recurso. [...] (BRASIL. *Lei n° 13.105/2015, de 16 de março de 2015. Código de Processo Civil.* Brasília, DF: Congresso Nacional, 2015. Disponível em: <http://www.planalto.gov. br/ccivil_03/_Ato2015-2018/2015/Lei/L13105.htm>. Acesso em: 17 ago. 2015).

Nesse aspecto, forçoso reconhecer que andou bem o diploma processual de 2015, pois simplifica o procedimento para requerer a antecipação de tutela nas hipóteses em que o risco de dano é contemporâneo ao ajuizamento da ação ao estabelecer que o pedido autônomo de antecipação de tutela em caráter antecedente pode se limitar ao requerimento da tutela antecipada e à mera indicação do pedido de tutela final, com a exposição sumária da lide, do direito que se busca satisfazer e do risco de dano ao direito ou ao resultado útil do processo.

Neste pedido autônomo de tutela antecipada caberá ao demandante indicar o valor da causa, que deve ter por base o pedido de tutela final, bem como indicar que pretende valer-se do benefício da técnica do pedido de tutela antecipada formulado em caráter antecedente.

Concedida a tutela antecipada, o demandante tem o prazo de 15 (quinze) dias, ou prazo maior que o juiz fixar, para aditar a petição inicial com a complementação da sua argumentação, juntada de novos documentos e a confirmação do pedido de tutela final. Tal aditamento dar-se-á nos mesmos autos e sem incidência de novas custas processuais.

Observe-se que o aditamento da inicial constitui técnica processual que evita a duplicação desnecessária de ações, uma com caráter antecipatório e outra com caráter principal, bem como a duplicação de atos citatórios e de recolhimento de custas, um para o processo preparatório e outro para o principal, sintetizando todos estes atos em um só processo, conferindo, deste modo, celeridade e economia à prestação da tutela jurisdicional.

Não realizado o aditamento da petição no prazo fixado pela lei ou pelo juiz, o processo será extinto sem resolução do mérito. Neste ponto, forçoso reconhecer que o legislador deixou de acrescentar na parte final do art. 303, § 2º,[233] do CPC 2015 que, além da extinção do processo, a medida antecipada será revogada.[234]

Aqui, deve ser feita uma interpretação sistemática do § 2º do art. 303 com o art. 309, I,[235] haja vista que este último prescreve expressamente que cessa a eficácia da tutela provisória concedida em caráter antecedente se o autor não deduzir o pedido principal no prazo legal. De qualquer forma, para que não

---

[233] Art. 303. § 2º. Não realizado o aditamento a que se refere o inciso I do § 1º deste artigo, o processo será extinto sem resolução do mérito. (BRASIL. *Lei nº 13.105/2015, de 16 de março de 2015. Código de Processo Civil.* Brasília, DF: Congresso Nacional, 2015. Disponível em: <http://www.planalto.gov.br/ccivil_03/_Ato2015-2018/2015/Lei/L13105.htm>. Acesso em: 17 ago. 2015.)

[234] MACEDO, Elaine Harzheim; ROCHA, Lenine Munari da. Tutela de urgência ou tutela antecipada: o tempo e a modulação na legislação processual pátria. In: XXII CONGRESSO NACIONAL DO CONPEDI/UNINOVE, 2013, São Paulo. *Anais...*, do XXII Congresso Nacional do CONPEDI. Florianópolis: Fundação José Arthur Boiteux, 2013, p. 218.

[235] Art. 309. Cessa a eficácia da tutela concedida em caráter antecedente, se: I – o autor não deduzir o pedido principal no prazo legal; [...]. (BRASIL. *Lei nº 13.105/2015, de 16 de março de 2015. Código de Processo Civil.* Brasília, DF: Congresso Nacional, 2015. Disponível em: <http://www.planalto.gov.br/ccivil_03/_Ato2015-2018/2015/Lei/L13105.htm>. Acesso em: 17 ago. 2015).

paire dúvida acerca desta questão, deveria o legislador ter disposto expressamente no § 2º do art. 303 que, não aditada a petição inicial no prazo legal ou judicial, o processo é extinto e a medida provisória revogada.

Caso o juiz entenda que não estão configurados os elementos para a concessão da tutela antecipada, determinará a emenda da petição inicial no prazo de cinco dias. Não emendada, a petição inicial será indeferida e o processo extinto sem resolução do mérito.

Em contrapartida, se concedida a tutela antecipada, o réu será citado de imediato, entretanto, o prazo contestacional apenas começará a correr após a intimação do aditamento da petição inicial.

A estabilização da tutela antecipada de urgência, disciplinada no art. 304, é uma das mais significativas e positivas inovações do CPC 2015, na medida em que confere celeridade, tempestividade, efetividade e economia à prestação da tutela jurisdicional. Em apertada síntese, tal inovação consiste na estabilização da tutela antecipada concedida em caráter antecedente e na consequente extinção do processo sem julgamento do mérito, nos casos em que a decisão que a conceder não for atacada via recurso.

Luiz Guilherme Marinoni e Daniel Mitidiero definem bem tal fenômeno ao asseverar que a criação da estabilização dos efeitos da medida urgente concedida na ausência de impugnação consiste em uma clara tentativa do Código de 2015 de sumarizar formal e materialmente o processo, prestigiando, desta feita, a cognição sumária como instrumento processual para a prestação da tutela dos direitos.[236]

Caso o aludido provimento antecipatório proferido em caráter antecedente não venha a ser impugnado através de recurso de agravo instrumento, estabilizar-se-á a tutela antecipada por ele concedida (art. 304, *caput*) e possibilitar-se-á, ainda, às partes buscar a sua revisão, reforma ou invalidação mediante o ajuizamento de ação própria no prazo prescricional de 2 (dois) anos (art. 304, §§ 2º e 4º).

Forçoso reconhecer que andou bem o CPC 2015 ao instituir este fenômeno, pois ao mesmo tempo em que prestigia a celeridade, tempestividade e efetividade da prestação da tutela jurisdicional através da sumarização do processo, preserva o direito ao contraditório, ampla defesa e segurança jurídica, possibilitando à parte contrária interpor recurso ou ajuizar nova ação a fim de rever, reformar ou invalidar a tutela antecipada estabilizada, haja vista que a decisão que a concede, dada a sua provisoriedade, não faz coisa julgada material.

Destarte, diante de tudo o que foi exposto acerca da tutela antecipada no CPC 2015, percebe-se que o principal propósito da nova disciplina é o de conferir maior celeridade, efetividade e economia à prestação da tutela jurisdi-

---

[236] MARINONI, Luiz Guilherme; MITIDIERO, Daniel. *O projeto do CPC:* críticas e propostas. São Paulo: Revista dos Tribunais, 2010, p. 111.

cional mediante a simplificação do regramento e procedimento desta técnica diferenciada de tutela, sem com isso deixar de privilegiar outros direitos e garantias fundamentais de igual relevância constitucional, tais como, a segurança jurídica, o contraditório e a ampla defesa, enfim, o devido processo legal.

Este objetivo de conferir maior celeridade, efetividade e economia à prestação da tutela jurisdicional é implementado através das seguintes alterações e inovações promovidas pelo CPC 2015: sistematização e unificação da disciplina da tutela antecipada e cautelar em um único Livro intitulado Da Tutela Provisória, a unificação dos fundamentos de concessão da tutela cautelar e antecipada, a saber, a urgência e a evidência; a criação da possibilidade de requerer tutela antecipada em caráter antecedente e a criação do fenômeno da estabilização da tutela antecipada e, com ela, a valorização da sumarização formal e material do processo.

Indubitavelmente a inovação mais significativa trazida pelo CPC 2015 nesta matéria é justamente (*i*) a que concede aos provimentos antecipatórios maior estabilidade do que aquela ofertada pelo CPC 1973, ainda que desprovidos da segurança jurídica propiciada pela coisa julgada material, bem como (*ii*) a que a partir do fenômeno da estabilização dos efeitos da tutela antecipada imprime maior celeridade e economia à prestação da tutela através da técnica de sumarização formal e materialmente o processo, prestigiando, desta feita, a cognição sumária como instrumento processual para a prestação da tutela dos direitos.

Conclui-se que com esta nova estruturação da disciplina da técnica antecipatória há muitos progressos, especialmente no que diz respeito ao objetivo de conferir maior celeridade, efetividade e economia à prestação da tutela jurisdicional, em que pese ainda permaneçam algumas imprecisões e omissões no trato legal da matéria.

Tal circunstância não só corrobora como faz aumentar cada vez mais a relevância do estudo sobre o tema sob os mais variados aspectos, destacando-se dentre estes aquele que diz com a identificação do provimento antecipatório como técnica processual apta a viabilizar a eficácia imediata *ope judicis* da sentença, conforme demonstrar-se-á na seção seguinte.

2.2. O PROVIMENTO ANTECIPATÓRIO E A EFICÁCIA IMEDIATA *OPE JUDICIS* DA SENTENÇA

Como já apontado no início deste capítulo, a solução proposta[237] nesta obra ao custo temporal gerado pela regra do duplo efeito recursal à sentença

---

[237] Sobre a solução proposta neste estudo, ver: FENSTERSEIFER, Shana Serrão. O direito-garantia fundamental à tutela jurisdicional efetiva na perspectiva constitucional e o caso problemático da sentença sem eficácia imediata que tutela direito em risco de dano ou perecimento. In: STRAPAZZON, Carlos Luiz;

outorgante de direito que exige satisfação imediata é encontrada na aplicação da técnica de concessão da eficácia imediata *ope judicis* à decisão judicial.[238]

Por isso, examinou-se na parte inicial deste capítulo como o instituto da antecipação de tutela era disciplinado no CPC 1973 e como ficará no CPC 2015, visando situar a solução em exame no panorama legislativo processual pátrio contemporâneo.

Pois bem, identificado o provimento antecipatório como técnica processual viabilizadora da eficácia imediata *ope judicis* da decisão judicial, cabe investigar qual seria o mecanismo idôneo para propiciar a sua concessão na sentença.

Neste cenário processual problemático, o poder jurisdicional de conceder provimento antecipatório *ex officio* nada mais é do que uma técnica processual utilizada pelo julgador para viabilizar a eficácia imediata *ope judicis* da decisão sempre que o ato sentencial em jogo não se enquadrar em nenhuma das sentenças com eficácia imediata por força da lei (art. 1012, § 1º, incisos, do CPC 2015).

Impende, entretanto, esclarecer que esta é a solução encontrada (*i*) para aqueles casos concretos em que o risco de dano ou perecimento do direito se configurar na véspera da sentença, mais precisamente, após o encerramento da fase instrutória e da apresentação das alegações finais, ou então, (*ii*) para aqueles casos em que simplesmente não há pedido de antecipação de tutela deduzido nos autos, cabendo ao juiz exercer o seu poder-dever de prestar tutela jurisdicional efetiva dos direitos através da aplicação do provimento antecipatório *ex officio* como técnica de concessão da eficácia imediata *ope judicis* à sentença.

Assim, se o risco se configurar durante a instrução do feito, nada impede que a parte deduza pedido antecipatório em sede de debates orais em audiência, ou em memoriais, e o juiz conceda provimento antecipatório na sentença a fim de afastar o efeito suspensivo e liberar o cumprimento imediato da sentença.

Luis Rodrigues e Teresa Arruda Alvim Wambier vislumbram a mesma solução para o problema em questão ao aduzirem que: "[...] a concessão da tutela antecipatória na sentença serve para, no mais das vezes, possibilitar a exe-

---

GOMES, Eduardo Biacchi; SARLET, Ingo Wolfgang (Org.). *Coleção Direitos Fundamentais e Sociais na Visão Constitucional Brasileira – Tomo I*. Publicação eletrônica (e-book). Produção científica dos mestrados UNIBRASIL, UNOESC e PUCRS. Curitiba: Instituto Memória – Centro de Estudos da Contemporaneidade, 2014, p. 8-45. Disponível em: <http://www.unibrasil.com.br/noticias/detalhes.asp?id_noticia=11914>. Acesso em: 10 jan. 2015.

[238] Segue parte do dispositivo da sentença que deferiu antecipação de tutela na sentença para o fim de viabilizar a imediata imissão na posse, *vide*: "[...] considerando o pedido de antecipação de tutela contido na inicial de despejo, bem como o fato de que o arrendatário não alcançar qualquer valor a título de arrendamento desde 2001, defiro a antecipação de tutela pleiteada e determino a desocupação da área no prazo de 15 dias, restando desde o dia da intimação vedada a realização de qualquer cultivo na área, sob pena de perda do produto. A não desocupação no prazo estipulado implicará em desocupação compulsória" (RIO GRANDE DO SUL. Carazinho. 2ª Vara Cível. *Ação de despejo por falta de pagamento nº 009/1.08.0002388-3*. 03 de outubro de 2014. Disponível em: <http://www.tjrs.jus.br/>. Acesso em: 23 dez. 2014).

cução imediata da própria sentença, afastando o efeito suspensivo do recurso de apelação que, eventualmente, venha a ser interposto".[239]

José Carlos Barbosa Moreira também se manifesta a favor desta solução ao tratar da problemática em comento: "Como providência alternativa, pode cogitar-se de atribuir ao juiz, à semelhança do que faz mais de um ordenamento estrangeiro, competência para imprimir à sentença efeito executivo imediato, mesmo fora dos casos previstos".[240]

Esta solução também tem o respaldo de Ovídio Baptista da Silva, que é expresso ao tratar o tema. Segundo o processualista, os provimentos antecipatórios não se materializam sempre como medidas liminares, pois nada impede que sejam outorgados pelo juiz em fase mais avançada do processo, inclusive na sentença de procedência, quando se fizerem necessários, tendo em vista que a apelação é recebida em regra no duplo efeito. Nestes casos, portanto, é perfeitamente possível que seja antecipada a execução provisória por ordem do juiz (*ope judicis*) via provimento antecipatório.[241]

Na mesma linha, Elaine Harzheim Macedo também defende esta solução ao enfrentar o tema do custo temporal da apelação e do trânsito em julgado, asseverando que:

> [...] abrir-se espaço para decisões judiciais que viabilizem desde logo o cumprimento da sentença, antecipando-lhe os efeitos, é uma forma de qualificar a jurisdição com a efetividade e presteza que tanto se reclama. Ainda que tais providências não possam ser tecnicamente qualificadas como antecipação de tutela, podem, sim, com maior precisão, ser enquadradas como provimentos antecipatórios, o que é um passo a mais na evolução da jurisdição de urgência.[242]

Fixada a solução ao problema, já é possível retomar o enfrentamento dos casos concretos paradigmáticos anteriormente citados de sentenças sem eficácia imediata outorgantes de direitos em risco de dano ou perecimento, na medida em que estes já podem ser satisfatoriamente solucionados com base na solução ora proposta de empregar o provimento antecipatório *ex officio* para conferir eficácia imediata *ope judicis* à sentença.

No caso das ações de cobrança de cobertura de tratamento cirúrgico, caberia ao juiz, ao proferir a sentença procedente, conceder de ofício provimento antecipatório a fim de viabilizar a sua imediata produção de efeitos e efetivação, e assim, ordenar que a operadora do plano de saúde ou o Instituto Nacional de

---

[239] WAMBIER, Luis Rodrigues; WAMBIER, Teresa Arruda Alvim. *Breves comentários à 2ª fase da Reforma do Código de Processo Civil.* São Paulo: Revista dos Tribunais, 2002, p. 148.

[240] MOREIRA, José Carlos Barbosa. *Comentários ao Código de Processo Civil, Lei nº 5.869, de 11 de janeiro de 1973, vol. V:* arts. 476 a 565. Rio de Janeiro: Forense, 2011, p. 468.

[241] SILVA, Ovídio Baptista da. *Curso de processo civil.* 4. ed. São Paulo: Revista dos Tribunais, 1998, v. 1, p. 145.

[242] MACEDO, Elaine Harzheim. Tutela cautelar *versus* tutela antecipada. In: MENDONÇA, Delosmar; MACEDO, Elaine Harzheim; TEIXEIRA, Sérgio Torres; BARROS, Wellington Pacheco. *Tutela diferenciada.* Curitiba: IESDE, 2007, p. 85.

Seguridade Social autorize de imediato o hospital conveniado a realizar o tratamento, cominando a incidência de multa diária em caso de descumprimento da ordem, sob pena de, não o fazendo, o provimento final resultar totalmente ineficaz, caso o demandante venha a falecer neste interregno.

Da mesma forma, no caso da ação de fornecimento de medicamentos em razão de doença grave, a sentença procedente poderia ser imediatamente efetivada se o julgador concedesse *ex officio* provimento antecipatório para ordenar de imediato o fornecimento do medicamento pelo Instituto Nacional de Seguridade Social, cominando a incidência de multa diária em caso de descumprimento da ordem, sob pena de não o fazendo o provimento final resultar totalmente ineficaz, caso o demandante venha a falecer neste interregno.

Neste mesmo sentido, pode-se citar ainda o caso de uma sentença de procedência[243] proferida recentemente em situação semelhante às acima ilustradas, no qual o pedido antecipatório formulado no limiar do processo foi indeferido por inexistir naquele dado momento processual urgência na implantação do benefício da aposentadoria por invalidez. Todavia, exaurida a cognição e constatada a procedência do pedido, além da urgência, consubstanciada no fato de a demandante estar realmente impossibilitada de trabalhar e de necessitar de meios para prover sua subsistência, restaram configurados os requisitos para a concessão da antecipação da tutela.

Por tais razões, foi deferida a antecipação da tutela em sentença e determinado ao Instituto Nacional de Seguridade Social a implantação imediata do benefício de aposentadoria por invalidez. Como se vê, foi concedido provimento antecipatório para o efeito de afastar o efeito suspensivo do recurso e liberar o cumprimento imediato da sentença.

Nestes casos concretos paradigmáticos em que a efetividade do processo depende diretamente da atribuição de eficácia imediata à sentença em razão desta tutelar direito em risco de dano ou perecimento, a parcela da decisão que viabiliza a sua exequibilidade imediata nada mais é do que um provimento antecipatório, na medida em que antecipa a produção de efeitos e a efetivação de uma decisão que, de regra, só se viabilizaria após o julgamento da apelação, ou em alguns casos, apenas após o seu trânsito em julgado.

Diante deste panorama do diploma processual de 2015, que tem como regra a suspensividade dos efeitos da sentença na hipótese de interposição de recurso de apelação, o provimento antecipatório *ex officio* apresenta-se como instrumento apto a viabilizar a efetividade da sentença que não possui eficácia imediata por força da lei, mas que, entretanto, dela necessita por tutelar direito em risco de dano ou perecimento, e que sequer pode aguardar o prazo de interposição do recurso cabível para ser satisfeito e entregue ao seu titular.

---

[243] RIO GRANDE DO SUL. Tribunal Regional Federal da 4ª Região. Justiça Federal de Porto Alegre. Juizado Especial Federal Cível. Ação de obrigação de fazer nº 5000138-32.2013.404.7127/RS. *Diário da Justiça*, 13 ago. 2013. Disponível em: <http://www2.trf4.jus.br/trf4/>. Acesso em: 23 jun. 2014.

Cabe, então, apresentar o fundamento constitucional da técnica processual ora proposta.

2.2.1. Provimento antecipatório ex officio na sentença: fundamento constitucional

Identificada a solução ao custo temporal gerado pela regra do duplo efeito recursal, cumpre apresentar os principais fundamentos da aplicação do provimento antecipatório *ex officio* como técnica capaz de viabilizar a eficácia imediata *ope judicis* da sentença que tutela direito em risco de dano irreparável ou de perecimento, não incluída no rol taxativo das decisões com eficácia imediata (art. 1012, § 1°, CPC 2015), em que pese lá merecesse estar inserida.

Como já referido no primeiro capítulo, o direito-garantia fundamental à tutela jurisdicional adequada, tempestiva e efetiva consiste basicamente em um direito à prestação estatal protetiva (*status positivus* de Jellinek) e em um direito à participação mediante procedimento adequado (*status activus processualis* de Peter Häberle), pois, como bem define Luiz Guilherme Marinoni, engloba três direitos: (*i*) à técnica processual adequada, (*ii*) ao procedimento apto a viabilizar a participação e (*iii*) à resposta do juiz.[244]

Na medida em que o direito-garantia fundamental à tutela jurisdicional adequada, tempestiva e efetiva se constitui pela conjugação destes três direitos, por consequência natural, efetividade, tempestividade e adequação da tutela jurisdicional exigem: (*i*) a predisposição no ordenamento processual de técnicas processuais adequadas à tutela do direito material posto em juízo, (*ii*) procedimentos idôneos a viabilizar a participação do jurisdicionado (dever do Estado-legislador) e, por fim, (*iii*) a própria idoneidade da resposta jurisdicional (dever do Estado-juiz). Percebe-se, assim, que o direito à proteção dos direitos, sejam eles fundamentais ou não, exige não apenas normas de natureza material, mas também, e com especial relevância, normas de natureza processual, e por essa razão pode-se afirmar que o direito à proteção dos direitos fundamentais tem como corolário o direito à preordenação das técnicas adequadas à prestação da tutela jurisdicional adequada, tempestiva e efetiva.[245]

Convém relembrar, entretanto, que o direito-garantia fundamental à tutela jurisdicional não exige apenas prestação protetiva por parte do Estado-legislador através da edição de normas processuais, mas também requer prestação protetiva por parte do Estado-juiz mediante a própria resposta jurisdicional a ser prestada por este. Como se vê, ambas constituem formas de prestação estatal protetiva dos direitos, diferenciadas, porém, por uma constituir resposta

---

[244] MARINONI, Luiz Guilherme. *Técnica processual e tutela dos direitos*. São Paulo: Revista dos Tribunais, 2010, p. 143.

[245] Idem, p. 143-144.

abstrata do legislador, ou seja, a lei, enquanto a outra constitui resposta concreta do juiz, isto é, a decisão.

Justamente por se tratar de um dever constitucional de proteção devido tanto pelo legislador, quanto pelo juiz, caso o mesmo não seja cumprido pelo magistrado diante de determinado caso concreto em razão da omissão do legislador em predispor no ordenamento processual técnicas e procedimentos idôneos, os direitos substanciais que delas dependem restarão totalmente ineficazes, ou seja, sem qualquer valor prático aos seus titulares.

Por esta simples, mas relevante razão, o Estado-juiz tem o dever de interpretar a legislação processual à luz do direito fundamental à tutela jurisdicional, ficando obrigado a extrair da norma processual a sua máxima potencionalidade, sempre com vistas a tutelar os direitos de forma adequada, tempestiva e efetiva, sem com isso, entretanto, violar o direito de defesa da parte adversa.[246]

Nesta linha, a técnica do provimento antecipatório de ofício nada mais é do que um instrumento idôneo e eficaz de viabilização da eficácia imediata *ope judicis* à decisão que tutela direito material em risco de dano ou perecimento. Por via de consequência, é um eficaz instrumento de concretização do direito-garantia fundamental à tutela jurisdicional adequada, tempestiva e efetiva.

Neste contexto, seguindo a linha doutrinária capitaneada por Luiz Guilherme Marinoni e Daniel Mitidiero,[247] adota-se neste estudo o entendimento de que o direito fundamental à tutela jurisdicional não quer dizer apenas que todos têm direito a acessar o Poder Judiciário para a tutela de seus direitos, mas que todos têm direito à adequada[248] e efetiva proteção do direito material, do qual são devedores tanto o legislador, quanto o juiz.

Com o intuito de resolver a questão problemática em análise, chega-se à seguinte constatação: se todas aquelas sentenças que tutelam direito em iminente risco de dano irreparável ou perecimento e que encontram óbice para a sua efetividade na regra geral do duplo efeito recursal tivessem como única alternativa aguardar o julgamento da apelação e, em alguns casos, do trânsito julgado, para produzirem seus efeitos e serem cumpridas, grande parte delas resultariam plenamente ineficazes, sem qualquer valor e utilidade prática ao jurisdicionado, pois não passariam de mera declaração formal da existência do direito material postulado.

Em contrapartida, se ao Estado-juiz for permitido conceder provimento antecipatório *ex officio* na sentença a fim de autorizar a produção imediata de

---

[246] Neste sentido: MARINONI, Luiz Guilherme. *Técnica processual e tutela dos direitos*. São Paulo: Revista dos Tribunais, 2010, p. 146.

[247] MARINONINI, Luiz Guilherme; MITIDIERO, Daniel. Direitos fundamentais processuais. In: SARLET, Ingo Wolfgang (Coord.). *Curso de direito constitucional*. 2. ed. São Paulo: Revista dos Tribunais, 2013, p. 711; MARINONI, Luiz Guilherme. *Técnica processual e tutela dos direitos*. São Paulo: Revista dos Tribunais, 2010, p. 139-143.

[248] Nesta linha também: CANOTILHO, José Joaquim Gomes. *Direito constitucional e teoria da constituição*. Coimbra: Almedina, 2002, p. 497-500.

seus efeitos e o seu cumprimento imediato (eficácia imediata *ope iudicis*), o direito em iminente risco de dano irreparável ou perecimento nela reconhecido resultará tutelado de forma adequada, tempestiva e efetiva, e assim, o direito-garantia fundamental do jurisdicionado a um pleno e efetivo acesso à Justiça restará concretizado.

Eis o principal fundamento da aplicação desta técnica processual à sentença que "tutela direito em iminente risco de dano ou perecimento": a realização do direito material posto em causa e, via de consequência, do direito-garantia fundamental à tutela jurisdicional adequada, tempestiva e efetiva, consagrado no art. 5º, XXXV e LXXVIII, da Constituição Federal.

2.2.1.1. Possibilidade de concessão de provimento antecipatório na sentença

Dentre os principais processualistas nacionais que sustentam a possibilidade de concessão de provimento antecipatório na sentença para antecipar o seu cumprimento está Ovídio Baptista da Silva, que é expresso ao tratar o tema. Segundo o processualista, os provimentos antecipatórios não se materializam sempre como medidas liminares, pois nada impede que sejam outorgados pelo juiz em fase mais avançada do processo, inclusive na sentença de procedência, quando se fizerem necessários, tendo em vista que a apelação é recebida em regra no duplo efeito. Nestes casos, portanto, é perfeitamente possível que seja antecipado o cumprimento provisório por ordem do juiz (*ope judicis*) via provimento antecipatório.[249]

Ao trabalhar a tese da aplicabilidade do formalismo-valorativo na sistemática do cumprimento e execução da sentença Guilherme Rizzo Amaral, da mesma forma, se posiciona a favor da possibilidade da concessão do provimento antecipatório na sentença para o fim de viabilizar a produção de seus efeitos e o seu cumprimento imediato, independentemente do trânsito em julgado, sempre que se verificar perigo de dano irreparável ou de difícil reparação ao jurisdicionado em esperar até a eventual interposição e julgamento da apelação para ter o seu título judicial executado.[250]

José Carlos Barbosa Moreira também se manifesta a favor desta solução ao tratar da problemática em comento: "Como providência alternativa, pode cogitar-se de atribuir ao juiz, à semelhança do que faz mais de um ordenamento estrangeiro, competência para imprimir à sentença efeito executivo imediato, mesmo fora dos casos previstos".[251]

Elaine Harzheim Macedo também se posiciona a favor da aplicação desta técnica processual ao abordar sobre o momento de concessão da antecipação

---

[249] SILVA, Ovídio Baptista da. *Curso de processo civil.* 4. ed. São Paulo: Revista dos Tribunais, 1998, v. 1, p. 145.

[250] AMARAL, Guilherme Rizzo. *Cumprimento e execução da sentença sob a ótica do formalismo-valorativo.* Porto Alegre: Livraria do Advogado, 2008, p. 145.

[251] MOREIRA, José Carlos Barbosa. *Comentários ao Código de Processo Civil, Lei nº 5.869, de 11 de janeiro de 1973, vol. V:* arts. 476 a 565. Rio de Janeiro: Forense, 2011, p. 468.

de tutela asseverando que: "se o juiz pode antecipar no todo ou em parte os efeitos da tutela, com base na verossimilhança, pode fazê-lo quando proferir a sentença, pois seu cumprimento ainda demandará custo temporal, podendo mostrar-se útil a providência".[252]

Luiz Rodrigues e Teresa Arruda Alvim Wambier também defendem a possibilidade de concessão da antecipação de tutela na sentença. Ensinam que, se pode ser concedida liminarmente, não existe razão alguma para inadmitir a sua concessão na sentença, decisão proferida em momento processual no qual o juiz já possui cognição plena e exauriente dos fatos da causa e, portanto, tem condições de proferir decisão com maior certeza e segurança jurídica. Segundo os processualistas, a regra do art. 520, VII, CPC de 1973 de que a apelação será recebida apenas no efeito devolutivo, nesta linha, se aplica não só na hipótese de o juiz confirmar[253] a antecipação de tutela na sentença de procedência, mas também, e inclusive, na hipótese de o julgador conceder a antecipação de tutela no próprio ato sentencial[254] (art. 1.012, § 1º, V, CPC 2015).

Embora tais doutrinadores não refiram expressamente sobre a possibilidade do provimento antecipatório ser concedido de ofício na sentença, o raciocínio e o fundamento[255] constitucional, doutrinário e jurisprudencial utilizado para a aplicação do provimento antecipatório no ato sentencial quando postulado pela parte se aplica perfeitamente para justificar a concessão do provimento antecipatório *ex officio* no ato sentencial, qual seja, a necessidade de conferir efetividade imediata à sentença, sob pena de causar dano irreparável ou até mesmo o perecimento do direito material nela reconhecido.

2.2.1.2. Possibilidade de concessão de provimento antecipatório ex officio: fundamentos legais e jurisprudenciais

O Projeto de Lei do novo CPC, em sua versão original elaborada pelo Senado Federal (PL nº 166/2010) chegou a estabelecer no art. 277[256] a possibili-

---

[252] MACEDO, Elaine Harzheim. Tutela cautelar *versus* tutela antecipada. In: MENDONÇA, Delosmar; MACEDO, Elaine Harzheim; TEIXEIRA, Sérgio Torres; BARROS, Wellington Pacheco. *Tutela diferenciada.* Curitiba: IESDE, 2007, p. 85.

[253] Esta hipótese é prevista expressamente no novo CPC no inciso V do § 1º do art. 1012, *vide*: "Além de outras hipóteses previstas em lei, começa a produzir efeitos imediatamente após a sua publicação a sentença que: V – confirma, concede ou revoga tutela provisória;" [...] (BRASIL. *Lei nº 13.105/2015, de 16 de março de 2015. Código de Processo Civil.* Brasília, DF: Congresso Nacional, 2015. Disponível em: <http://www.planalto.gov.br/ccivil_03/_Ato2015-2018/2015/Lei/L13105.htm>. Acesso em: 17 ago. 2015).

[254] WAMBIER, Luis Rodrigues; WAMBIER, Teresa Arruda Alvim. *Breves comentários à 2ª fase da Reforma do Código de Processo Civil.* São Paulo: Revista dos Tribunais, 2002, p. 145.

[255] BRASIL. Tribunal Regional Federal da 4ª Região. 3ª Turma. Apelação Cível nº 5001496-26.2012.404.7205. Relator: Juiz Carlos Eduardo Thompson Flores Lenz. *Diário da Justiça da União,* 07 mar. 2013. Disponível em: <http://www.trf4.jus.br/trf4/>. Acesso em: 07 out. 2014.

[256] Art. 277. Em casos excepcionais ou expressamente autorizados por lei, o juiz poderá conceder medidas de urgência de ofício. (BRASIL. Senado Federal. *PLS nº 166, de 8 de junho de 2010.* Dispõe sobre a Reforma do Código de Processo Civil. Disponível em: <http://www.camara.gov.br/>. Acesso em: 18 abr. 2011).

dade do juiz conceder medidas de urgência de ofício, em casos excepcionais ou expressamente autorizados por lei, ampliando formalmente esta possibilidade às medidas antecipatórias, e neste ponto revelou-se inovador.

Todavia, tal inovação não foi levada adiante pelo Substitutivo[257] apresentado pela Câmara de Deputados em 17 de julho de 2013, o qual levou o número PL nº 8046-B/2010, bem como pelo texto final sancionado pela Presidente da República em 16 de março de 2015, e que culminou no Código de Processo Civil brasileiro de 2015. Portanto, assim como o CPC de 1973, o CPC de 2015, opta por silenciar acerca da possibilidade de ser concedida antecipação de tutela de ofício.

Nada obstante o silêncio do diploma processual pátrio acerca da possibilidade de concessão de tutela antecipada de ofício, parte da doutrina[258] e jurisprudência[259] entende que é permitido ao juiz concedê-la de ofício, porém, apenas excepcionalmente, em casos graves e de evidente disparidade de armas entre as partes, com base no princípio da razoabilidade.

Dentre os defensores da possibilidade de concessão de provimento antecipatório de ofício está José Roberto dos Santos Bedaque que afirma apropriadamente que "não se podem excluir situações excepcionais em que o juiz verifique a necessidade da antecipação diante do risco iminente de perecimento do direito cuja tutela é pleiteada e do qual existem provas suficientes de verossimilhança". Para o autor, constituiria grave injustiça inviabilizar a tutela antecipada em situações nas quais, mesmo presentes os seus requisitos autorizadores, não tenha a parte postulado tal medida,[260] do que decorre a imprescindibilidade da concessão de ofício da antecipação de tutela, sob pena de perecimento do direito e esvaziamento da utilidade do provimento final.

Há, entretanto, posicionamento doutrinário divergente[261] no sentido de que é inadmissível a concessão da tutela antecipada de ofício. Essa intelecção decorre da leitura literal do *caput* do art. 273 do CPC 1973 ao prescrever: "O juiz poderá, a requerimento da parte, [...]" e, por conseguinte, do princípio da inércia da jurisdição previsto no art. 2º do mesmo diploma legal de 1973, estabelecendo que a prestação da tutela jurisdicional depende de requerimento da parte ou do interessado.

---

[257] Ver em: BRASIL. Congresso Nacional. Câmara dos Deputados. *Substitutivo ao Projeto de Lei nº 8.046-B/2010.* Dispõe sobre a Reforma do Código de Processo Civil. Brasília, DF: Congresso Nacional, 2013, p. 49. Disponível em: <http://www.camara.gov.br/>. Acesso em: 01 abr. 2014.

[258] MARINONI, Luiz Guilherme; MITIDIERO, Daniel. *Código de Processo Civil comentado artigo por artigo.* São Paulo: Revista dos Tribunais, 2008, p. 270.

[259] BRASIL. Tribunal Regional Federal da 3ª Região. 1ª Turma. *Agravo Regimental nº 224215/SP.* 01 de agosto de 2002; BRASIL. Tribunal Regional Federal da 3ª Região. 8ª Turma. *Agravo nº 2003.03.00061456-6/SP.* 30 de maio de 2005. Disponível em: <http://www.tjrs.jus.br/>. Acesso em: 06 maio 2012.

[260] BEDAQUE, José Roberto dos Santos. *Tutela cautelar e tutela antecipada:* tutelas sumárias e de urgência. 4. ed. rev. e ampl. São Paulo: Malheiros, 2006, p. 384-385.

[261] LOPES, João Batista. *Tutela antecipada no processo civil brasileiro.* São Paulo: Saraiva, 2003, p. 66.

Em contrapartida, o CPC 2015, ao eliminar o emprego da expressão "a requerimento da parte" do dispositivo legal (art. 300, *caput*, CPC 2015) que prevê a técnica antecipatória, dá espaço para uma interpretação favorável à possibilidade de conceder de ofício tutela antecipada fundada na urgência, ao dispor que: "A tutela de urgência será concedida quando houver elementos que evidenciem a probabilidade do direito e o perigo de dano ou o risco ao resultado útil do processo".

Não obstante a divergência ainda existente sobre o tema, busca-se demonstrar neste estudo que é possível e, inclusive, necessária a concessão de provimento antecipatório de ofício no ato sentencial com o objetivo de viabilizar a eficácia e a exequibilidade imediata da sentença, sempre que, em razão da existência de risco de dano ou periclitação do direito nela reconhecido, o jurisdicionado não possa sequer aguardar a interposição da apelação para tê-lo concretamente satisfeito, tal como se dá nos casos concretos paradigmáticos referidos anteriormente.

Para os fins deste estudo, o que importa perceber é a relevância que esta técnica processual do provimento antecipatório *ex officio* representa para as hipóteses concretas em que o risco de dano ou perecimento do direito se configurar apenas na véspera, durante ou após a prolação da sentença.

Isso porque, nestas hipóteses concretas, como o risco de dano e a necessidade de satisfação urgente só surge na véspera, no momento ou após a prolação da sentença, o ato sentencial que reconhece o direito acaba não se enquadrando em nenhuma das categorias de sentença com eficácia imediata do rol taxativo previsto no diploma processual (art. 1.012, § 1º, CPC 2015) e na legislação extravagante, fazendo-se necessário, portanto, a concessão de tutela antecipada de ofício para o fim de afastar o efeito suspensivo da apelação interposta e viabilizar a eficácia imediata da sentença.

Deste contexto exsurge a seguinte conclusão: da liquidez e certeza do direito em risco de dano ou perecimento reconhecido na sentença decorre naturalmente uma mitigação do conflito valorativo travado entre a efetividade e a segurança jurídica. É justamente esta mitigação do conflito valorativo efetividade-segurança verificada na fase sentencial e a omissão protetiva do Estado-legislador em conferir tratamento protetivo a esta categoria de sentença outorgante de direito em risco de dano que fundamenta a possibilidade da concessão de provimento antecipatório de ofício no ordenamento processual pátrio como técnica voltada a conferir eficácia imediata *ope judicis* à decisão judicial.

Trata-se, portanto, de técnica necessária para viabilizar a satisfação imediata dos direitos em iminente risco de dano ou perecimento, os quais restariam lesionados ou perecidos caso aguardassem o julgamento da apelação, ou em alguns casos, o trânsito em julgado para serem satisfeitos e entregues ao seu titular.

Pois bem, fixado o fundamento constitucional e apresentado o embasamento teórico à solução ora proposta, cumpre, então, apresentar os fundamentos legais e jurisprudenciais da aplicabilidade do provimento antecipatório *ex officio* no ato sentencial como técnica de implementação da eficácia imediata *ope judicis* da sentença que tutela direito em risco de dano irreparável ou perecimento.

Em termos de fundamentos legais, a questão em análise se resolve na constatação de que o próprio CPC 2015 em seu art. 526, *caput,* ao traçar as técnicas de tutela jurisdicional que implique em obrigação de fazer e não fazer, dá ensejo à possibilidade do juiz conceder provimento antecipatório de ofício ao prescrever que: "No cumprimento de sentença que reconheça a exigibilidade de obrigação de fazer ou de não fazer, o juiz poderá, *de ofício* ou a requerimento, para a efetivação da tutela específica ou a obtenção de tutela pelo resultado prático equivalente, determinar as *medidas necessárias* à satisfação do exequente. [...]". Este dispositivo, portanto, através do emprego das expressões *de ofício* e *medidas necessárias,* abre a possibilidade de concessão de provimento antecipatório de ofício no sistema processual de 2015 como técnica de concessão da eficácia imediata *ope judicis* à decisão judicial.

Nesse diapasão, é possível conceder provimento antecipatório de ofício na sentença como *medida necessária a conferir efetividade ao direito em risco de dano ou perecimento nela reconhecido,* sob pena de, não o fazendo, o provimento final restar ineficaz, ou seja, como *medida necessária* para a efetivação da tutela específica, tal como a realização imediata de cirurgia urgente para proteger a vida e a saúde do demandante, sob pena de inutilidade do provimento final, caso o mesmo venha a falecer durante a espera do julgamento do recurso, ou até mesmo, do trânsito em julgado da decisão.

Diante do ordenamento processual pátrio é possível, ainda, sustentar a possibilidade de concessão de provimento antecipatório *ex officio* à luz de uma interpretação ampla do poder geral de cautela do juiz (medidas adequadas) previsto no art. 297, *caput,* do CPC de 2015, ao prescrever que: "O juiz poderá determinar as medidas que considerar adequadas para efetivação da tutela provisória".

A rigor, por estar situado no CPC de 1973 no livro destinado à disciplina do processo cautelar, o poder geral de cautela sempre suscitou debates doutrinários sobre a sua extensão ou não às medidas de natureza satisfativa, ou seja, antecipatória. Foi justamente a partir do advento da tutela antecipada no ordenamento processual civil pátrio e, portanto, da vedação do emprego das cautelares com o fito de satisfação do direito, que se passou a discutir se o poder geral de cautela seria aplicável também às tutelas antecipadas.

Oportunamente, o CPC 2015 resolve esta questão ao estabelecer no art. 297, *caput,*[262] que o juiz pode determinar as medidas que julgar adequadas para

---

[262] Art. 297. O juiz poderá determinar as medidas que considerar adequadas para efetivação da tutela provisória. (BRASIL. *Lei nº 13.105/2015, de 16 de março de 2015. Código de Processo Civil.* Brasília, DF: Congresso Nacional, 2015. Disponível em: <http://www.planalto.gov.br/ccivil_03/_Ato2015-2018/2015/Lei/L13105. htm>. Acesso em: 17 ago. 2015).

a efetivação da tutela provisória. Pois bem, considerando que o referido dispositivo se encontra previsto nas Disposições Gerais do Livro V destinado a disciplinar a tutela provisória, não há dúvida de que o poder judicial de cautela nele prescrito se aplica a ambas as espécies de tutela provisória: cautelar e antecipada.

Some-se a isso, ainda, o fato de que tanto a doutrina quanto a jurisprudência admitem tal possibilidade ao reconhecer a possibilidade de utilizar a medida cautelar em sede recursal como técnica processual voltada a afastar o efeito suspensivo do recurso especial ou extraordinário e a conferir eficácia imediata *ope judicis* à sentença.

Esta técnica processual, segundo Cássio Scarpinella Bueno e a própria jurisprudência do STJ,[263] representa o dever-poder geral de cautela[264] extraído do art. 798 do CPC de 1973. Tal dever-poder, segundo o processualista, se analisado à luz do modelo constitucional do processo civil, conduz à conclusão de que conforme as circunstâncias específicas do caso concreto, cabe ao magistrado conceder efeito suspensivo aos recursos dele desprovidos, ou inversamente, afastar o efeito suspensivo daqueles que o têm, viabilizando, por consequência, o cumprimento provisório da sentença.[265]

Essa é a leitura adequada e o fim social a que tal norma (art. 297, CPC 2015) se destina, se analisada à luz do modelo constitucional do processo civil.

Ademais, impende observar que a solução apresentada nesta obra nada mais é do que aplicação da técnica antecipatória em sede de jurisdição executiva, na medida em que consiste no emprego de provimento antecipatório *ex officio* na sentença como meio de viabilizar a sua eficácia e exequibilidade imediata sempre que, frente à regra do duplo efeito recursal, o jurisdicionado não puder aguardar até o julgamento da apelação e o trânsito em julgado para ter o direito material nela reconhecido concretamente satisfeito em razão da existência de risco de dano ou periclitação.

Neste sentido, a exegese do art. 799, VIII,[266] do CPC 2015 à luz do direito-garantia fundamental à tutela jurisdicional adequada, tempestiva e efetiva,

---

[263] Neste sentido é o entendimento do STJ, *vide*: "As medidas cautelares, acessórias aos recursos nos tribunais superiores, servem para finalidades que estão definidas no art. 798 do Código de Processo Civil e, em especial, para evitar que o conteúdo da controvérsia jurídica se esvaia por questões fáticas" (BRASIL. Supremo Tribunal Federal. Medida Cautelar n° MC 23234/PE. Brasília, DF, 04 de novembro de 2014. *Diário da Justiça*, 14 nov. 2014. Disponível em: <http://www.stf.jus.br/>. Acesso em: 15 dez. 2014.

[264] BRASIL. Supremo Tribunal Federal. Medida Cautelar na Petição n° 3.598/RJ. Brasília, DF, 03 de fevereiro de 2006. *Diário da Justiça*, 10 fev. 2006. Disponível em: <http://www.stf.jus.br/>. Acesso em: 15 dez. 2014.

[265] BUENO, Cássio Scarpinella. *Curso sistematizado de direito processual civil*: recursos, processos e incidentes nos tribunais, sucedâneos recursais: técnicas de controle das decisões jurisdicionais. 2. ed. rev. atual. e ampl. São Paulo: Saraiva, 2010, v. V, p. 126.

[266] Art. 799. Incumbe ainda ao exequente: VIII – pleitear, se for o caso, medidas urgentes; [...].BRASIL. *Lei n° 13.105/2015, de 16 de março de 2015. Código de Processo Civil.* Brasília, DF: Congresso Nacional, 2015. Disponível em: <http://www.planalto.gov.br/ccivil_03/_Ato2015-2018/2015/Lei/L13105.htm>. Acesso em: 17 ago. 2015).

corrobora a ideia ora sustentada de que é possível requerer e, inclusive, determinar *ex officio, medidas urgentes* em sede de jurisdição executiva a fim de evitar a ineficácia do provimento final.

Dessa forma, não havendo afronta às disposições que regem a fase de cumprimento de sentença, e não há qualquer impedimento explícito à concessão de provimento antecipatório nesta fase processual, não há razão para não se aplicar o provimento antecipatório à jurisdição executiva, mesmo porque esta técnica processual é destinada a ambas funções jurisdicionais, a cognitiva e a executiva.

Embora ainda não unânime, já se vislumbra significativa jurisprudência, especialmente na Justiça Federal[267] em matéria de direito à saúde, reconhecendo a possibilidade de concessão de provimento antecipatório de ofício na sentença para o fim de autorizar a sua eficácia e exequibilidade imediata, sempre que, existindo perigo de dano irreparável ou perecimento do direito material nela reconhecido, não seja possível esperar sequer a interposição do recurso cabível para obter a satisfação do mesmo.

Conforme já referido, a concessão de provimento antecipatório *ex officio* na sentença é verificada mais comumente na prática forense nos processos em que estão em jogo bens jurídicos de suma relevância, como é o caso da vida, saúde, alimentos, direitos básicos do consumidor, direitos da personalidade, dentre tantos outros mais, que por sua própria natureza e fundamentalidade formal e material, já pressupõem urgência na entrega do bem da vida mediante a prestação da tutela jurisdicional.

Nestas situações concretas que exigem urgência na tutela tem-se reconhecido não só a possibilidade, mas a necessidade de conferir eficácia imediata *ope judicis* à sentença através da concessão *ex officio* de provimento antecipatório como instrumento capaz de promover uma tutela jurisdicional adequada, tempestiva e efetiva do direito em risco de dano irreparável ou de perecimento nela reconhecido.

Um dos fundamentos evidenciados na jurisprudência da Justiça Federal para justificar a concessão de tutela antecipatória *ex officio* na sentença é o da

---

[267] Neste sentido, *vide* a título exemplificativo: BRASIL. Tribunal Regional Federal da 3ª Região. 1ª Turma. Agravo Regimental nº 224215/SP (94031042893). Relator: Juiz Walter Amaral. Publicado no *Diário da Justiça da União,* 01 ago. 2002. p. 196; BRASIL. Tribunal Regional Federal da 3ª Região. 8ª Turma. Agravo nº 2003.03.00061456-6/SP. Relatora: Juíza Marianina Galante. *Diário da Justiça da União,* 30 nov. 2005. p. 541. Disponível em: <http://www.trf3.jus.br/>. Acesso em: Acesso em: 20 dez. 2014; BRASIL. Tribunal Regional Federal da 2ª Região. 1ª Turma. Apelação Cível nº 2002.02.01.034905-8/RJ. Relatora: Juíza Maria Helena Cisne. *Diário da Justiça da União,* 05 maio 2009. Disponível em: <http://www.trf4.jus.br/trf4/>. Acesso em: 01 dez. 2014; Tribunal Regional Federal da 4ª Região. 3ª Turma. Apelação Cível nº 5001496-26.2012.404.7205. Relator: Juiz Carlos Eduardo Thompson Flores Lenz. *Diário da Justiça da União,* 20 dez. 2014. Disponível em: <http://www.trf4.jus.br/trf4/>. Acesso em: 20 dez. 2014 (esta última apenas confirmou a antecipação de tutela já deferida antes da sentença, porém, sob os mesmos fundamentos de quando é deferida de ofício no ato sentencial para o fim de autorizar a produção imediata de efeitos e a execução imediata).

utilização dos poderes do juiz, especificamente do seu poder geral de cautela e de direção do processo de modo a zelar pela célere solução do litígio, conforme se verifica no trecho do acórdão a seguir transcrito:

> No tocante à antecipação dos efeitos da tutela de ofício, cabe ressaltar que pode o juiz, no exercício do Poder Geral de Cautela, previsto no art. 798 do CPC de 1973, determinar medidas provisórias que julgar necessárias, quando verificar lesão grave ou de difícil reparação, e, ainda, nos termos do art. 125 do CPC de 1973, compete ao Juiz dirigir o processo de forma a velar pela rápida solução do litígio e reprimir atos contrários à dignidade da justiça.[268]

Destarte, em síntese, os fundamentos apresentados pela jurisprudência para conceder provimento antecipatório *ex officio* na sentença são basicamente os seguintes: (*i*) a natureza jurídica do bem da vida objeto da proteção jurisdicional que por si só pressupõe urgência na prestação da tutela, como é o caso da vida, saúde e direitos básicos do consumidor; (*ii*) a inadmissibilidade de formalismo processual obsoleto ou vazio[269] obstar a concessão da tutela antecipada *ex officio,* ou seja, a impossibilidade de regras de procedimento processual se sobreporem à concretização de direitos e objetivos fundamentais da Constituição Federal, como a dignidade da pessoa humana (art. 1º, III), a construção de uma sociedade livre, justa e solidária, a erradicação da pobreza e da marginalização e a redução das desigualdades sociais e regionais (art. 3º, I e III);[270] (*iii*) o tempo do recurso e do trânsito em julgado é maior do que aquele que o bem da vida pode esperar para não ser sacrificado ou gravemente lesado, ou seja, o custo temporal da apelação e do trânsito em julgado; (*iv*) na aplicação da lei, o juiz atenderá aos fins sociais a que ela se destina e às exigências do bem comum (art. 5º da LINDB) e, por fim, (*v*) o provimento antecipatório é medida de extrema equidade em face do estado de necessidade, na medida em que redistribui de forma equânime o ônus do tempo no processo.

Estes são, portanto, os fundamentos constitucionais, legais, doutrinários e jurisprudenciais que justificam a aplicação da técnica antecipatória na sentença com o intuito de afastar o efeito suspensivo e liberar o cumprimento imediato.

---

[268] BRASIL. Tribunal Regional Federal da 2ª Região. 1ª Turma. Apelação Cível nº 2002.02.01.034905-8/RJ. Relatora: Desembargadora Maria Helena Cisne. *Diário da Justiça da União,* 05 maio 2009. Disponível em: <http://www.trf2.jus.br/>. Acesso em: 13 jun. 2014.

[269] Leia-se formalismo vazio no sentido de formalismo oco, ou seja, formalismo pelo simples formalismo. Neste sentido, ver: AMARAL, Guilherme Rizzo. *Cumprimento e execução da sentença sob a ótica do formalismo-valorativo.* Porto Alegre: Livraria do Advogado, 2008, p. 40-41.

[270] Neste mesmo diapasão, é a tese do formalismo-valorativo aplicado na fase de cumprimento e execução da sentença sustentada por Guilherme Rizzo Amaral. Segundo o processualista, a ideia do formalismo-valorativo e da ponderação dos valores efetividade e segurança podem servir de fundamento para o rompimento pelo julgador das amarras impostas pelo legislador, e assim, podem fundamentar a aplicabilidade do provimento antecipatório de ofício a fim de autorizar a produção imediata de efeitos e a execução imediata da sentença (AMARAL, Guilherme Rizzo. *Cumprimento e execução da sentença sob a ótica do formalismo-valorativo.* Porto Alegre: Livraria do Advogado, 2008, p. 138).

Como se vê, há mais de trinta anos, vale dizer, desde o advento do Código Buzaid, e mais precisamente, desde o advento do instituto da tutela antecipada no ordenamento jurídico pátrio,[271] até os dias atuais, marcado pelo advento do Código de Processo Civil brasileiro de 2015, a solução para a efetividade das sentenças outorgantes de direito em risco de dano ou perecimento que se encontram obstaculizadas pela regra do duplo efeito recursal se concentra no plano jurisdicional, o que justifica o aperfeiçoamento que a atividade jurisdicional vem ganhando nos últimos tempos e a confiança que a comunidade jurídica em geral vem depositando nesta importante função estatal ao longo de mais de três décadas.

A seção seguinte se destinará justamente a demonstrar que no CPC de 2015 a solução para a efetividade dos direitos que exigem satisfação imediata, mas se encontram obstaculizados pela regra do duplo efeito recursal, permanece nas mãos do Estado-juiz através da concessão de provimento antecipatório como técnica de atribuição de eficácia imediata *ope judicis* à decisão judicial outorgante de direito em risco de dano ou perecimento, corroborando, deste modo, o acerto da solução proposta na presente obra.

2.2.2. O provimento antecipatório como técnica processual de concessão da eficácia imediata ope judicis à sentença no CPC de 2015

Diante do que se expôs até aqui, imperioso reconhecer que o tema do provimento antecipatório como técnica processual de concessão da eficácia imediata *ope judicis* à sentença está diretamente relacionado com a atual preocupação da comunidade jurídica em geral, e da academia em particular, de atribuir maior efetividade e tempestividade ao processo, objetivo que marca as recentes reformas esparsas efetuadas no CPC de 1973, e mais recentemente, a promulgação do CPC de 2015.

O CPC de 2015, quando ainda tramitava no Senado Federal como Projeto de Lei (PL n° 166/2010), em sua versão original[272] chegou a estabelecer

---

[271] O advento da tutela antecipada no ordenamento processual brasileiro se deu através da reforma processual implementada pela Lei n° 8.952/1994, a qual altera dispositivos do Código de Processo Civil sobre o processo de conhecimento e o processo cautelar.

[272] Na versão original do PL 166/2010 todos os recursos, inclusive a apelação, não terão efeito suspensivo *ope legis*. Somente por obra do relator, ou seja, *ope iudicis*, e desde que demonstrada a probabilidade de provimento do recurso, ou, sendo relevante a fundamentação, houver risco de dano grave ou difícil reparação, é que se poderá suspender a eficácia da decisão, da sentença ou do acórdão. O pedido de efeito suspensivo será dirigido ao tribunal competente para julgar o recurso, em petição autônoma, que terá prioridade na distribuição e tornará prevento o relator. Estabelece-se, contudo, que quando se tratar de pedido de efeito suspensivo a recurso de apelação, o protocolo da petição impede a eficácia da sentença até que seja apreciado pelo relator (art. 949). Ver em: BRASIL. Congresso Nacional. Senado Federal. *PLS n° 166, de 8 de junho de 2010*. Dispõe sobre a Reforma do Código de Processo Civil. Brasília, DF: Congresso Nacional, 2010. Disponível em: <http://www.camara.gov.br/>. Acesso em: 01 abr. 2013.

como regra geral a eficácia imediata da sentença, a qual, entretanto, não foi levada adiante, tanto pelo Substitutivo[273] apresentado pela Câmara de Deputados em 17 de julho de 2013, o qual levou o número PL n° 8046-B/2010, quanto pelo texto final sancionado pela Presidente da República em 16 de março de 2015, que culminou no Código de Processo Civil de 2015, cuja vigência inicia em 16 de março de 2016.

Como se vê, o CPC de 2015, seguindo a linha adotada pelo CPC de 1973, mantém a regra da suspensão dos efeitos da sentença na hipótese de interposição de recurso de apelação, na medida em que estabelece no art. 1012, *caput*, que "a apelação terá efeito suspensivo".

Elaborado nestes termos, o CPC de 2015 mantém o problema já existente no CPC de 1973 ao omitir tratamento protetivo à sentença que tutela direito material em risco de dano ou perecimento, na medida em que não a inclui no rol taxativo das sentenças com eficácia imediata (incisos do art. 1012, § 1°, do CPC de 2015), em que pese lá merecesse estar inserida.

Em contrapartida no art. 1012, § 1°, V,[274] o CPC de 2015 estabelece que produz imediatamente efeitos, após a sua publicação, a sentença que concede tutela provisória (antecipada ou cautelar), e deste modo, resolve por via oblíqua a omissão presente no CPC de 1973, conferindo proteção efetiva aos direitos reconhecidos em sentença que necessitam de satisfação imediata. Quanto a este dispositivo legal, cumpre tecer algumas considerações imprescindíveis à sua correta compreensão e enfrentamento.

Antes de mais nada, é preciso esclarecer que esta hipótese do inciso V do § 1° do art. 1012 do CPC de 2015 nada mais é do que a técnica do provimento antecipatório no ato sentencial como instrumento de concessão da eficácia imediata *ope judicis* à sentença.

Em um primeiro momento, portanto, a eficácia em questão é de natureza *ope judicis* justamente porque decorre do poder-dever jurisdicional de conceder provimento antecipatório para possibilitar o cumprimento imediato da própria sentença, afastando o efeito suspensivo do recurso de apelação que, eventualmente, venha a ser interposto. E, em um segundo momento, a eficácia é de natureza *ope legis* justamente porque decorre do poder-dever legislativo de propiciar técnicas processuais adequadas à tutela do direito.

---

[273] No Substitutivo ao PL 8046-B/2010 foi mantido o efeito suspensivo da apelação como regra, eis que o art. 1.025, *caput*, prescreve que a apelação terá efeito suspensivo. Ver em: BRASIL. Congresso nacional. Câmara dos Deputados. *Substitutivo ao Projeto de Lei n° 8.046-B, de 17 de julho 2013*. Dispõe sobre a Reforma do Código de Processo Civil. Brasília, DF: Congresso Nacional, 2013, p. 49. Disponível em: <http://www.camara.gov.br/>. Acesso em: 01 abr. 2014.

[274] Art. 1012, § 1°. Além de outras hipóteses previstas em lei, começa a produzir efeitos imediatamente após a sua publicação a sentença que: V – confirma, concede ou revoga tutela provisória; [...]. BRASIL. *Lei n° 13.105/2015, de 16 de março de 2015. Código de Processo Civil*. Brasília, DF: Congresso Nacional, 2015. Disponível em: <http://www.planalto.gov.br/ccivil_03/_Ato2015-2018/2015/Lei/L13105.htm>. Acesso em: 17 ago. 2015).

Isso significa, em síntese, que antes de decorrer de uma determinação legal (art. 1012, § 1º, V), decorre de uma determinação jurisdicional de natureza antecipatória, podendo-se afirmar, assim, que tal hipótese se trata de uma "forma híbrida" de concessão da eficácia imediata à sentença: *ope judicis*, e por via reflexa, *ope legis*.

Deste modo, o CPC de 2015 resolve por via oblíqua a omissão presente no CPC de 1973, conferindo proteção efetiva aos direitos reconhecidos em sentença que necessitam de satisfação imediata.

Como se vê, o acerto da solução proposta neste estudo é certificado pelo CPC de 2015, na medida em que este opta por resolver o problema do custo temporal gerado pela regra do duplo efeito recursal às sentenças outorgantes de direitos que exigem satisfação imediata através da técnica de concessão da eficácia imediata *ope judicis* da sentença, ou seja, através da aplicação da técnica antecipatória na sentença para o fim de afastar o efeito suspensivo e liberar o cumprimento provisório imediato.

Esta é a solução mais adequada, legítima, proporcional e eficiente para conferir eficácia imediata por ordem judicial, e por via reflexa, por ordem legal (art. 1012, § 1º, V), apenas àquelas sentenças que realmente dela necessitam, as quais pelo simples fato de versarem sobre bens jurídicos de suma relevância, notadamente direitos consagrados na Constituição Federal como fundamentais, como o direito à vida, à saúde, a alimentos, aos direitos da personalidade e à proteção do consumidor, dentre outros mais, já pressupõem urgência na entrega da prestação da tutela jurisdicional.

Desta forma, diante do CPC de 2015 a solução para conferir eficácia imediata às sentenças que dela necessitam, mas não a possuem por força da lei, ficará nas mãos da atividade jurisdicional através da aplicação da técnica do provimento antecipatório, a qual, deste modo, acaba se tornando cada vez mais aprimorada e voltada às necessidades específicas do direito material posto em causa. Por conta disso, impõe-se depositar cada vez mais confiança e valor nos magistrados e provimentos de primeiro grau de jurisdição.

Com efeito, a solução advinda da atividade jurisdicional de primeira instância ao aplicar a técnica da eficácia imediata *ope judicis* à sentença satisfaz, a um só tempo, dois valores e direitos fundamentais do ordenamento constitucional pátrio: a efetividade e a segurança jurídica na prestação da tutela jurisdicional. Isso porque concede eficácia imediata apenas àquelas sentenças que dela necessitam, sob pena de, não o fazendo, resultarem plenamente ineficazes, e não descriteriosamente a todas as sentenças, como ocorre com a adoção da regra geral da eficácia imediata *ope legis*.

Portanto, aplicando-se o princípio da proporcionalidade como critério (*i*) de aferição da legitimidade da técnica processual proposta e (*ii*) de solução do conflito valorativo entre efetividade e segurança jurídica existente nos casos de sentença sem eficácia imediata *ope legis* que tutela direito em risco de dano ou perecimento, é possível concluir que a referida técnica, ora proposta, constitui instrumento: (*a*) *adequado* para afastar o efeito suspensivo do recurso e liberar a produção de efeitos e cumprimento provisório da sentença; (*b*) *necessário* para viabilizar a satisfação imediata dos direitos em iminente risco de dano ou perecimento, os quais de outro modo restariam lesionados ou perecidos caso aguardassem o julgamento da apelação, ou em alguns casos, o trânsito em julgado.

Além disso, a técnica processual em questão constitui instrumento *proporcional*, pois (*a*) tutela eficazmente e tempestivamente o direito que exige satisfação imediata; e (*b*) dentre as alternativas de solução existentes no sistema processual pátrio, se revela a menos prejudicial à segurança jurídica, na medida em que concede eficácia imediata apenas àquelas sentenças que realmente dela necessitam, e não descriteriosamente a todas, evitando deste modo uma potencial inversão do risco de dano às partes decorrente da provável irreversibilidade dos efeitos do provimento caso este venha a ser executado provisoriamente e posteriormente reformado, como ocorre com a adoção da regra da eficácia imediata *ope legis*.

Diante disso, ao retomar a análise dos casos paradigmáticos de sentenças afetadas pelo custo temporal da regra do duplo efeito recursal, fica fácil perceber a necessidade de conferir eficácia imediata às mesmas, sob pena de, não o fazendo, o direito por elas reconhecido resultar gravemente lesado ou, inclusive, perecer, justificando, deste modo, a leve afetação do princípio da segurança jurídica, na medida em que procedendo deste modo acaba por se antecipar uma satisfação que de regra só viria após o julgamento da apelação, ou em alguns casos, apenas após o trânsito em julgado. Eis o atendimento à lei do sopesamento material, abordada no primeiro capítulo.

Do mesmo modo, fica nítida a certeza da satisfação do valor efetividade do processo, pois o direito em risco de dano ou perecimento reconhecido em sentença resta eficazmente tutelado através da técnica de concessão de eficácia imediata *ope judicis* via provimento antecipatório, permitindo, assim, a leve afetação do valor segurança jurídica ao antecipar o cumprimento que de regra só viria após o julgamento da apelação, ou em alguns casos, apenas após o trânsito em julgado. Eis o atendimento à lei do sopesamento epistêmica, também abordada no primeiro capítulo.

Como resultado da aplicação deste método de verificação da proporcionalidade da técnica processual proposta, forçoso reconhecer que a aplicação da técnica do provimento antecipatório para conferir eficácia imediata *ope judicis* à sentença constitui escolha legítima, proporcional e em total conformidade ao modelo constitucional do processo civil, pois resguarda, a um só tempo, dois dos mais caros e imprescindíveis valores e direitos fundamentais do ordenamento constitucional pátrio: a efetividade e a segurança jurídica, atendendo, assim, o princípio da harmonização prática de valores na medida do fático e juridicamente possível.

Alguns outros pontos relevantes que envolvem a aplicação desta técnica do provimento antecipatório como instrumento de concessão da eficácia imediata *ope judicis* à sentença merecem ser aqui abordados, tais como, a ausência de violação ao princípio da congruência entre o pedido e a sentença ao se conceder tutela antecipada de ofício no ato sentencial, conforme se verá nas linhas seguintes.

2.2.3. Ausência de violação ao princípio da congruência entre o pedido e a sentença

Neste cenário jurídico-processual, surge uma questão relevante: a concessão de provimento antecipatório de ofício na sentença não implicaria em uma violação ao princípio da congruência entre o pedido e a sentença, visto que o juiz neste caso concede tutela além dos limites do pedido formulado pelo demandante?

Para analisar esta questão é preciso partir do exame do conceito do direito de ação.

Optando-se por compreender o direito de ação a partir da sua estrutura bifronte, ou seja, a partir da necessária conjugação do pedido imediato (espécie de provimento jurisdicional pretendido: declaratório, constitutivo, condenatório, executivo *lato sensu* ou mandamental) e mediato (bem da vida pretendido), sem dúvida alguma a concessão de provimento antecipatório *ex officio* na sentença violaria o princípio da congruência que deve existir entre esta e o pedido, uma vez que o juiz estaria antecipando a tutela sem ter sido postulada pela parte tal antecipação.

Compreendendo nestes termos o direito de ação, o princípio da congruência também esbarraria na disposição legal (art. 536, § 1º, do CPC 2015) que autoriza o juiz *de ofício,* determinar as *medidas necessárias* para a efetivação da tutela específica ou a *obtenção do resultado prático equivalente,* uma vez que estaria aplicando técnicas de efetivação da tutela sem terem sido postuladas pela parte.

Uma opção para resolver esta questão seria admitir que tanto o provimento antecipatório de ofício quanto as medidas necessárias para a efetivação da decisão (art. 536, § 1º, do CPC 2015),[275] constituem exceção ao princípio em comento. Contudo, como bem ressalta Guilherme Rizzo Amaral,[276] uma reflexão

---

[275] Art. 536. No cumprimento de sentença que reconheça a exigibilidade de obrigação de fazer ou de não fazer, o juiz poderá, de ofício ou a requerimento, para a efetivação da tutela específica ou a obtenção de tutela pelo resultado prático equivalente, determinar as medidas necessárias à satisfação do exequente. § 1º Para atender ao disposto no caput, o juiz poderá determinar, entre outras medidas, a imposição de multa, a busca e apreensão, a remoção de pessoas e coisas, o desfazimento de obras e o impedimento de atividade nociva, podendo, caso necessário, requisitar o auxílio de força policial. (BRASIL. *Lei nº 13.105/2015, de 16 de março de 2015. Código de Processo Civil.* Brasília, DF: Congresso Nacional, 2015. Disponível em: <http://www.planalto. gov.br/ccivil_03/_Ato2015-2018/2015/Lei/L13105.htm>. Acesso em: 04 ago. 2015.)

[276] AMARAL, Guilherme Rizzo. *Cumprimento e execução da sentença sob a ótica do formalismo-valorativo.* Porto Alegre: Livraria do Advogado, 2008, p. 136.

mais aprofundada sobre o tema conduz à conclusão de que a solução deste impasse está muito além disso, ou seja, está na necessidade de conferir enfoque ao pedido mediato, vale dizer, ao bem da vida pretendido, e não à espécie de provimento jurisdicional postulado pela parte (pedido imediato) para definir o princípio da congruência.

Seguindo a linha de raciocínio desenvolvida por Guilherme Rizzo Amaral, o princípio da congruência deve ser compreendido como a correspondência que deve existir entre a sentença e o pedido mediato, ou seja, entre a sentença e o bem da vida que o jurisdicionado almeja obter ou ver protegido, e não entre aquela e o pedido imediato, isto é, a espécie de provimento jurisdicional ou espécie de tutela postulada pela parte. Assim, ao decidir, o juiz está vinculado apenas ao bem da vida que se busca proteger, mas não à técnica específica de tutela pleiteada pelo jurisdicionado.[277]

Portanto, se compreendido o princípio da congruência como a necessária correspondência que deve existir entre a sentença e o pedido mediato, a concessão de provimento antecipatório *ex officio* no ato sentencial não implica de forma alguma em violação a tal princípio, pois neste caso o juiz estará empregando técnica processual adequada, tempestiva e eficaz para a tutela jurisdicional do bem da vida pretendido, o qual muitas vezes, por sua própria natureza fundamental, exige tamanha urgência na prestação da tutela que sequer pode aguardar o prazo de interposição do recurso, quem dirá o seu julgamento, para ser satisfeito e entregue ao seu titular. É o que ocorre, por exemplo, nas hipóteses de pedido de concessão de custeamento de medicamento ou tratamento de quimioterapia, dos quais dependem a saúde e a vida do jurisdicionado.

2.2.4. Necessidade de valorização do magistrado e do provimento de primeiro grau de jurisdição

A solução ora proposta de aplicar o provimento antecipatório *ex officio* na sentença com o objetivo de viabilizar a sua eficácia imediata *ope judicis* tem por objetivo demonstrar a necessidade cada vez maior de se valorizar e prestigiar o magistrado e o provimento de primeiro grau de jurisdição, tendo em vista o contato epidérmico e direto deste com o conjunto fático e probatório dos autos e, sobretudo, a suficiente e profunda atividade cognitiva exercida sobre a matéria posta em juízo.

Tais circunstâncias conferem ao magistrado maiores condições de se aproximar da verdade dos fatos e da real necessidade de tutela do direito material do que aquela oportunizada ao mesmo no limiar do processo, ou então, em sede de instância recursal.

---

[277] Idem, p. 136-137.

Seguindo esta linha de raciocínio, há que se reconhecer que na sentença de procedência a conjugação dos elementos certeza do direito e urgência na entrega do bem da vida constituem fundamento suficiente a legitimar e autorizar a produção imediata de seus efeitos, e assim, o seu cumprimento e execução imediata.

Neste sentido é o entendimento de Luiz Rodrigues e Teresa Arruda Alvim Wambier. Segundo os processualistas, não faria sentido algum permitir ao juiz antecipar os efeitos da tutela com base em cognição sumária e na verificação de perigo na demora ao conceder a liminar antecipatória, e não permitir que o juiz execute da mesma forma na sentença quando tiver plena convicção de que o autor possui o direito que alega ter com base em cognição exauriente e na convicção de que efetivamente há perigo de perecimento do direito.[278]

A jurisprudência já vem se manifestando neste sentido de valorizar o trabalho apresentado pelos magistrados de primeiro grau de jurisdição, como se vê do trecho abaixo colacionado extraído de recente julgado:

> [...] Por fim, a função constitucional da segunda instância é de revisão e não de criação, de tal modo que se impõe a valorização do trabalho apresentado pelos magistrados de primeiro grau. Ora, quando é de ser mantida a decisão *a quo*, por seus próprios fundamentos, qual a razão de dizer-se novamente, por outras palavras ou por expressões semelhantes, o mesmo que já foi anteriormente dito?[279]

Importante referir, neste particular, que felizmente há uma crescente conscientização na comunidade jurídica em geral, e na comunidade acadêmica em particular, da necessidade de valorização da magistratura do primeiro grau de jurisdição. Tal tendência pode ser verificada na prática através de medidas concretas que o Conselho Nacional de Justiça vem discutindo e adotando com o objetivo de proporcionar aos magistrados de primeiro grau a realização do seu ofício jurisdicional de forma escorreita e célere, como espera a sociedade. Como bem definiu o então Ministro Presidente do CNJ, Ayres Britto: "A magistratura de base é a porta de entrada do juridicante; o que há de mais importante no Judiciário".[280]

Por essas singelas, mas relevantes razões, fica difícil compreender a lógica do CPC 1973, pois, de um lado, autoriza que decisões proferidas com base em juízo de probabilidade da existência do direito, tais como os provimentos

---

[278] WAMBIER, Luis Rodrigues; WAMBIER, Teresa Arruda Alvim. *Breves comentários à 2ª fase da Reforma do Código de Processo Civil.* São Paulo: Revista dos Tribunais, 2002, p. 145.

[279] RIO GRANDE DO SUL. Tribunal de Justiça. 6ª Câmara Cível. Apelação Cível nº 70046486528. *Diário da Justiça,* 27 jun. 2013. Disponível em: <http://www.tjrs.jus.br/>. Acesso em: 30 dez. 2014. Neste sentido ver também: BRASIL. Tribunal Regional Federal da 4ª Região. 3ª Turma. Agravo de Instrumento nº 5009889-21.2012.404.0000. Relator: Desembargador Nicolau Konkel Júnior. *Diário da Justiça da União,* 23 ago. 2012. Disponível em: <http://www2.trf4.jus.br/trf4/>. Acesso em: 07 abr. 2013.

[280] Ver reportagem na íntegra em: BANDEIRA, Regina. "Ayres Britto: 1ª instância é o que há de mais importante no Judiciário". *Agência CNJ de Notícias. Notícias,* Brasília, 24 fev. 2013. Conselho Nacional de Justiça. Disponível em: <http://www.cnj.jus.br/noticias/cnj/19544:ayres-britto-1-instancia-e-que-ha-de-mais-importante-no-judiciario>. Acesso em: 18 jun. 2014.

antecipatórios proferidos no limiar do processo, surtam imediatamente os seus efeitos e sejam imediatamente cumpridos, mas, por outro, obsta que o mesmo se proceda relativamente às sentenças procedentes prolatadas com base em juízo de certeza e liquidez do direito em iminente risco de dano ou perecimento.

Oportunamente, o CPC de 2015 conserta tal incongruência do CPC de 1973 ao estabelecer no art. 1012, § 1º, V, uma "forma híbrida" de concessão da eficácia imediata à sentença: *ope judicis*, e por via reflexa, *ope legis*, prescrevendo que: "Além de outras hipóteses previstas em lei, *começa a produzir efeitos imediatamente* após a sua publicação a *sentença* que confirma, *concede* ou revoga *tutela provisória*".

Esta hipótese do inciso V do § 1º do art. 1012, como já referido na seção anterior, corresponde à técnica do provimento antecipatório no ato sentencial como instrumento de concessão da eficácia imediata *ope judicis* à sentença. Em um primeiro momento, portanto, a eficácia em questão é de natureza *ope judicis* justamente porque decorre do poder-dever jurisdicional de conceder provimento antecipatório para possibilitar o cumprimento imediato da própria sentença, afastando o efeito suspensivo do recurso de apelação que, eventualmente, venha a ser interposto. E, em um segundo momento, a eficácia é de natureza *ope legis* justamente porque decorre do poder-dever legislativo de propiciar técnicas adequadas à tutela do direito.

Isso significa, em síntese, que antes de decorrer de uma determinação legal (art. 1012, § 1º, V), decorre de uma determinação jurisdicional de natureza antecipatória. Deste modo, não há como negar que o CPC 2015 resolve por via oblíqua a omissão presente no CPC 1973, conferindo proteção efetiva aos direitos reconhecidos em sentença que necessitam de satisfação imediata.

2.3. O PROVIMENTO ANTECIPATÓRIO EM GRAU RECURSAL E A EFICÁCIA IMEDIATA *OPE JUDICIS* DA DECISÃO JUDICIAL: FUNDAMENTOS LEGAIS E JURISPRUDENCIAIS

A respeito do tema em estudo, é preciso ainda considerar que as hipóteses de concessão de provimento antecipatório para conferir eficácia imediata *ope judicis* à decisão não se restringem apenas à fase sentencial, pois é perfeitamente possível que a necessidade de concessão deste provimento surja apenas após a prolação da sentença, fazendo-se necessário concedê-lo em fase recursal. E isso se deve ao fato do risco ser inerente a qualquer estágio do processo.

Conforme já referido em seção anterior, quando a necessidade de concessão deste provimento surge antes da prolação da sentença, poderá a parte deduzir pedido antecipatório na própria inicial, após a apresentação da contestação, ou ainda, após a instrução do processo, em sede de memoriais ou em sede de debates orais em audiência. Na primeira hipótese, o juiz poderá deferir o provimento antecipatório liminarmente ou após justificação prévia, e nas demais hipóteses, em decisão interlocutória ou na própria sentença, afastando o efeito suspensivo e liberando o cumprimento provisório, em caso de deferimento.

Por outro lado, quando a necessidade de concessão de provimento antecipatório surge apenas após a prolação da sentença, poderá a parte deduzir pedido antecipatório em sede recursal.

Para o estudo da antecipação de tutela recursal é pressuposto básico ter bem claro que, não obstante seja sensivelmente mais frequente a hipótese de antecipação de tutela postulada no início do processo ou ao longo de sua instrução, nada impede que situações de risco surjam em qualquer fase processual, inclusive, em sede recursal, o que justifica e fundamenta a possibilidade de antecipação de tutela em qualquer tempo e grau de jurisdição, desde que presentes os seus requisitos autorizadores. E isso se deve ao fato do risco ser inerente a qualquer estágio do processo.[281]

Neste contexto, surge a possibilidade e a necessidade do provimento antecipatório ser concedido (de ofício ou a requerimento) em grau recursal para o fim de conferir eficácia imediata *ope judicis* à decisão. Tal hipótese, conforme demonstrar-se-á a seguir, é verificada nos casos concretos em que o risco de dano ou perecimento do direito se configura apenas após a prolação da sentença, ou então nos casos em que postulada a antecipação de tutela esta é indeferida em sede de sentença por não restarem configurados os seus requisitos autorizadores: a probabilidade (que na sentença é certeza) da existência do direito afirmado e o perigo de dano irreparável ao mesmo pela demora na entrega da tutela jurisdicional.

A seção seguinte se destina justamente ao estudo do provimento antecipatório concedido em grau recursal como técnica processual de viabilização da eficácia imediata *ope judicis* à decisão que tutela direito em risco de dano ou perecimento.

2.3.1. Agravo de instrumento com pedido liminar de antecipação de tutela recursal

Para visualizar e compreender o âmbito de aplicação do provimento antecipatório em grau recursal, basta imaginar uma situação concreta em que a antecipação de tutela não tenha sido deferida no curso do processo porque naquele determinado momento processual o julgador não havia se convencido suficientemente da probabilidade da existência do direito material posto em

---

[281] MELLO, Rogério Licastro Torres de. Tutelas de urgência em grau recursal. In: CIANCI, Mirna et al. (Coord.). *Temas atuais das tutelas diferenciadas:* estudos em homenagem ao Professor Donaldo Armelin. São Paulo: Saraiva, 2009, p. 765-767.

juízo e, principalmente, do risco de dano irreparável ou de perecimento deste. Contudo, na sentença obtém-se tal certeza, a qual é refletida no juízo de procedência do pedido, entretanto, o risco de dano se configura apenas após a sua prolação e a interposição do recurso de apelação pela parte sucumbente. Ato contínuo, o relator obtém tal convencimento através (*i*) do juízo de certeza da existência do direito material afirmado e (*ii*) do risco de lesão ou perecimento do mesmo caso não fosse urgentemente tutelado.

Esta sentença de procedência, como se vê, não pode surtir de imediato seus efeitos e ser imediatamente cumprida por não se enquadrar em nenhuma das hipóteses de sentenças tipificadas pela lei com eficácia imediata (art. 1012, § 1º, CPC 2015). Ocorre que o demandante sequer pode aguardar a interposição do recurso cabível para receber o tratamento cirúrgico e ter a sua saúde e vida eficazmente resguardadas. A questão que surge neste cenário é: como viabilizar a eficácia e exequibilidade imediata desta sentença frente à regra obstacularizadora do duplo efeito recursal.

Neste contexto jurídico-processual problemático, o provimento antecipatório concedido liminarmente em sede de agravo de instrumento, interposto da decisão interlocutória do juiz de primeiro grau que recebe a apelação no duplo efeito recursal, nada mais é do que uma técnica processual utilizada pelo relator para viabilizar a eficácia imediata *ope judicis* da decisão sempre que o ato sentencial em jogo não se enquadrar em nenhuma das sentenças com eficácia imediata por força da lei (art. 520 do CPC de 1973 e art. 1012, § 1º, CPC 2015) e demandar cumprimento imediato.

A antecipação de tutela recursal em comento decorre de previsão legal expressa (arts. 932, II,[282] 1019, I,[283] e 1012, § 4º,[284] do CPC 2015), segundo a qual o relator, tão logo receber o recurso, poderá lhe conceder a título de antecipação de tutela, total ou parcialmente, a pretensão recursal.

A esse respeito, importante referir que a consolidação da disciplina da antecipação da tutela recursal iniciou no sistema processual brasileiro com a Lei nº 10.352/2001 que alterou a redação original do art. 527, III, do CPC de 1973,

---

[282] Art. 932. Incumbe ao relator: II – apreciar o pedido de tutela provisória nos recursos e nos processos de competência originária do tribunal; [...] (*BRASIL. Lei nº 13.105/2015, de 16 de março de 2015. Código de Processo Civil.* Brasília, DF: Congresso Nacional, 2015. Disponível em: <http://www.planalto.gov.br/ccivil_03/_Ato2015-2018/2015/Lei/L13105.htm>. Acesso em: 23 jun. 2015.).

[283] Art. 1.019. Recebido o agravo de instrumento no tribunal e distribuído imediatamente, se não for o caso de aplicação do art. 932, incisos III e IV, o relator, no prazo de 5 (cinco) dias: I – poderá atribuir efeito suspensivo ao recurso ou deferir, em antecipação de tutela, total ou parcialmente, a pretensão recursal, comunicando ao juiz sua decisão; [...]. (*BRASIL. Lei nº 13.105/2015, de 16 de março de 2015. Código de Processo Civil.* Brasília, DF: Congresso Nacional, 2015. Disponível em: <http://www.planalto.gov.br/ccivil_03/_Ato2015-2018/2015/Lei/L13105.htm>. Acesso em: 23 jun. 2015.).

[284] Art. 1.012. A apelação terá efeito suspensivo. § 4º Nas hipóteses do § 1º, a eficácia da sentença poderá ser suspensa pelo relator se o apelante demonstrar a probabilidade de provimento do recurso ou se, sendo relevante a fundamentação, houver risco de dano grave ou de difícil reparação. (*BRASIL. Lei nº 13.105/2015, de 16 de março de 2015. Código de Processo Civil.* Brasília, DF: Congresso Nacional, 2015. Disponível em: <http://www.planalto.gov.br/ccivil_03/_Ato2015-2018/2015/Lei/L13105.htm>. Acesso em: 23 jun. 2015.).

com o objetivo de substituir o efeito ativo do recurso, até então empregado na prática forense como resultado de uma construção estritamente pretoriana,[285] pela técnica antecipatória recursal propriamente dita, como resultado de uma construção legislativa expressa.

Neste contexto, buscou o legislador, com a alteração introduzida no art. 527, III, do CPC de 1973, corrigir a contradição[286] que vinha sendo praticada pela jurisprudência ao utilizar a nomenclatura "efeito suspensivo ativo" ou "efeito ativo" para designar a tutela antecipada recursal, uma vez que a concessão de tutela antecipada recursal no caso de recurso interposto contra decisão de indeferimento não suspende efeito algum, pois não há como suspender algo que não foi deferido, não podendo, portanto, se falar em efeito "suspensivo ativo". E para se chegar a esta conclusão basta ponderar que não há como suspender e, ao mesmo tempo, conceder determinada providência.

Não bastasse a expressa previsão do instituto da tutela antecipada recursal na legislação processual e o seu reconhecimento pela doutrina,[287] a admissibilidade de pedido antecipatório em grau recursal resta consubstanciada nos próprios julgados do STJ, dos quais se extrai que a tutela antecipada pode ser concedida a qualquer momento, consoante previsão legal do próprio art. 273 do CPC de 1973 (correspondente ao arts. 294 e seguintes do CPC 2015), inclusive, antes da prova e da decisão final favorável à pretensão do requerente. Se assim é admitido no limiar do processo, não há motivo para inadmitir seu deferimento posteriormente à instrução e à sentença procedente, em grau recursal.[288]

Neste sentido é o entendimento de Luiz Rodrigues e Teresa Arruda Alvim Wambier.[289] Segundo os processualistas, não faria sentido algum permitir ao juiz antecipar os efeitos da tutela com base em cognição sumária e na verificação de perigo na demora ao conceder a liminar antecipatória, e não permitir que o juiz execute da mesma forma na sentença ou em grau recursal quando

---

[285] Para demonstrar como o efeito suspensivo ativo era aplicado pela jurisprudência antes da positivação da tutela antecipada recursal do art. 527, III, CPC, *vide* a seguinte ementa: BRASIL. Tribunal Regional Federal 2ª Região. Agravo de Instrumento n° 200102010099906/RJ, Rio de Janeiro, RJ, 24 de abril de 2001. *Diário da Justiça,* 21 ago. 2001. Disponível em: <http://portal.trf2.jus.br/>. Acesso em: 02 nov. 2014.

[286] Neste mesmo sentido sobre o ´efeito suspensivo ativo´ dos recursos, Sérgio Gilberto Porto afirma que: "Não demorou a ser constatada a contradição dos termos utilizados. Como se poderia suspender e, ao mesmo tempo, ativar uma decisão? [...] Atualmente, o ordenamento admite a antecipação de tutela recursal" Ver em: PORTO, Sérgio Gilberto; USTÁRROZ, Daniel. *Manual dos recursos cíveis.* 4. ed. rev. e ampl. Porto Alegre: Livraria do Advogado, 2013, p. 81.

[287] Ver por todos: PORTO, Sérgio Gilberto; USTÁRROZ, Daniel. *Manual dos recursos cíveis.* 4. ed. rev. e ampl. Porto Alegre: Livraria do Advogado, 2013, p. 82; BUENO, Cássio Scarpinella. *Curso sistematizado de direito processual civil:* recursos, processos e incidentes nos tribunais, sucedâneos recursais: técnicas de controle das decisões jurisdicionais. 2. ed. rev. atual. e ampl. São Paulo: Saraiva, 2010, v. V, p. 126.

[288] BRASIL. Superior Tribunal de Justiça. Recurso Especial n° 279.251. Brasília, DF, 15 de fevereiro de 2001. *Diário da Justiça,* 30 abr. 2001. Disponível em: <http://www.stj.jus.br/>. Acesso em: 06 jun. 2014.

[289] WAMBIER, Luis Rodrigues; WAMBIER, Teresa Arruda Alvim. *Breves comentários à 2ª fase da Reforma do Código de Processo Civil.* São Paulo: Revista dos Tribunais, 2002, p. 145.

tiver plena convicção de que o autor possui o direito que alega ter com base em cognição exauriente e na convicção de que efetivamente há perigo de perecimento do direito.

Estabelecidos os fundamentos legais e jurisprudenciais que justificam a existência do instituto da antecipação de tutela recursal no sistema processual pátrio, é importante esclarecer que os requisitos para a sua concessão em nada diferem dos que são exigidos para a antecipação concedida em primeiro grau de jurisdição, a saber: probabilidade de existência do direito e urgência ou evidência do mesmo (arts. 294,[290] 300[291] e 309[292] do CPC 2015), com a ressalva de que em grau recursal já há juízo de certeza da existência do direito, e não mais de mera probabilidade, pois a decisão monocrática ou colegiada proferida em jurisdição recursal é proferida com base em cognição plena e exauriente da lide.

Neste sentido de aplicar os requisitos da antecipação de tutela na sistemática específica da tutela antecipada recursal é o entendimento jurisprudencial, como se vê do elucidativo trecho extraído do acórdão proferido no julgamento do Agravo de Instrumento nº 2007.04.00.001691-9:

> Para a concessão da antecipação da tutela recursal é necessária a presença concomitante dos seguintes requisitos: a possibilidade da ocorrência de dano irreparável ou de difícil reparação e a verossimilhança das alegações recursais. A análise da verossimilhança das alegações, tratando-se de agravo de instrumento dirigido contra decisão que apreciou medida liminar em mandado de segurança, deve verificar ainda a existência de direito líquido e certo da parte impetrante, não sendo possível, na via processual escolhida, a produção fático-probatória.[293]

Pois bem, evidenciada a presença dos requisitos autorizadores da antecipação de tutela na situação específica do agravo de instrumento com pedido

---

[290] Art. 294. A tutela provisória pode fundamentar-se em urgência ou evidência. (BRASIL. *Lei nº 13.105/2015, de 16 de março de 2015. Código de Processo Civil.* Brasília, DF: Congresso Nacional, 2015. Disponível em: <http://www.planalto.gov.br/ccivil_03/_Ato2015-2018/2015/Lei/L13105.htm>. Acesso em: 23 jun. 2015.).

[291] Art. 300. A tutela de urgência será concedida quando houver elementos que evidenciem a probabilidade do direito e o perigo de dano ou o risco ao resultado útil do processo. (BRASIL. *Lei nº 13.105/2015, de 16 de março de 2015. Código de Processo Civil.* Brasília, DF: Congresso Nacional, 2015. Disponível em: <http://www.planalto.gov.br/ccivil_03/_Ato2015-2018/2015/Lei/L13105.htm>. Acesso em: 23 jun. 2015.).

[292] Art. 311. A tutela da evidência será concedida, independentemente da demonstração de perigo de dano ou de risco ao resultado útil do processo, quando: I – ficar caracterizado o abuso do direito de defesa ou o manifesto propósito protelatório da parte; II – as alegações de fato puderem ser comprovadas apenas documentalmente e houver tese firmada em julgamento de casos repetitivos ou em súmula vinculante; III – se tratar de pedido reipersecutório fundado em prova documental adequada do contrato de depósito, caso em que será decretada a ordem de entrega do objeto custodiado, sob cominação de multa; IV – a petição inicial for instruída com prova documental suficiente dos fatos constitutivos do direito do autor, a que o réu não oponha prova capaz de gerar dúvida razoável. (BRASIL. *Lei nº 13.105/2015, de 16 de março de 2015. Código de Processo Civil.* Brasília, DF: Congresso Nacional, 2015. Disponível em: <http://www.planalto.gov.br/ccivil_03/_Ato2015-2018/2015/Lei/L13105.htm>. Acesso em: 23 jun. 2015.).

[293] BRASIL. Tribunal Regional Federal 4ª Região. Agravo de Instrumento nº 2007.04.00.001691-9/SC. Porto Alegre, RS, 17 de janeiro de 2007. *Diário da Justiça*, 25 jan. 2007. Disponível em: <http://www2.trf4.jus.br/>. Acesso em: 02 dez. 2014.

antecipatório liminar para conferir eficácia imediata *ope judicis* à sentença que tutela direito em risco de dano ou perecimento, forçoso reconhecer que no ato sentencial de procedência em questão a conjugação dos elementos: (*i*) certeza do direito e (*ii*) urgência na entrega do bem da vida constituem fundamento suficiente a legitimar e autorizar a antecipação de tutela recursal postulada e, por conseguinte, a produção de efeitos e cumprimento imediato da sentença.

Exatamente neste sentido Luiz Fux ensina que:

> Não há a menor dúvida de que a exaustão processual cognitiva a que se submetem as partes antes da chegada do recurso aos tribunais superiores revela em elemento positivo, que é a apuração da juridicidade do que se está discutindo. Ademais, pela eminência, experiência e cultura de seus membros integrantes, não há órgão julgador mais adequado à verificação do direito escorreito, procedente, do que as Cortes Maiores. E este é o pressuposto inafastável da antecipação de tutela. Destarte, mister ainda assentar que afrontaria a lógica jurídica, elemento inafastável da hermenêutica, admitir ao juiz de primeiro grau antecipar a tutela e vetá-la aos mais eminentes tribunais superiores do país.[294]

O que se conclui, portanto, perante a sistemática de processamento e julgamento da apelação do CPC de 1973 é que, nos casos concretos em que o risco ao direito se configurar após a prolação da sentença e o juiz de primeiro grau receber a apelação no duplo efeito recursal, a solução está na concessão de provimento antecipatório liminar em sede de agravo de instrumento como técnica viabilizadora da eficácia imediata *ope judicis* da sentença.

Todavia, esta solução não se aplica perante a nova sistemática de processamento e julgamento da apelação do CPC de 2015, pois este retira do juiz de primeiro grau de jurisdição a competência para exercer o juízo de admissibilidade da apelação e declarar os efeitos que a recebe, ao prescrever no art. 1010, § 3º, que: "após as formalidades previstas nos §§ 1º e 2º,[295] os autos serão remetidos ao tribunal pelo juiz, independentemente de juízo de admissibilidade". Em outras palavras, a competência para exercer o juízo de admissibilidade da apelação será exclusiva do tribunal competente para julgá-la.

Consequência desta previsão legal inovadora é que deixa de existir no diploma processual de 2015 a hipótese de cabimento de agravo de instrumento da decisão do juiz de primeiro grau de jurisdição que declara os efeitos em que recebe a apelação e, por conseguinte, deixa de existir a possibilidade de concessão de provimento antecipatório liminar em sede de agravo de instrumento como técnica viabilizadora da eficácia imediata *ope judicis* da sentença nos casos

---

[294] FUX, Luiz. A tutela antecipada nos tribunais superiores. In: FERES, Marcelo Andrade; CARVALHO, Paulo Gustavo M. (Coord.). *Processos nos tribunais superiores:* de acordo com a Emenda Constitucional n. 45/2004. Belo Horizonte: Saraiva, 2006, p. 223-229.

[295] Art. 1.010. [...] § 3º Após as formalidades previstas nos §§ 1º e 2º, os autos serão remetidos ao tribunal pelo juiz, independentemente de juízo de admissibilidade. (BRASIL. *Lei nº 13.105/2015, de 16 de março de 2015. Código de Processo Civil.* Brasília, DF: Congresso Nacional, 2015. Disponível em: <http://www.planalto.gov.br/ccivil_03/_Ato2015-2018/2015/Lei/L13105.htm>. Acesso em: 23 jun. 2015.).

A EFICÁCIA IMEDIATA DA SENTENÇA NO CPC DE 2015

concretos em que o risco ao direito se configurar após a prolação da sentença e o juiz de primeiro grau receber a apelação no duplo efeito recursal.

No Código de Processo Civil brasileiro de 2015, portanto, o juiz de primeira instância exaure a sua jurisdição no momento em que profere a sentença.

Assim, nos casos concretos em que o risco de dano ao direito se configurar após a prolação da sentença, a exemplo do que já se procede na prática forense para retirar o efeito suspensivo dos recursos especial e extraordinário e liberar o cumprimento provisório,[296] restará ao titular do direito em risco de dano ou perecimento, reconhecido em sentença, promover medida cautelar incidental (*i*) perante o tribunal, no período compreendido entre a interposição da apelação e sua distribuição, ficando o relator designado para seu exame prevento para julgá-la, ou então, (*ii*) perante o relator se já distribuída a apelação.

2.3.2. Medida cautelar incidental com pedido liminar no tribunal

Seguindo a linha de raciocínio desenvolvida na seção anterior, é importante observar que, por previsão legal expressa dos arts. 995, *caput*,[297] e 1029, § 5º,[298] do CPC 2015, os recursos especial e extraordinário não impedem o cumprimento provisório da sentença. Por essa razão, o problema do custo temporal gerado pela regra do duplo efeito recursal aos direitos que exigem satisfação imediata, em princípio, se restringe apenas ao âmbito do recurso de apelação, que por força do art. 1012, *caput* (CPC 2015), é recebido, de regra, nos efeitos devolutivo e suspensivo.

Contudo, é perfeitamente possível, por força do disposto no art. 995, parágrafo único, do CPC[299] 2015, que ao serem recebidos no tribunal local, ou posteriormente no tribunal competente para julgá-los, seja determinada a atribuição de efeito suspensivo aos mesmos.

Nesta situação específica, restará ao titular do direito em risco de dano ou perecimento, reconhecido em sentença ou acórdão, promover medida cautelar

---

[296] BRASIL. Supremo Tribunal Federal. Medida Cautelar na Petição nº 3.598/RJ. Brasília, DF, 03 de fevereiro de 2006. *Diário da Justiça,* 10 fev. 2006. Disponível em: <http://www.stf.jus.br/>. Acesso em: 15 dez. 2014.

[297] Art. 995. Os recursos não impedem a eficácia da decisão, salvo disposição legal ou decisão judicial em sentido diverso. (BRASIL. *Lei nº 13.105/2015, de 16 de março de 2015. Código de Processo Civil.* Brasília, DF: Congresso Nacional, 2015. Disponível em: <http://www.planalto.gov.br/ccivil_03/_Ato2015-2018/2015/Lei/L13105.htm>. Acesso em: 23 jun. 2015.).

[298] Art. 1029. § 5º. O pedido de concessão de efeito suspensivo a recurso extraordinário ou a recurso especial poderá ser formulado por requerimento dirigido: [...].(BRASIL. *Lei nº 13.105/2015, de 16 de março de 2015. Código de Processo Civil.* Brasília, DF: Congresso Nacional, 2015. Disponível em: <http://www.planalto.gov.br/ccivil_03/_Ato2015-2018/2015/Lei/L13105.htm>. Acesso em: 23 jun. 2015.).

[299] Art. 995. Parágrafo único. A eficácia da decisão recorrida poderá ser suspensa por decisão do relator, se da imediata produção de seus efeitos houver risco de dano grave, de difícil ou impossível reparação, e ficar demonstrada a probabilidade de provimento do recurso. (BRASIL. *Lei nº 13.105/2015, de 16 de março de 2015. Código de Processo Civil.* Brasília, DF: Congresso Nacional, 2015. Disponível em: <http://www.planalto.gov.br/ccivil_03/_Ato2015-2018/2015/Lei/L13105.htm>. Acesso em: 23 jun. 2015.).

incidental com pedido liminar a fim de afastar o efeito suspensivo do recurso, e assim, conceder eficácia imediata *ope judicis* à decisão judicial que tutela direito que exige satisfação imediata.

A esse respeito, cumpre consignar que perante o CPC de 2015 permanece a sistemática do duplo juízo de admissibilidade do recurso especial e extraordinário, exercido inicialmente pelos tribunais locais e posteriormente, pelos respectivos tribunais superiores competentes para julgá-los, conforme disposto no art. 1.030, V,[300] da Lei nº 13.256/2016, que altera o CPC de 2015 para disciplinar o processo e o julgamento do recurso extraordinário e do recurso especial.

No que concerne à competência para o exercício deste poder-dever de cautela consistente no afastamento do efeito suspensivo do recurso mediante medida cautelar incidental, conforme ensina Cássio Scarpinella Bueno,[301] enquanto os autos não tiverem sido remetidos ao STJ ou STF para o julgamento do recurso especial ou extraordinário, deve ser permitido ao interessado documentar suficientemente a causa e a necessidade de afastamento do efeito suspensivo sob pena de risco de dano ou perecimento do direito reconhecido em sentença, dando ensejo à formação de novos autos que, por sua vez, farão às vezes de uma "ação", ou "medida" ou "processo" cautelar, a ser distribuída no próprio tribunal local prolator da decisão que atribuiu efeito suspensivo ao recurso, ou então, diretamente no STJ ou STF quando os autos já tiverem sido remetidos aos mesmos, fazendo incidir, portanto, o disposto nos arts. 294[302] e 297[303] do CPC 2015. No entanto, tal matéria não é pacífica.

Neste particular, o art. 800, parágrafo único, do CPC de 1973 determina simplesmente que uma vez interposto recurso, a medida cautelar será requerida diretamente no tribunal, deixando em aberto se este seria o *a quo* ou o *ad quem*. A insuficiência da redação deste dispositivo gerou inúmeros debates doutri-

---

[300] Art. 1.030. Recebida a petição do recurso pela secretaria do tribunal, o recorrido será intimado para apresentar contrarrazões no prazo de 15 (quinze) dias, findo o qual os autos serão conclusos ao presidente ou ao vice-presidente do tribunal recorrido, que deverá: [...] V – realizar o juízo de admissibilidade e, se positivo, remeter o feito ao Supremo Tribunal Federal ou ao Superior Tribunal de Justiça, desde que: [...]. BRASIL. *Lei nº 13.256/2016, de 04 de fevereiro de 2016*. Altera a Lei nº 13.105, de 16 de março de 2015 (Código de Processo Civil), para disciplinar o processo e o julgamento do recurso extraordinário e do recurso especial, e dá outras providências. Brasília, DF: Congresso Nacional, 2016. Disponível em: <http://www.planalto.gov.br/ccivil_03/_Ato2015-2018/2016/Lei/L13256.htm>. Acesso em: 06 fev. 2016.).

[301] BUENO, Cássio Scarpinella. *Curso sistematizado de direito processual civil*: recursos, processos e incidentes nos tribunais, sucedâneos recursais: técnicas de controle das decisões jurisdicionais. 2. ed. rev. atual. e ampl. São Paulo: Saraiva, 2010, v. V, p. 126-127 e 129.

[302] Art. 294. A tutela provisória pode fundamentar-se em urgência ou evidência. (BRASIL. *Lei nº 13.105/2015, de 16 de março de 2015. Código de Processo Civil*. Brasília, DF: Congresso Nacional, 2015. Disponível em: <http://www.planalto.gov.br/ccivil_03/_Ato2015-2018/2015/Lei/L13105.htm>. Acesso em: 23 jun. 2015.).

[303] Art. 297. O juiz poderá determinar as medidas que considerar adequadas para efetivação da tutela provisória. (BRASIL. *Lei nº 13.105/2015, de 16 de março de 2015. Código de Processo Civil*. Brasília, DF: Congresso Nacional, 2015. Disponível em: <http://www.planalto.gov.br/ccivil_03/_Ato2015-2018/2015/Lei/L13105.htm>. Acesso em: 23 jun. 2015.).

nários e jurisprudenciais, resultando na edição das Súmulas n° 634[304] e 635[305] do STF, que definiram que até a admissão do recurso a competência para a concessão da tutela cautelar é do juízo de origem, uma vez admitido o recurso, passa a ser do tribunal *ad quem*.

Oportunamente, o CPC de 2015 no seu art. 299, parágrafo único, define a questão nos seguintes termos: "Ressalvada disposição especial, na ação de competência originária de tribunal e nos recursos a tutela provisória será requerida ao órgão jurisdicional competente para apreciar o mérito". Nestes termos, define de forma explícita que a competência para processar e julgar medida de natureza provisória formulada em grau recursal é exclusiva do tribunal competente para julgar o mérito do recurso, ou seja, é exclusiva do tribunal *ad quem*.

A solução mais adequada para este impasse parece ser, na linha da jurisprudência[306] do STJ e do próprio CPC de 2015, a fixação da competência exclusiva dos tribunais superiores para processar e julgar ação cautelar promovida com o objetivo específico de reexaminar a decisão do Tribunal *a quo* que confere efeito suspensivo ao recurso especial ou extraordinário, justo porque essa medida não pode ser submetida à apreciação do órgão colegiado do Tribunal local. Ademais, não faria sentido algum promover a medida cautelar perante o próprio juízo prolator da decisão que se busca reformar.

Esta técnica processual promovida com o objetivo específico de afastar o efeito suspensivo atribuído ao recurso especial ou extraordinário, e assim, conferir eficácia imediata *ope judicis* à sentença, segundo Cássio Scarpinella Bueno[307] e a própria jurisprudência do STJ,[308] representa o dever-poder geral de cautela[309]

---

[304] *STF Súmula n° 634* – 24/09/2003 – DJ de 9/10/2003, p. 2; DJ de 10/10/2003, p. 2; DJ de 13/10/2003, p. 2. Competência – Concessão de Medida Cautelar para Dar Efeito Suspensivo a Recurso Extraordinário – Objeto de Juízo de Admissibilidade na Origem. Não compete ao Supremo Tribunal Federal conceder medida cautelar para dar efeito suspensivo a recurso extraordinário que ainda não foi objeto de juízo de admissibilidade na origem.

[305] *STF Súmula n° 635* – 24/09/2003 – DJ de 9/10/2003, p. 2; DJ de 10/10/2003, p. 2; DJ de 13/10/2003, p. 2. Competência – Decisão em Pedido de Medida Cautelar em Recurso Extraordinário Pendente do Juízo de Admissibilidade Cabe ao Presidente do Tribunal de origem decidir o pedido de medida cautelar em recurso extraordinário ainda pendente do seu juízo de admissibilidade.

[306] BRASIL. Supremo Tribunal Federal. Medida Cautelar n° MC 20854/DF. Brasília, DF, 11 de junho de 2013. *Diário da Justiça,* 19 jun. 2013. Disponível em: <http://www.stf.jus.br/>. Acesso em: 15 dez. 2014.

[307] BUENO, Cássio Scarpinella. *Curso sistematizado de direito processual civil:* recursos, processos e incidentes nos tribunais, sucedâneos recursais: técnicas de controle das decisões jurisdicionais. 2. ed. rev. atual. e ampl. São Paulo: Saraiva, 2010, v. V, p. 126.

[308] Neste sentido é o entendimento do STJ, *vide*: "As medidas cautelares, acessórias aos recursos nos tribunais superiores, servem para finalidades que estão definidas no art. 798 do Código de Processo Civil e, em especial, para evitar que o conteúdo da controvérsia jurídica se esvaia por questões fáticas" (BRASIL. Supremo Tribunal Federal. Medida Cautelar n° MC 23234/PE. Brasília, DF, 04 de novembro de 2014. *Diário da Justiça,* 14 nov. 2014. Disponível em: <http://www.stf.jus.br/>. Acesso em: 15 dez. 2014).

[309] BRASIL. Supremo Tribunal Federal. Medida Cautelar na Petição n° 3.598/RJ, Brasília, DF, 03 de fevereiro de 2006. *Diário da Justiça,* 10 fev. 2006. Disponível em: <http://www.stf.jus.br/>. Acesso em: 15 dez. 2014.

extraído do art. 798 do CPC de 1973 (correspondente ao art. 297, CPC 2015). Tal dever-poder, segundo o processualista, se analisado à luz do modelo constitucional do processo civil conduz a conclusão de que conforme as circunstâncias específicas do caso concreto cabe ao magistrado conceder efeito suspensivo aos recursos dele desprovidos, ou inversamente, afastar o efeito suspensivo daqueles que o têm, viabilizando, por consequência, o cumprimento provisório da sentença.

Importa, entretanto, destacar que a forma pela qual o pedido de afastamento do efeito suspensivo do recurso será formulado e concedido constitui questão de menor relevância frente ao modelo constitucional do processo civil contemporâneo e à necessidade determinada por este de que a tutela jurisdicional prestada seja adequada, tempestiva e efetiva.

Afirma-se isso principalmente em razão das dúvidas ainda existentes na doutrina e na jurisprudência acerca da natureza do mecanismo processual mais adequado para o exercício do dever-poder[310] de cautela: se "medida", "ação" ou "processo" cautelar, "agravo", "reclamação", ou ainda, mera "petição". A existência objetiva e comprovada de dúvida doutrinária e jurisprudencial neste tipo de situação concreta enseja a oportuna e necessária aplicação do princípio da fungibilidade aos casos concretos em análise.

Tal aplicação é, inclusive, respaldada pela própria jurisprudência do Supremo Tribunal Federal,[311] que em situação similar firmou entendimento no sentido de que é cabível qualquer uma das vias admitidas pela jurisprudência do Tribunal Supremo: "medida cautelar", "reclamação" e o "agravo", pois diante da incerteza da jurisprudência do próprio Tribunal não seria adequado prejudicar a parte com eventual não conhecimento do remédio que, dentre aqueles, se entende impróprio. Ademais, a pretensão de afastamento do efeito suspensivo do recurso especial ou extraordinário para viabilizar a eficácia imediata *ope judicis* da sentença que tutela direito em risco de dano ou perecimento se enquadra no âmbito de admissibilidade das três referidas medidas processuais, razão pela qual deve se ter as mesmas por fungíveis.

Outra questão relevante que envolve a solução ora proposta, e que será abordada na seção seguinte, é a que concerne à indagação de como o processo eletrônico pode colaborar para a efetivação desta técnica processual e para a satisfação eficaz dos direitos em risco de dano ou perecimento.

---

[310] Nomenclatura utilizada por Cássio Scarpinella Bueno, ver em: BUENO, Cássio Scarpinella. *Curso sistematizado de direito processual civil*: recursos, processos e incidentes nos tribunais, sucedâneos recursais: técnicas de controle das decisões jurisdicionais. 2. ed. rev. atual. e ampl. São Paulo: Saraiva, 2010, v. V, p. 126-127 e 129.

[311] BRASIL. Supremo Tribunal Federal. Medida Cautelar na Petição nº 3.598/RJ. Brasília, DF, 03 de fevereiro de 2006. *Diário da Justiça*, 10 fev. 2006. Disponível em: <http://www.stf.jus.br/>. Acesso em: 15 dez. 2014.

2.4. A COLABORAÇÃO DO PROCESSO ELETRÔNICO PARA A EFETIVAÇÃO DA TÉCNICA DE CONCESSÃO DA EFICÁCIA IMEDIATA *OPE JUDICIS* DA DECISÃO E PARA A SATISFAÇÃO DOS DIREITOS EM RISCO DE DANO OU PERECIMENTO

Uma vez identificado o provimento antecipatório como a técnica mais idônea e eficaz para a concessão da eficácia imediata *ope judicis* à decisão outorgante de direito que exige satisfação imediata, é importante referir, ainda que brevemente e sem qualquer pretensão de esgotar o tema, como e em que medida o processo eletrônico pode colaborar para a efetivação desta técnica processual e para a satisfação eficaz dos direitos em risco de dano ou perecimento.

Para proceder tal análise, entretanto, é preciso antes definir conceitualmente o processo eletrônico para, na sequência, apontar quais são as vantagens e desvantagens trazidas pelo mesmo à prestação da tutela jurisdicional.

Nessa senda, impende anotar que hodiernamente vigora no ordenamento jurídico pátrio a Lei nº 11.419/06 que institui a adoção do processo eletrônico ao estabelecer no seu art. 1º o uso do meio eletrônico na (*i*) tramitação dos processos judiciais, (*ii*) comunicação de atos[312] e (*iii*) transmissão de peças processuais, meio este que, segundo disposição expressa do § 1º do referido dispositivo, se aplica indistintamente aos processos civis, penais e trabalhistas, bem como aos juizados especiais.

A definição conceitual do processo eletrônico é trazida pela referida Lei 11.419/06[313] que o instituiu, a qual em seu art. 1º, § 2º, dispõe que:

§ 2º Para o disposto nesta Lei, considera-se:

I – meio eletrônico qualquer forma de armazenamento ou tráfego de documentos e arquivos digitais;

II – transmissão eletrônica toda forma de comunicação a distância com a utilização de redes de comunicação, preferencialmente a rede mundial de computadores;

III – assinatura eletrônica as seguintes formas de identificação inequívoca do signatário:

a) assinatura digital baseada em certificado digital emitido por Autoridade Certificadora credenciada, na forma de lei específica;

---

[312] Para um estudo mais aprofundado acerca do tema da comunicação dos atos processuais por meio eletrônico no novo CPC, ver: FENSTERSEIFER, Shana Serrão. Artigo 205 a 250. In: MACEDO, Elaine Harzheim. (Org.). *Comentários ao projeto de Lei n. 8.046/2010:* proposta de um Novo Código de Processo Civil. 1. ed. Porto Alegre: Edipucrs, 2012, v. 1, p. 120-148. Disponível em: <http://ebooks.pucrs.br/edipucrs/Ebooks/Pdf/978-85-397-0300-5.pdf>. Acesso em: 15 dez. 2014.

[313] BRASIL. *Lei nº. 11.419, de 19 de dezembro de 2006.* Dispõe sobre a informatização do processo judicial; altera a Lei no 5.869, de 11 de janeiro de 1973 – Código de Processo Civil; e dá outras providências. Brasília, DF: Senado Federal, 2006. Disponível em: <http://www.planalto.gov.br/ccivil_03/_ato2004-2006/2006/lei/111419.htm>. Acesso em: 20 dez. 2014.

b) mediante cadastro de usuário no Poder Judiciário, conforme disciplinado pelos órgãos respectivos.

A respeito da definição conceitual da expressão "processo eletrônico" vale consignar, ainda, a oportuna contribuição de Otávio Pinto e Silva:

[...] pode ser compreendida como a informatização do processo judicial, abrangendo tanto a substituição dos autos em papel por arquivos digitais, quanto a tramitação processual, a transmissão de peças processuais e a comunicação dos atos processuais com o uso de técnicas digitais.[314]

Indubitavelmente o processo eletrônico é uma realidade irreversível, um fenômeno que só tende a crescer e um inegável avanço para o processo judicial, avanço este que se revela especialmente através: (*i*) da substituição do papel por arquivos digitais; (*ii*) facilitação do acesso ao Judiciário, às informações e às peças processuais, (*iii*) redução de custos às partes, (*iv*) celeridade e agilidade na tramitação, (*v*) eliminação de tempos mortos decorrentes da atividade cartorária burocrática, (*vi*) eliminação de deslocamento de pessoas frente à possibilidade de realização de audiências por vídeo conferência e (*vii*) comunicação e cumprimento imediato de atos pelos mais diversos meios eletrônicos.[315]

Frente a tantas vantagens proporcionadas, o processo eletrônico é encarado como um dos remédios mais eficazes ao problema da morosidade e intempestividade que aflige o processo civil contemporâneo. Para visualizar e compreender este drástico problema que assola a prestação jurisdicional pátria basta analisar os números divulgados pelo Conselho Nacional de Justiça – CNJ, que retratam com nitidez a dramática realidade do Poder Judiciário brasileiro com um acervo invencível de demandas judiciais diante da estrutura material precária em muitas comarcas e tribunais estaduais e federais do país. *Vide* abaixo o referido relatório:

Em linhas gerais, há um crescimento da litigiosidade de forma mais acentuada que os recursos humanos e as despesas. Enquanto que, no último ano (2013), houve crescimento de 1,5% nos gastos totais, 1,8% no número de magistrados e 2% no de servidores, tramitaram cerca de 3,3% a mais de processos nesse período, sendo 1,2% a mais de casos novos e 4,2% de casos pendentes de anos anteriores. Já o total de processos baixados aumentou em apenas 0,1% em relação ao ano anterior, ou seja, o aumento na estrutura orçamentária, de pessoal e da demanda processual dos tribunais não resultou necessariamente em aumento, proporcional, da produtividade. Tramitaram aproximadamente 95,14 milhões de processos na Justiça, sendo que, dentre eles, 70%, ou seja, 66,8% milhões já estavam pendentes desde o início de 2013, com ingresso no decorrer do ano de 28,3 milhões de casos novos (30%). É preocupante constatar o progressivo e constante aumento do acervo processual, que tem crescido a cada ano, a um percentual médio de 3,4%. Some-se a isto o au-

---

[314] SILVA, Otavio Pinto. *Processo eletrônico trabalhista*. São Paulo: LTr, 2013, p. 70.

[315] CARNEIRO, Márcio Luíz da Silva; BRAGA JÚNIOR, Getúlio Nascimento. *O acesso à justiça e o processo eletrônico*. Disponível em: <http://jus.com.br/artigos/31776/o-acesso-a-justica-e-o-processo-eletronico>. Acesso em: 05 jan. 2015.

mento gradual de casos novos, e se tem como resultado que o total de processos em tramitação cresceu, em números absolutos, em quase 12 milhões em relação ao ano observado em 2009 (variação quinquênio de 13,9%). Apenas para que se tenha uma dimensão desse incremento de processos, a cifra acrescida no último quinquênio equivale a soma do acervo total existente, no início do ano de 2013, em dois dos três maiores tribunais da Justiça Estadual, quais sejam: TJRJ e TJMG.[316]

Neste particular, impende esclarecer que não se acredita que a adoção do processo eletrônico por si só seja capaz de resolver o abarrotamento do Poder Judiciário causado pelo acervo invencível de demandas judiciais e pela precária estrutura material, bem como seja ele a única condição para garantir a qualidade da prestação jurisdicional. Isso porque se entende que uma resposta jurisdicional adequada e justa não se resume em uma prestação jurisdicional célere e tempestiva, mas importa também em uma resposta segura construída com base num sólido contraditório e ampla defesa e na igualdade de tratamento às partes.

Ainda que não seja a única solução para a difícil realidade do sistema jurisdicional brasileiro, é visível e palpável os benefícios que o processo eletrônico traz para a prestação jurisdicional e, em especial, para o tempo do processo, na medida em que, além de reduzir significativamente a necessidade de utilização de papel, de custos, de espaço, elimina o chamado "tempo morto"[317] do processo, ou seja, elimina uma série de atos burocráticos que podem passar a ser automatizados e outros que se tornam totalmente desnecessários, viabilizando um sensível ganho de produtividade processual.

É preciso, porém, observar também algumas dificuldades causadas pela implantação do processo eletrônico que podem prejudicar gravemente a celeridade, tempestividade, economia, efetividade e segurança jurídica da prestação jurisdicional. Dentre estas, merece destaque especial a que diz com a diversidade de sistemas que vêm sendo adotados pelos tribunais estaduais e federais brasileiros e o fato de que não são todos os cidadãos e operadores do Direito que têm acesso e familiaridade com as novas tecnologias, o que pode gerar restrição e, quiçá, exclusão da garantia de acesso ao Poder Judiciário a determinados cidadãos, bem como equívocos e nulidades processuais e, por conseguinte, mais retardamento do que celeridade na prestação da tutela jurisdicional.

Neste particular, não obstante o Conselho Nacional de Justiça – CNJ tenha editado a Resolução 185 de 13 de dezembro de 2013, determinando que todos os tribunais adotem num prazo de 3 (três) a 5 (cinco) anos o sistema PJe, objetivando com isso a unificação do sistema adotado pelos tribunais do país,

---

[316] BRASIL. Conselho Nacional de Justiça. *Relatório da Justiça em Números 2014 (ano-base 2013) elaborado pelo CNJ*. Disponível em: <http://www.cnj.jus.br/programas-de-a-a-z/eficiencia-modernizacao-e-transparencia/pj-justica-em-numeros/relatorios>. Acesso em: 05 jan. 2015.

[317] Neste sentido, ver: REIS, Mayara Araújo dos; SANTOS, Sérgio Cabral dos. *Reflexões sobre o processo eletrônico*. Disponível em: <http://www.ambito-juridico.com.br/site/index.php?n_link=revista_artigos_leitura&artigo_id=10361>. Acesso em: 05 jan. 2015.

a realidade do Poder Judiciário brasileiro demonstra que o PJe não é e nunca foi um sistema único, aliás, o próprio CNJ não o utiliza, bem como repassa aos tribunais estaduais PJe que são diferentes daquele utilizado pela Justiça do Trabalho, que por sua vez, utiliza um para o primeiro grau e outro diferente para o segundo.[318]

De qualquer sorte, diante deste cenário jurídico-processual diferenciado e inovador instaurado pelo processo eletrônico, é inegável a colaboração que ele traz especialmente para a questão da efetivação da técnica de concessão da eficácia imediata *ope judicis* à decisão, e assim, para a satisfação imediata dos direitos em risco de dano ou perecimento.

Para visualizar melhor esta colaboração basta rememorar a seguinte situação já ilustrada ao longo deste estudo: no momento do ajuizamento da ação em que o demandante postula a cobertura de determinado tratamento cirúrgico não se vislumbra urgência na sua realização a justificar a concessão de provimento antecipatório *in limine*. Entretanto, no curso do processo, encerrada a instrução e proferida a sentença de procedência para ordenar que o demandado conceda cobertura da cirurgia, o quadro de saúde do demandante idoso e com estágio da doença bastante avançado repentinamente se agrava. Sobrevém apelação pela parte sucumbente, a qual é recebida no duplo efeito pelo relator (conforme nova sistemática de processamento e julgamento da apelação prevista no art. 1010, § 3º, do CPC 2015).

Neste cenário, para viabilizar a imediata produção de efeitos e efetivação da sentença procedente, e assim, ordenar que a operadora do plano de saúde autorize de imediato o hospital conveniado a realizar a cirurgia, a Câmara competente para julgar a apelação profere provimento antecipatório em sede de medida cautelar incidental a fim de afastar o efeito suspensivo do recurso, e assim, conceder eficácia imediata *ope judicis* à sentença que tutela direito que exige satisfação imediata.

Destarte, sob a sistemática do processo eletrônico, no caso concreto em análise ter-se-á o seguinte trâmite processual: proferida a sentença procedente é publicada de imediato no diário da justiça eletrônico e no prazo máximo de 15 (quinze) dias é protocolada eletronicamente apelação pelo réu. Imediatamente o juiz de primeiro grau intima o demandante para apresentar contrarrazões e remete os autos ao tribunal competente para julgá-la, no qual o relator a recebe no duplo efeito recursal. Publicada a decisão de recebimento no diário eletrônico, o demandante de imediato protocola eletronicamente perante a Câmara julgadora medida cautelar incidental com pedido liminar de antecipação de tutela para afastar o efeito suspensivo da apelação e liberar o cumprimento imediato da sentença, haja vista o agravamento do seu quadro de saúde.

---

[318] Sobre a unificação do sistema do processo eletrônico, ver esta matéria (BRASIL. *Conselho Nacional de Justiça*. Disponível em: <http://www.cnj.jus.br/noticias/cnj/27904-cnj-discute-unificar-versoes-do-processo-judicial-eletronico>. Acesso em 05 jan. 2015).

De imediato, a Câmara conhece da medida cautelar incidental e profere liminarmente provimento antecipatório para conferir eficácia imediata *ope judicis* à sentença, determinando que seja oficiado por e-mail o hospital conveniado ordenando que este realize imediatamente no prazo máximo de 24 (vinte e quatro) horas a cirurgia de urgência no demandante, sob pena de multa a ser aplicada contra a ré operadora do plano de saúde.

Importante observar que, em todo o trâmite processual eletrônico ilustrado acima, não há necessidade de extração de cópia dos autos para instruir a medida cautelar incidental distribuída no tribunal, bem como não há o tempo processual morto gerado pelos atos burocráticos de cartório e secretaria existente quando o processo é em papel, tal como o protocolo de peças, formação dos autos, encaminhamento destes para conclusão, necessidade de carimbo do escrivão do cartório ou chefe da secretaria, retirada dos autos em carga, procedimento moroso de expedição e cumprimento de ofício, dentre outros tantos mais que só colaboram para o retardamento, intempestividade e inefetividade da prestação jurisdicional.

Como se vê, em casos concretos como este que envolvem direito em risco de dano ou perecimento e necessitam urgentemente da concessão da eficácia imediata *ope judicis* à decisão, inegavelmente o processo eletrônico colabora muito positivamente, na medida em que imprime celeridade, tempestividade, economia e efetividade à prestação da tutela jurisdicional.

Uma vez apresentada a solução ao problema do custo temporal gerado pela regra do duplo efeito recursal aos direitos que exigem satisfação imediata, cumpre analisar, por fim, no capítulo seguinte, as técnicas de efetivação do provimento antecipatório concedido em sentença ou em grau recursal com o objetivo de viabilizar a eficácia imediata *ope judicis* da decisão que tutela direito em risco de dano irreparável ou de perecimento.

3. A efetivação do provimento antecipatório concedido em sentença ou em grau recursal

O estudo da efetivação do provimento antecipatório proposto neste capítulo parte da premissa de que o mesmo constitui técnica processual idônea a viabilizar a eficácia imediata *ope judicis* da decisão, que dela necessita por tutelar direito em risco de dano ou perecimento, mas não a possui por não estar inserida em nenhuma das categorias de sentença com eficácia imediata *ope legis*. Diante disso, um enfrentamento completo do tema exige inevitavelmente uma investigação acerca das técnicas processuais idôneas à efetivação deste provimento antecipatório, visto que, se o mesmo não for passível de realização na prática, de nada valerá para a parte que dele se beneficia.

Contudo, para adentrar na análise das técnicas de efetivação propriamente ditas é pressuposto básico partir do seguinte raciocínio: o provimento antecipatório que viabiliza a eficácia e exequibilidade imediata da decisão nada mais é do que a antecipação do cumprimento provisório da sentença, que de regra, só se daria após o julgamento da apelação, ou em alguns casos, apenas após o trânsito em julgado, quando então já definitivo. Por esta razão, o procedimento, para a sua efetivação, consistirá exatamente no procedimento de cumprimento provisório da sentença, objeto de estudo deste capítulo.

Neste sentido, inclusive, dispõe expressamente o CPC de 2015 no art. 519: "Aplicam-se as disposições relativas ao cumprimento da sentença, provisório ou definitivo, e à liquidação, no que couber, às decisões que concederem tutela provisória".

O estudo do procedimento de cumprimento provisório da sentença pretendido por este capítulo envolve a análise das técnicas de efetivação dos provimentos jurisdicionais previstas nos arts. 520, 536, 538 e 497, parágrafo único, CPC 2015, voltadas, respectivamente, para as obrigações de pagar quantia certa, fazer ou não fazer, entregar coisa certa e inibir ou remover o ilícito.

Frente a este panorama que ilustra a nítida relevância do provimento antecipatório e das técnicas de efetivação para a tutela efetiva dos direitos, em especial daqueles, que exigem satisfação imediata, se torna indispensável para os fins desta obra a análise de cada uma delas. Este é o intento do presente capítulo.

Pois bem, conforme definição conceitual apresentada no capítulo inicial, a técnica antecipatória[319] tem por desiderato viabilizar ao jurisdicionado a fruição imediata de um resultado prático concedido via provimento jurisdicional. Como bem observa Daniel Mitidiero,[320] não é por outra razão que um dos pontos mais sensíveis em matéria de provimento antecipatório e, portanto, de cumprimento provisório da sentença é se o ordenamento processual oferece técnicas processuais aptas a permitir a sua efetiva realização.

Destarte, considerando que ter um direito significa ter uma posição juridicamente tutelável, vale dizer, passível de concretização, é imprescindível para o jurisdicionado que o provimento jurisdicional, provisório ou definitivo, por ele obtido seja suscetível de efetivação. Por isso, sem a previsão de técnicas de efetivação idôneas no ordenamento processual, o provimento antecipatório não passa de uma mera declaração jurisdicional sem qualquer valor prático para a parte que dela se beneficia.

Neste contexto, o CPC de 1973 prescreve no art. 273, § 3º, que "a efetivação da tutela antecipada observará, *no que couber* e *conforme a sua nature*za, as normas previstas nos arts. 588, 461, §§ 4º e 5º, e 461-A".

Tal sistemática de efetivação é mantida na sua essência no CPC de 2015, que estabelece no art. 297, parágrafo único: "A efetivação da tutela provisória observará as normas referentes ao cumprimento provisório da sentença, *no que couber*", com o acréscimo de que: "O juiz poderá determinar as *medidas que considerar adequadas* para efetivação da tutela provisória", conforme disposto no *caput* do mesmo dispositivo legal. Ainda registra no art. 520 que: "O cumprimento provisório da sentença impugnada por recurso desprovido de efeito suspensivo será realizado da mesma forma que o cumprimento definitivo, sujeitando-se ao seguinte regime: [...]".

O art. 520[321] do CPC de 2015 disciplina o procedimento de cumprimento provisório da sentença que reconhece obrigação pecuniária, mais especifica-

---

[319] Sobre a antecipação de tutela no Projeto de novo CPC, ver: FENSTERSEIFER, Shana Serrão. Tutela de urgência e tutela da evidência no novo Código de Processo Civil: uma análise crítica à luz da Constituição Federal. *Páginas de Direito,* Porto Alegre, 13 jun. 2012. Disponível em: <http://www.tex.pro.br/tex/listagem-de-artigos/358-artigos-jun-2012/8566-tutela-de-urgencia-e-tutela-da-evidencia-no-novo-codigo-de-proces-so-civil-uma-analise-critica-a-luz-da-constituicao-federal>. Acesso em: 18 out. 2014.

[320] MITIDIERO, Daniel. *Antecipação de tutela:* da tutela cautelar à técnica antecipatória. São Paulo: Revista dos Tribunais, 2013, p. 151.

[321] Art. 520. O cumprimento provisório da sentença impugnada por recurso desprovido de efeito suspensivo será realizado da mesma forma que o cumprimento definitivo, sujeitando-se ao seguinte regime: I – corre por iniciativa e responsabilidade do exequente, que se obriga, se a sentença for reformada, a reparar os danos que o executado haja sofrido; II – fica sem efeito, sobrevindo decisão que modifique ou anule a sentença objeto da execução, restituindo-se as partes ao estado anterior e liquidando-se eventuais prejuízos nos mesmos autos; III – se a sentença objeto de cumprimento provisório for modificada ou anulada apenas em parte, somente nesta ficará sem efeito a execução; IV – o levantamento de depósito em dinheiro e a prática de atos

mente, disciplina a técnica sub-rogatória da expropriação, tipicamente empregada para a realização da tutela pecuniária.

Por sua vez, os arts. 520, *caput* e § 5º, 536 e 538 do CPC de 2015, disciplinam o procedimento de cumprimento provisório da sentença que reconhece obrigação não pecuniária, vale dizer, disciplina a atuação de ordens judiciais que para a tutela do direito implicam um fazer, não fazer, entrega de coisa ou desapossamento de determinada coisa e que são efetivadas mediante coerção da vontade do demandado (técnica coercitiva) ou execução da ordem independentemente da vontade deste (técnica sub-rogatória) e, de forma inovadora, o art. 497, parágrafo único, do CPC de 2015 cuida da atuação de ordens judiciais que implicam a inibição ou remoção do ilícito.

Neste contexto, para analisar as técnicas idôneas à efetivação do provimento antecipatório concedido em sentença ou em grau recursal com o fito de viabilizar a sua eficácia imediata é preciso partir da premissa de que o legislador tem o dever constitucional de organizar procedimentos e técnicas idôneas à tutela dos direitos, assim como o juiz tem o dever de interpretar e aplicar a legislação processual à luz do direito fundamental à tutela jurisdicional, ficando obrigado a extrair da norma processual a sua máxima potencialidade, sempre com vistas a tutelar os direitos de forma adequada, tempestiva e efetiva.

A partir desta premissa, fica fácil perceber que a antecipação de tutela não objetiva simplesmente antecipar os efeitos processuais da tutela jurisdicional final, mas sim, antecipar a própria realização da tutela do direito. Com efeito, para compreender a técnica antecipatória sob esta perspectiva é pressuposto lógico passar a enxergar e a pensar o processo a partir do direito material e das necessidades evidenciadas pelo mesmo. Por isso, Daniel Mitidiero afirma que: "o direito material tem prioridade e proeminência em relação às formas de tutela jurisdicional e às técnicas processuais".[322]

A este respeito, ensina Daniel Mitidiero que para analisar as técnicas adequadas à efetivação do provimento antecipatório é preciso ter como critério de análise dois fatores elementares: as necessidades evidenciadas pelo direito material afirmado em juízo e a maleável adequação entre técnica processual e formas de tutela dos direitos disponibilizadas pelo ordenamento processual.[323]

Em matéria de procedimento para a efetivação do provimento antecipatório é preciso reconhecer que o sistema pátrio é um dos mais ricos se comparado a outros sistemas jurídicos da família da *civil law*, pois como bem observa

---

que importem transferência de posse ou alienação de propriedade ou de outro direito real, ou dos quais possa resultar grave dano ao executado, dependem de caução suficiente e idônea, arbitrada de plano pelo juiz e prestada nos próprios autos. (BRASIL. *Lei nº 13.105/2015, de 16 de março de 2015. Código de Processo Civil.* Brasília, DF: Congresso Nacional, 2015. Disponível em: <http://www.planalto.gov.br/ccivil_03/_Ato2015-2018/2015/Lei/L13105.htm>. Acesso em 15 jun. 2015).

[322] MITIDIERO, Daniel. *Antecipação de tutela:* da tutela cautelar à técnica antecipatória. São Paulo: Revista dos Tribunais, 2013, p. 152.

[323] Ibidem.

Daniel Mitidiero,[324] conta com várias técnicas processuais disponibilizadas para a efetivação dos direitos. Neste particular, o legislador processual, em estrita observância ao seu dever constitucional de organizar procedimentos e técnicas idôneas à tutela dos direitos (art. 5º, XXXV, CF), optou por adotar um sistema misto que prevê tanto técnicas típicas, quanto atípicas para a tutela dos direitos. Além disso, o legislador brasileiro também prescreveu técnicas sub-rogatórias e coercitivas para viabilizar o efetivo cumprimento dos provimentos que antecipam a tutela jurisdicional, e como reforço disponibilizou a técnica sancionatória para punir o comportamento desobediente aos provimentos jurisdicionais.

Como se vê, o direito pátrio evoluiu de uma combinação rígida entre tipos de tutela jurisdicional e tipos de técnica de efetivação calcada em um formalismo processual exacerbado, para uma maleável adequação entre técnica e tutela dos direitos baseada na adequação, tempestividade e efetividade da tutela jurisdicional.

Como consequência, Cássio Scarpinella Bueno explica que, em determinadas situações de direito material, a efetividade da proteção jurisdicional exige que não haja uma associação plena, direta e imediata entre as espécies de tutela e o modelo de efetivação previsto pelo sistema processual executivo, porquanto esta associação não é mais vista de um modo impositivo, mas sim facultativo, tendo em vista a necessidade de promover uma tutela jurisdicional adequada, tempestiva e efetiva dos direitos.[325]

Neste contexto, uma forma bastante apropriada de analisar as técnicas adequadas ao cumprimento provisório da sentença – pois, como já referido, o provimento antecipatório, como técnica de concessão da eficácia imediata *ope judicis* da sentença, nada mais é do que o adiantamento do cumprimento da sentença – é aquela que distingue as execuções pecuniárias das efetivações-execuções não pecuniárias.

Esta sistemática de estudo das técnicas de efetivação do provimento antecipatório é proposta por Daniel Mitidiero em sua obra intitulada Antecipação de tutela: da tutela cautelar à técnica antecipatória,[326] a qual é adotada nesta obra para fins de melhor abordagem e enfrentamento do tema.

---

[324] MITIDIERO, Daniel. *Antecipação de tutela:* da tutela cautelar à técnica antecipatória. São Paulo: Revista dos Tribunais, 2013, p. 152.

[325] BUENO, Cássio Scarpinella. *Curso sistematizado de direito processual civil:* tutela antecipada, tutela cautelar e procedimentos cautelares específicos. São Paulo: Saraiva, 2009, p. 71.

[326] Impende ressaltar que é indiscutível a diferença existente em termos de significado entre as nomenclaturas: *efetivação* e *execução*, porquanto a primeira designa fenômeno jurídico mais amplo que a segunda. Aquela corresponde a qualquer forma de atuação concreta do provimento jurisdicional. Esta última, por sua vez, consiste em fenômeno vinculado exclusivamente à técnica de efetivação do provimento referente à tutela condenatória, vale dizer, à obrigação de pagar quantia. Neste sentido: BUENO, Cássio Scarpinella. *Curso sistematizado de direito processual civil:* tutela antecipada, tutela cautelar e procedimentos cautelares específicos. São Paulo: Saraiva, 2009, p. 67.

Conforme bem observa o processualista, tal distinção se faz necessária pela seguinte razão: enquanto a execução pecuniária é em geral típica, pois se utiliza na grande maioria dos casos da técnica sub-rogatória expropriatória, implicando na necessidade de apreensão de bens do patrimônio do devedor, transformação do bem em pecúnia e satisfação do exequente; a efetivação-execução não pecuniária é em geral atípica, pois se utiliza tanto de técnicas coercitivas (*astreintes*, sanção pecuniária, multa coercitiva, prisão civil, dentre outras) quanto sub-rogatórias (apossamento de coisa através de busca e apreensão ou de imissão na posse, remoção de pessoas ou coisas) para a realização do direito, ou então, para a inibição ou remoção do ilícito.[327]

É justamente sobre estas técnicas processuais de efetivação do provimento antecipatório que passar-se-á a abordar na seção seguinte.

3.1. EXECUÇÃO PECUNIÁRIA: SISTEMÁTICA DE EFETIVAÇÃO DOS PROVIMENTOS ANTECIPATÓRIOS REFERENTES ÀS OBRIGAÇÕES DE PAGAR QUANTIA

A regra prevista pela legislação processual é a de que a efetivação da antecipação de tutela pecuniária, ou seja, da tutela reparatória em pecúnia e de tutela ressarcitória, serve-se da técnica expropriatória que exige: penhora, preferencialmente em dinheiro e na forma eletrônica; avaliação do bem constrito; expropriação, preferencialmente através de adjudicação, ou então, venda particular, venda em juízo ou usufruto judicial e pagamento ao exequente (arts. 297, parágrafo único,[328] 520[329] e 824[330] do CPC de 2015). Trata-se, assim, de regra

---

[327] MITIDIERO, Daniel. *Antecipação de tutela:* da tutela cautelar à técnica antecipatória. São Paulo: Revista dos Tribunais, 2013, p. 153.

[328] Art. 297. O juiz poderá determinar as medidas que considerar adequadas para efetivação da tutela provisória. Parágrafo único. A efetivação da tutela provisória observará as normas referentes ao cumprimento provisório da sentença, no que couber. (BRASIL. *Lei nº 13.105/2015, de 16 de março de 2015. Código de Processo Civil.* Brasília, DF: Congresso Nacional, 2015. Disponível em: <http://www.planalto.gov.br/ccivil_03/_Ato2015-2018/2015/Lei/L13105.htm>. Acesso em 15 jun. 2015).

[329] Art. 520. O cumprimento provisório da sentença impugnada por recurso desprovido de efeito suspensivo será realizado da mesma forma que o cumprimento definitivo, sujeitando-se ao seguinte regime: I – corre por iniciativa e responsabilidade do exequente, que se obriga, se a sentença for reformada, a reparar os danos que o executado haja sofrido; II – fica sem efeito, sobrevindo decisão que modifique ou anule a sentença objeto da execução, restituindo-se as partes ao estado anterior e liquidando-se eventuais prejuízos nos mesmos autos; III – se a sentença objeto de cumprimento provisório for modificada ou anulada apenas em parte, somente nesta ficará sem efeito a execução; IV – o levantamento de depósito em dinheiro e a prática de atos que importem transferência de posse ou alienação de propriedade ou de outro direito real, ou dos quais possa resultar grave dano ao executado, dependem de caução suficiente e idônea, arbitrada de plano pelo juiz e prestada nos próprios autos. (BRASIL. *Lei nº 13.105/2015, de 16 de março de 2015. Código de Processo Civil.* Brasília, DF: Congresso Nacional, 2015. Disponível em: <http://www.planalto.gov.br/ccivil_03/_Ato2015-2018/2015/Lei/L13105.htm>. Acesso em 15 jun. 2015).

[330] Art. 824. A execução por quantia certa realiza-se pela expropriação de bens do executado, ressalvadas as execuções especiais. (BRASIL. *Lei nº 13.105/2015, de 16 de março de 2015. Código de Processo Civil.* Brasília, DF:

que indica a utilização de técnica executiva típica para a efetivação antecipada do direito ao pagamento em quantia certa.

Contudo, é imprescindível atentar para o fato de que a técnica expropriatória só será aplicada para a efetivação do provimento antecipatório de natureza pecuniária se for adequada à necessidade de tutela evidenciada pelo direito material posto em juízo. É o que prescreve o próprio CPC 2015 (art. 297, parágrafo único) ao referir que a técnica processual prevista para determinada forma de tutela jurisdicional, tal como a expropriação para a condenação, só se aplica *no que couber* para a obtenção da tutela do direito.

Neste sentido, dispõe o art. 297, *caput*, do CPC 2015: "O juiz poderá determinar as *medidas que considerar adequadas* para efetivação da tutela provisória", e o seu parágrafo único prescreve: "A efetivação da tutela provisória observará as normas referentes ao cumprimento provisório da sentença, *no que couber*". Na mesma linha já prescrevia o art. 273, § 3º, do Código de 1973: "A efetivação da tutela antecipada observará, *no que couber* e *conforme sua natureza*, as normas previstas nos arts. 588, 461, §§ 4º e 5º, e 461-A".

Cássio Scarpinela Bueno de forma muito apropriada observa que as expressões cruciais *conforme sua natureza* e *no que couber*[331] constantes no § 3º do art. 273 do CPC de 1973, constituem técnicas terminológico-legislativa apropriadas de efetivação de provimentos antecipatórios, as quais podem e devem ser combinadas a fim de viabilizar o meio mais idôneo à efetivação do provimento antecipatório de acordo com as necessidades evidenciadas pelo direito posto em juízo.[332]

Assim, segundo o processualista, a expressão *conforme sua natureza* constante no § 3º do art. 273 do CPC 1973 (correspondente ao art. 297, parágrafo único, do CPC 2015) deve ser interpretada no sentido de que *conforme a natureza urgente* da tutela antecipatória, pode o juiz adequar o meio de efetivação mais idôneo, tempestivo e efetivo para a satisfação antecipada do direito postulado.[333]

Por sua vez, a locução *no que couber* do § 3º do art. 273 do CPC 1973 (correspondente ao art. 297, parágrafo único, do CPC 2015) deve ser compreendida no sentido de legitimar a flexibilização do modelo executivo previsto abstratamente pelo legislador. Deste modo, diante da presença de urgência na antecipação da tutela, pode o juiz se valer do modelo executivo como mera referência,

---

Congresso Nacional, 2015. Disponível em: <http://www.planalto.gov.br/ccivil_03/_Ato2015-2018/2015/Lei/L13105.htm>. Acesso em 15 jun. 2015).

[331] Assim como as que constam no art. 297, parágrafo único, do novo Código.

[332] BUENO, Cássio Scarpinella. *Curso sistematizado de direito processual civil*: tutela antecipada, tutela cautelar e procedimentos cautelares específicos. São Paulo: Saraiva, 2009, p. 76.

[333] BUENO, Cássio Scarpinella. *Curso sistematizado de direito processual civil*: tutela antecipada, tutela cautelar e procedimentos cautelares específicos. São Paulo: Saraiva, 2009, p. 74.

utilizando-se do mesmo apenas *no que couber* face às peculiaridades do caso concreto.[334]

Nesta situação peculiar de direito material, dada a necessidade de extrema urgência da tutela, a técnica expropriatória pode não se revelar a mais adequada e eficiente para a obtenção urgente de quantia em dinheiro, em razão da incongruência entre o tempo necessário para a sua completa concretização e o tempo que o direito ao pagamento em quantia certa pode aguardar para ser realizado.

Não é por outra razão que, quando o tema em pauta é a efetivação da tutela antecipada por urgência, a questão que desperta maior controvérsia na doutrina é justamente a que concerne à técnica adequada para efetivar a antecipação de tutela pecuniária. Com efeito, o que se discute é se a técnica adequada para a efetivação desta tutela é a típica do cumprimento provisório: penhora, avaliação e expropriação, que remete ao art. 523[335] do CPC 2015, ou a atípica dos poderes mandamentais e executivos do juiz, prevista nos arts. 536[336] e 535[337] do CPC 2015, respectivamente.

Partindo da premissa de que é inconcebível que no modelo constitucional do processo civil vigente seja inviabilizado o direito à tutela efetiva das obrigações de pagar quantia, o estudo das técnicas que podem propiciar a tutela jurisdicional do crédito ganha relevo. Com efeito, relegando o problema da tutela antecipada das obrigações de pagar quantia apenas ao modelo executivo previsto pelo legislador, desprestigia-se a força normativa dos direitos fundamentais, em especial, do direito à efetividade e idoneidade da tutela jurisdicional.[338]

Para melhor visualizar a inadequação da técnica expropriatória para a efetivação da antecipação da tutela pecuniária fundada na urgência, basta ponde-

---

[334] BUENO, Cássio Scarpinella. *Curso sistematizado de direito processual civil:* tutela antecipada, tutela cautelar e procedimentos cautelares específicos. São Paulo: Saraiva, 2009, p. 74.

[335] Art. 523. No caso de condenação em quantia certa, ou já fixada em liquidação, e no caso de decisão sobre parcela incontroversa, o cumprimento definitivo da sentença far-se-á a requerimento do exequente, sendo o executado intimado para pagar o débito, no prazo de 15 (quinze) dias, acrescido de custas, se houver. (BRASIL. *Lei nº 13.105/2015, de 16 de março de 2015. Código de Processo Civil.* Brasília, DF: Congresso Nacional, 2015. Disponível em: <http://www.planalto.gov.br/ccivil_03/_Ato2015-2018/2015/Lei/L13105.htm>. Acesso em 15 jun. 2015).

[336] Art. 536. No cumprimento de sentença que reconheça a exigibilidade de obrigação de fazer ou de não fazer, o juiz poderá, de ofício ou a requerimento, para a efetivação da tutela específica ou a obtenção de tutela pelo resultado prático equivalente, determinar as medidas necessárias à satisfação do exequente. (BRASIL. *Lei nº 13.105/2015, de 16 de março de 2015. Código de Processo Civil.* Brasília, DF: Congresso Nacional, 2015. Disponível em: <http://www.planalto.gov.br/ccivil_03/_Ato2015-2018/2015/Lei/L13105.htm>. Acesso em 15 jun. 2015).

[337] Art. 538. Não cumprida a obrigação de entregar coisa no prazo estabelecido na sentença, será expedido mandado de busca e apreensão ou de imissão na posse em favor do credor, conforme se tratar de coisa móvel ou imóvel. (BRASIL. *Lei nº 13.105/2015, de 16 de março de 2015. Código de Processo Civil.* Brasília, DF: Congresso Nacional, 2015. Disponível em: <http://www.planalto.gov.br/ccivil_03/_Ato2015-2018/2015/Lei/L13105.htm>. Acesso em 15 jun. 2015).

[338] MITIDIERO, Daniel. *Processo civil e Estado constitucional.* Porto Alegre: Livraria do Advogado, 2007, p. 90.

rar que, não obstante a penhora eletrônica[339] possa se revelar frutífera, sendo a partir deste momento relativamente célere a realização do direito, ou seja, da obtenção de dinheiro em quantia certa, pode ocorrer, entretanto, de não ser possível sequer aguardar a prática dos atos inerentes à técnica expropriatória para o recebimento da quantia em dinheiro.[340]

Nestes casos concretos complexos e problemáticos, almejando viabilizar a adequada, tempestiva e efetiva tutela do direito, deve ser permitido ao juiz ordenar pagamento em dinheiro sob pena de multa coercitiva,[341] com base nos arts. 536 e 537, CPC 2015. Assim, se for compatível com a capacidade econômica do executado e a relevância social do bem da vida posto em juízo, bem como capaz de viabilizar a tempestiva e efetiva realização deste, não há razões para o juiz deixar de utilizar a técnica da multa coercitiva.

A doutrina[342] divergente sustenta que, ao conceder a tutela através de meio executivo diverso do solicitado ou previsto na lei, o juiz estaria julgando e decidindo de forma *extra petita*. Ocorre que, como bem esclarece Guilherme Rizzo Amaral,[343] não há nesta hipótese violação ao princípio da congruência entre o pedido e a sentença, na medida em que este deve ser compreendido no sentido de que a compatibilidade que se exige é apenas entre a sentença e o pedido mediato (bem da vida que se busca obter), e não entre aquela e o pedido imediato (tipo de provimento jurisdicional que se busca).

A respeito da técnica da multa de natureza sancionatória impende registrar que o CPC 2015 traz uma inovação à sistemática do cumprimento provisório da sentença ao prever expressamente no art. 520, § 2º,[344] a incidência

---

[339] A penhora *online* é uma técnica inovadora que permite realizar a penhora eletronicamente. Consiste, deste modo, em adiantamento de ato constritivo, vale dizer, *medida de execução para segurança*, porquanto viabiliza a restrição judicial de numerário antes mesmo da intimação do devedor para cumprir voluntariamente a sentença, a fim de acelerar o *iter* executivo e garantir desde logo o direito ao recebimento de quantia certa reconhecido no título judicial provisório (QUARTIERI, Rita. *Tutelas de urgência na execução civil*: pagamento de quantia. São Paulo: Saraiva, 2009, p. 41).

[340] MITIDIERO, Daniel. *Antecipação de tutela*: da tutela cautelar à técnica antecipatória. São Paulo: Revista dos Tribunais, 2013, p. 154.

[341] Parte significativa da doutrina pátria defende a possibilidade da utilização da multa coercitiva para a efetivação da tutela pecuniária antecipada com base na urgência, dentre estes: MARINONI, Luiz Guilherme. *Técnica processual e tutela dos direitos*. São Paulo: Revista dos Tribunais, 2010, p. 454; GUERRA, Marcelo Lima. *Direitos fundamentais e a proteção do credor na execução civil*. São Paulo: Revista dos Tribunais, 2003, p. 150-157; MITIDIERO, Daniel. *Antecipação de tutela*: da tutela cautelar à técnica antecipatória. São Paulo: Revista dos Tribunais, 2013, p. 154; MITIDIERO, Daniel. *Processo civil e Estado constitucional*. Porto Alegre: Livraria do Advogado, 2007, p. 89-108; OLIVEIRA. Carlos Alberto Alvaro de. *Teoria e prática da tutela jurisdicional*. Rio de Janeiro: Forense, 2008, p. 174-176; BEDAQUE, José Roberto dos Santos. *Efetividade do processo e técnica processual*. São Paulo: Malheiros, 2006, p. 539.

[342] Sobre o tema ver: BUENO, Cássio Scarpinella. *Curso sistematizado de direito processual civil*: tutela antecipada, tutela cautelar e procedimentos cautelares específicos. São Paulo: Saraiva, 2009, p. 75.

[343] AMARAL, Guilherme Rizzo. *Cumprimento e execução da sentença sob a ótica do formalismo-valorativo*. Porto Alegre: Livraria do Advogado, 2008, p. 136-137.

[344] Art. 520. §2º. "A multa e os honorários a que se refere o § 1º do art. 523 são devidos no cumprimento provisório de sentença condenatória ao pagamento de quantia certa.". O art. 520, § 1º, correspondente do art. 475-J no CPC de 1973, trata do cumprimento definitivo da sentença. (BRASIL. *Lei nº 13.105/2015, de*

de multa de 10% sobre o valor condenatório caso este não seja adimplido voluntariamente pelo executado no prazo de quinze dias. Trata-se de previsão legal inovadora em virtude da sua total contrariedade ao posicionamento atual e pacífico do STJ,[345] o qual defende a inaplicabilidade da multa de 10% do art. 475-J do CPC de 1973 em sede de cumprimento provisório de sentença, haja vista a necessidade do trânsito em julgado da sentença condenatória para que se justifique a incidência da penalidade em tela.

Em que pese esta técnica de natureza sancionatória apresente certa dose de eficiência nos casos em que o executado possui boa condição financeira, não alcança a potencialidade, amplitude e elasticidade apresentada pela técnica da multa de natureza coercitiva dos arts. 536 e 537 do CPC 2015,[346] a qual tem maior aptidão de se adequar às necessidades do direito posto em causa e à capacidade financeira do executado, na medida em que tanto o seu valor quanto a sua periodicidade podem ser reduzidos ou majorados conforme as necessidades do direito a ser tutelado.

A idoneidade e a efetividade da decisão mandamental e da multa coercitiva para a imediata efetivação da antecipação de tutela pecuniária decorre do fato de ser a única espécie de técnica apta a imediatamente promover a realização da tutela de pagar quantia certa. Para tanto, na linha dos ensinamentos de Ovídio Baptista da Silva, o que se propõe para fins de efetivação do provimento antecipatório de natureza pecuniária é a introdução em nosso Direito de um instrumento similar às *injuctions da common law*, através das quais se interditaliza a tutela processual, transformando a sentença condenatória em sentença mandamental.[347]

Para estas situações peculiares, em que há necessidade de obtenção imediata de soma em dinheiro, o fato de inexistir previsão específica no CPC para aplicar a multa coercitiva na efetivação do provimento antecipatório de natureza pecuniária não pode significar que a lei restringe a sua efetivação à via expropriatória, própria à sentença condenatória.

A esse respeito, Luiz Guilherme Marinoni sustenta que interpretando a legislação processual no sentido de restringir a efetivação do provimento antecipatório de natureza pecuniária à via expropriatória acaba-se por retirar toda a razão de ser da tutela antecipatória e violar a ideia de que as normas processuais

---

16 de março de 2015. Código de Processo Civil. Brasília, DF: Congresso Nacional, 2015. Disponível em: <http://www.planalto.gov.br/ccivil_03/_Ato2015-2018/2015/Lei/L13105.htm>. Acesso em 15 jun. 2015).

[345] Ver por todos no STJ: BRASIL. Superior Tribunal de Justiça. Recurso Especial nº 1059478/RS. Brasília, DF, 15 de dezembro de 2010. *Diário da Justiça,* 14 abr. 2011. Disponível em: <http://www.stj.jus.br/>. Acesso em: 06 jan. 2015. Ver por todos no TJRS: RIO GRANDE DO SUL. Tribunal de Justiça. 6ª Câmara Cível. Apelação Cível nº 70046486528. Julgado em: 01 dez. 2015. *Diário da Justiça,* 10 dez. 2014. Disponível em: <http://www.tjrs.jus.br/>. Acesso em: 06 jan. 2015.

[346] Serão analisadas pormenorizadamente na seção seguinte deste estudo.

[347] SILVA, Ovídio A. Baptista da. Processos de execução e cautelar: o que deve ser feito para melhorar os processos de execução e cautelar. *Revista Consulex,* n. 43, p. 44-46, 2000.

devem ser interpretadas à luz do direito material e dos direitos fundamentais, especialmente do direito à efetividade da tutela jurisdicional.[348]

Em contrapartida, admitindo-se a aplicação dos poderes mandamentais do juiz e da medida coercitiva da multa dos arts. 536 e 537 do CPC 2015 para a efetivação do provimento antecipatório de tutela de natureza pecuniária, como bem define Luiz Guilherme Marinoni, se está a implementar uma ruptura com a disciplina tradicional do processo executivo, que se mostra absolutamente necessária tendo em vista a inefetividade da sentença condenatória e do cumprimento provisório via técnica expropriatória para efetivar provimento antecipatório fundado na urgência, rompendo-se, desta forma, com o convencional[349] em nome da viabilização da tutela jurisdicional efetiva do direito.

Conforme demonstrado ao longo deste estudo, esta possibilidade decorre do fato de que o legislador tem o dever constitucional de viabilizar a realização do direito fundamental à tutela efetiva dos direitos através da edição de técnicas executivas idôneas, assim como o juiz tem o dever constitucional de interpretar e aplicar a legislação processual à luz deste direito fundamental, ficando obrigado a extrair da norma processual a sua máxima potencialidade, sempre com vistas a tutelar os direitos de forma adequada, tempestiva e efetiva,[350] Deste modo, é constitucionalmente vedada a proteção legislativa e jurisdicional insuficiente.

O princípio que orienta esse posicionamento é o da necessidade ou finalidade da técnica processual, segundo o qual o meio deve ser o mais efetivo e idôneo à realização do direito e que cause a menor restrição possível à esfera jurídica do demandado, ou seja, os atos de concretização da tutela devem ser praticados pelo modo que melhor atenda a razão de ser da antecipação da tutela, neste caso: a urgência em efetivar a tutela para o fim de afastar perigo de *dano irreparável ou de perecimento* do direito.[351]

Destarte, se a técnica expropriatória não for adequada à efetivação do provimento que antecipa tutela de natureza pecuniária em razão da incongruência entre a necessidade de tutela e a morosidade inerente ao procedimento expropriatório, o juiz deve afastar a sua aplicação e empregar técnica mais idônea à tutela do direito, desde que o faça de forma fundamentada.[352]

Disso decorre que nas hipóteses em que a antecipação de tutela estiver fundada na urgência mostra-se legítima a adoção de medidas igualmente urgen-

---

[348] MARINONI, Luiz Guilherme. *Técnica processual e tutela dos direitos.* São Paulo: Revista dos Tribunais, 2010, p. 455.

[349] MARINONI, Luiz Guilherme. *A antecipação da tutela.* São Paulo: Malheiros, 2004, p. 238.

[350] Neste sentido: MARINONI, Luiz Guilherme. *Técnica processual e tutela dos direitos.* São Paulo: Revista dos Tribunais, 2010, p. 219.

[351] MARINONI, Luiz Guilherme; ARENHART, Sérgio Cruz. *Curso de processo civil:* execução. São Paulo: Revista dos Tribunais, 2008, v. 3, p. 88 e 182.

[352] Neste sentido: MITIDIERO, Daniel. *Antecipação de tutela:* da tutela cautelar à técnica antecipatória. São Paulo: Revista dos Tribunais, 2013, p. 155.

tes visando à satisfação do direito[353] já reconhecido pelo magistrado quando da concessão da tutela antecipatória.

Conforme ensina Humberto Ávila, é importante ter bem claro que a aplicação de toda e qualquer norma jurídica exige a ponderação de dois fatores: daquilo que normalmente acontece, ou seja, situações concretas normais, e do caso concreto ao qual é destinado o emprego da norma. Assim, se o caso constitui situação diferenciada desconsiderada pela norma legal, a norma geral não pode ser aplicada. Nestas situações específicas e diferenciadas de direito material, a razoabilidade como equidade autoriza a superação da regra geral.[354]

Araken de Assis diverge deste entendimento que admite ordenar pagamento em dinheiro sob pena de multa coercitiva com base no art. 461, §§ 4º e 6º, CPC de 1973 (correspondente aos arts. 536 e 537 do CPC 2015). Sustenta o processualista que a técnica adequada à efetivação da antecipação de tutela pecuniária é a típica do cumprimento provisório, ou seja, a expropriatória, que por ser completa assim como a definitiva, se realiza nos termos do art. 475-J do CPC de 1973 (correspondente ao art. 523, § 3º, do CPC 2015), ou seja, mediante penhora, avaliação e expropriação. Neste sentido, ensina que:

> Dotada que seja do caráter provisório, a execução do provimento antecipatório, cuidando-se de prestações pecuniárias, dificilmente se dissociará do roteiro determinado para a execução definitiva. E isso porque o mecanismo da expropriação acabará se impondo por necessidades práticas.[355]

Seguindo esta linha, Athos de Gusmão Carneiro defende que a definição do rito do cumprimento provisório como meio adequado à efetivação do provimento antecipatório de natureza pecuniária se justifica no fato de que mesmo diante do rito expropriatório, se entende que o demandante não estará submetido necessariamente ao procedimento moroso e anacrônico da hasta pública, uma vez que terá a possibilidade de adjudicar o bem ou aliená-lo particularmente, observando-se assim a celeridade inerente ao instituto da tutela antecipada.[356]

O princípio que orienta esse posicionamento, por sua vez, é o da adequação das formas, segundo o qual o meio deve ser adequado à natureza da tutela jurisdicional, o que foi atendido pelo legislador ao estabelecer o sistema processual executivo, traçando procedimento próprio para cada espécie de tutela jurisdicional.

---

[353] BUENO, Cássio Scarpinella. *Curso sistematizado de direito processual civil*: tutela antecipada, tutela cautelar e procedimentos cautelares específicos. São Paulo: Saraiva, 2009, p. 76.

[354] ÁVILA, Humberto. *Teoria dos princípios*. 12. ed. São Paulo: Malheiros, 2011, p. 164-167.

[355] ASSIS, Araken de. *Manual da execução*. São Paulo: Revista dos Tribunais, 2007, p. 119 e 122. Neste sentido também é o entendimento de: ZAVASCKI, Teori Albino. *Processo de execução*: parte geral. 3. ed. São Paulo: Revista dos Tribunais, 2004, p. 318; AMARAL, Guilherme Rizzo. *As astreintes e o processo civil brasileiro*. Porto Alegre: Livraria do Advogado, 2010, p. 121-127; TALAMINI, Eduardo. *Tutela relativa aos deveres de fazer e de não fazer*. São Paulo: Revista dos Tribunais, 2001, p. 469.

[356] CARNEIRO, Athos Gusmão. *Da antecipação de tutela*. Rio de Janeiro: Forense, 2005, p. 76.

Este segmento doutrinário entende que o legislador ao empregar a locução *conforme sua natureza* no texto do § 3º do art. 273 do CPC de 1973 (correspondente ao art. 297, parágrafo único, do CPC 2015) quis referir à natureza da tutela jurisdicional, e não ao caráter urgente ou não da proteção que se busca obter. Com base nesta leitura, realizada à luz do princípio da adequação das formas, o que este dispositivo prescreve é que *conforme a sua natureza condenatória* a tutela antecipada deve ser efetivada observando-se o procedimento do art. 475-J do CPC 1973 (correspondente ao art. 523 do CPC 2015). Os que seguem esta linha de interpretação sustentam que a mesma não implica em formalidade retrógada e desnecessária.[357]

Divergindo deste entendimento, Ovídio Baptista da Silva sustenta acertadamente que, ao submeter a efetivação do provimento que antecipa tutela pecuniária urgente à morosidade do procedimento do cumprimento provisório da sentença condenatória via expropriação, gera-se o risco de a promessa de antecipação só se concretizar no mundo dos fatos vários meses ou anos depois do deferimento da medida. Isso equivale a dizer que, a rigor, nada foi efetivamente antecipado a não ser a declaração formal de concessão da medida antecipatória e da promessa de seu cumprimento.[358]

Na mesma linha, Cássio Scarpinella Bueno adverte que, diante todo este *iter* do art. 475-J CPC 1973 (art. 523, CPC 2015) a ser percorrido para a efetivação da tutela jurisdicional, é consequência lógica a constatação de que há um considerável espaço de tempo entre a concessão do provimento antecipatório e a sua efetivação, e isso ocorre hodiernamente mesmo diante da simplificação e agilidade das técnicas executivas das obrigações de pagar trazidas pelas mais recentes reformas esparsas do processo civil, como a título de exemplo, a da penhora eletrônica. Para se chegar a esta conclusão basta ponderar que, na eventualidade de não pagamento pelo devedor, mesmo ciente que da sua omissão decorre a aplicação da multa e a sua sujeição aos atos executivos expropriatórios, não há como prever o tempo em que o demandante verá o seu direito satisfeito mediante a prestação da tutela jurisdicional.[359]

Outrossim, impende atentar para o fato de que, aplicando o procedimento do cumprimento provisório, e assim, a técnica expropriatória, nem mesmo a adjudicação do bem penhorado (art. 685-A do CPC 1973 e art. 876[360] do CPC 2015), em determinados casos, afigura-se uma alternativa adequada à efetivação

---

[357] ASSIS, Araken de. *Manual da execução*. São Paulo: Revista dos Tribunais, 2007, p. 120.

[358] SILVA, Ovídio A. Baptista da. Processos de execução e cautelar: o que deve ser feito para melhorar os processos de execução e cautelar. *Revista Consulex*, n. 46, p. 46, 2000.

[359] BUENO, Cássio Scarpinella. *Curso sistematizado de direito processual civil*: tutela antecipada, tutela cautelar e procedimentos cautelares específicos. São Paulo: Saraiva, 2009, p. 73.

[360] Art. 876. É lícito ao exequente, oferecendo preço não inferior ao da avaliação, requerer que lhe sejam adjudicados os bens penhorados. (BRASIL. *Lei nº 13.105/2015, de 16 de março de 2015. Código de Processo Civil*. Brasília, DF: Congresso Nacional, 2015. Disponível em: <http://www.planalto.gov.br/ccivil_03/_Ato2015-2018/2015/Lei/L13105.htm>. Acesso em 15 jun. 2015).

da antecipação de soma em dinheiro urgente, porquanto a sua prática pode exigir mais tempo do que o direito pode esperar para não sofrer dano ou perecer.[361]

Trata-se, portanto, de hipóteses concretas que demonstram claramente a absoluta inadequação do típico procedimento de cumprimento provisório da sentença por expropriação para o caso de extrema urgência da tutela pecuniária antecipada.

Neste contexto de análise, e seguindo a linha doutrinária capitaneada por Daniel Mitidiero e Luiz Guilherme Marinoni,[362] pode-se perceber que o típico procedimento do cumprimento da sentença condenatória via técnica expropriatória não foi elaborado para tutelar situações jurídicas de urgência, pelo contrário, foi pensado para as situações normais em que inexiste o fator anormal da urgência.

Neste cenário, pode-se afirmar que a urgência é um dado anormal, isto é, um elemento não considerado pela norma que estabelece a técnica expropriatória. Por isso, para que seja possível rejeitar o emprego da técnica expropriatória, o juiz tem de caracterizar a existência de urgência na realização do direito, demonstrando a incongruência da execução mediante expropriação com a necessidade de imediata realização do direito posto em juízo.[363]

Portanto, uma vez constatada e justificada a necessidade de afastar a aplicação da técnica típica da expropriação, é preciso que o juiz proceda à nova justificativa para poder aplicar a técnica atípica da multa para efetivar o provimento que antecipa tutela pecuniária com base na urgência.

Nestes termos, ensina Daniel Mitidiero que, como existe uma relação de meio e fim entre técnica processual e tutela do direito, é necessário que o operador do Direito demonstre que o emprego da multa coercitiva é adequado, necessário e proporcional à tutela do direito que se pretende realizar através do processo.[364] Esta aferição da proporcionalidade da técnica a ser aplicada constitui o objeto de análise da última seção deste estudo e, portanto, será nela abordada de forma mais profundada.

Conforme se verá a seguir, para que o juiz possa empregar técnica processual atípica, tal como as medidas necessárias do art. 536 do CPC 2015, ou diversa daquela prevista pelo legislador para determinada situação de direito material, tal como a técnica coercitiva da multa ao invés da técnica expropriatória para a efetivação da antecipação de tutela pecuniária, é pressuposto

---

[361] BUENO, Cássio Scarpinella. *Curso sistematizado de direito processual civil:* tutela antecipada, tutela cautelar e procedimentos cautelares específicos. São Paulo: Saraiva, 2009, p. 73.

[362] Ensina Luiz Guilherme Marinoni que a tutela antecipada não está submetida ao processo de execução propriamente dito em razão de suas regras não terem sido elaboradas para dar cumprimento aos provimentos antecipatórios, porquanto as mesmas não levam em conta a necessidade de efetivação célere da ordem judicial (MARINONI, Luiz Guilherme. *A antecipação da tutela.* São Paulo: Malheiros, 2004, p. 248).

[363] MITIDIERO, Daniel. *Antecipação de tutela:* da tutela cautelar à técnica antecipatória. São Paulo: Revista dos Tribunais, 2013, p. 155.

[364] Idem, p. 156.

obrigatório justificar o emprego da técnica processual atípica a partir de três elementos: (*i*) *adequação*, (*ii*) *necessidade* e (*iii*) *proporcionalidade em sentido estrito*.

Significa dizer que o meio de efetivação aplicado deve ser adequado à realização do fim, ou seja, deve existir uma relação de meio e fim entre técnica processual e tutela do direito. Ainda, o meio empregado deve ser necessário, vale dizer, deve ser aquele que dentre os meios de mesma eficácia disponíveis no ordenamento processual é o menos restritivo da esfera jurídica da parte adversa. E, por derradeiro, o meio aplicado deve ser proporcional em sentido estrito, isto é, o grau de importância da realização da tutela do direito deve ser suficiente o bastante a justificar a intensidade da restrição ocasionada na esfera da parte contrária pelo emprego da técnica processual.[365]

Essas são, portanto, as técnicas processuais disponibilizadas pelo CPC de 2015 para a efetivação do provimento antecipatório de natureza pecuniária, vale dizer, para o cumprimento provisório da sentença que tutela direito de crédito em risco de dano ou perecimento.

3.2. EFETIVAÇÃO-EXECUÇÃO NÃO PECUNIÁRIA

Conforme se verá a seguir, a efetivação-execução não pecuniária, ou seja, o procedimento de cumprimento provisório da sentença que reconhece obrigação de fazer, não fazer e entrega de coisa é em geral atípico, pois se vale tanto de (*i*) técnicas coercitivas quanto (*ii*) sub-rogatórias, ou ainda, (*iii*) sancionatórias, para realizar o direito.

Antes, entretanto, cumpre esclarecer que como esta obra se dedica a analisar as situações concretas em que a configuração do risco de dano e a necessidade de satisfação imediata do direito surge apenas na véspera, durante ou após a prolação da sentença, acaba por não abarcar as situações concretas que exigem tutela inibitória, eis que nessa espécie de tutela a necessidade de proteção jurisdicional de urgência é simultânea ao ajuizamento da ação.

Por essa razão, tendo em vista as limitações físicas e objetivo precípuo deste estudo, não obstante a inquestionável relevância do tema, esta obra não irá abordar a sistemática de efetivação do provimento antecipatório de tutela inibitória ou de remoção do ilícito.

3.2.1. Sistemática de efetivação dos provimentos antecipatórios referentes às obrigações de fazer e não fazer

Seguindo a mesma linha do CPC de 1973, o CPC de 2015 outorga ao juiz um amplo poder executivo que o permite empregar as medidas que julgar ne-

---

[365] MITIDIERO, Daniel. *Antecipação de tutela:* da tutela cautelar à técnica antecipatória. São Paulo: Revista dos Tribunais, 2013, p. 156.

cessárias para a efetivação do provimento antecipatório ou definitivo (art. 297, parágrafo único, c/c art. 536, § 1º, e 538, § 3º, e art. 497, parágrafo único), podendo, por exemplo, efetivar o provimento que implique um fazer ou não fazer através da aplicação da multa coercitiva a fim de coagir o próprio executado a adimpli-lo (art. 537), ou então, através da aplicação da técnica sub-rogatória da busca e apreensão, remoção de pessoas e coisas, desfazimento de obras, impedimento de atividade nociva, dentre outras tantas técnicas, a fim de efetivá-lo independentemente da vontade do executado (arts. 536, §§ 1º, 2º e 3º).

Por derradeiro, o legislador concede ainda ao juiz a possibilidade de empregar multa sancionatória ao ato atentatório à dignidade da jurisdição, pois considerando que é dever das partes "cumprir com exatidão os provimentos mandamentais e não criar embaraços à efetivação de provimentos judiciais, de natureza antecipatória ou final" (art. 536, § 3º, CPC 2015), a sua inobservância sujeita à parte à multa por desobediência à autoridade, ou seja, ao *contempt of court*.

Uma das novidades do CPC de 2015 no âmbito das técnicas de efetivação é a que prevê no art. 536, § 2º,[366] a possibilidade do mandado de busca e apreensão de pessoas e coisas ser cumprido por dois oficiais de justiça, se houver necessidade de arrombamento, buscando, assim, imprimir maior efetividade na aplicação da técnica sub-rogatória.

Dentre estas variadas técnicas processuais disponibilizadas pelo legislador para a efetivação de provimentos jurisdicionais, parte significativa da doutrina[367] vê a multa coercitiva como a técnica ideal para a tutela dos direitos, dada a sua maleabilidade, completude e economicidade.

Trata-se de técnica processual, cuja origem na ordem jurídica pátria remete às *astreintes* francesas e que tem por desiderato atuar sobre a vontade do demandado a fim de convencê-lo a realizar a conduta ordenada pelo juiz. Constitui, deste modo, técnica com função coercitiva, e não punitiva ou ressarcitória. Em termos de tratamento legislativo da multa coercitiva, o CPC de 1973 se mostra ainda bastante tímido, dado que dele se ocupa apenas nos §§ 2º, 4º e 6º do art. 461.[368]

---

[366] Art. 536. § 2º O mandado de busca e apreensão de pessoas e coisas será cumprido por 2 (dois) oficiais de justiça, observando-se o disposto no art. 846, §§ 1º a 4º, se houver necessidade de arrombamento. (BRASIL. *Lei nº 13.105/2015, de 16 de março de 2015. Código de Processo Civil.* Brasília, DF: Congresso Nacional, 2015. Disponível em: <http://www.planalto.gov.br/ccivil_03/_Ato2015-2018/2015/Lei/L13105.htm>. Acesso em: 19 jun. 2015.).

[367] TARUFFO, Michele *apud* MITIDIERO, Daniel. *Antecipação de tutela:* da tutela cautelar à técnica antecipatória. São Paulo: Revista dos Tribunais, 2013, p. 156-157.

[368] Conforme bem observa Daniel Mitidiero, é preciso atentar, no entanto, que, caso não observada a ordem judicial proferida com cominação de multa, o valor cominado resulta em sanção pecuniária. A natureza coercitiva decorre da sua finalidade que é estritamente de coerção. A sanção, nada mais é do que um resultado prático não almejado precipuamente por esta técnica coercitiva (MITIDIERO, Daniel. *Antecipação de tutela:* da tutela cautelar à técnica antecipatória. São Paulo: Revista dos Tribunais, 2013, p. 156-157).

O CPC de 2015, por sua vez, mantém a essência da disciplina processual de 1973 acerca da técnica coercitiva da multa, aperfeiçoando-a em alguns pontos específicos e concentrando-a em um único dispositivo legal (art. 537), composto por cinco parágrafos, voltado integralmente a discipliná-la. Neste sentido, dispõe no *caput*: "A multa independe de requerimento da parte e poderá ser aplicada na fase de conhecimento, em tutela provisória ou na sentença, ou na fase de execução, desde que seja *suficiente* e *compatível* com a obrigação e que se determine prazo *razoável* para cumprimento do preceito".

Mais uma vez fica nítida a observância pelo legislador do princípio da proporcionalidade, mais especificamente das suas submáximas da adequação, necessidade e proporcionalidade em sentido estrito, bem como do princípio da menor onerosidade à esfera jurídica do executado, pois estabelece que a multa coercitiva só pode ser aplicada desde que seja suficiente (necessária) e compatível com a obrigação (adequada) e que se determine prazo razoável para cumprimento do preceito. Revela-se, desta feita, disciplina salutar, na medida em que concilia expressamente o melhor interesse do exequente (medida mais adequada e eficaz) com a menor onerosidade possível ao executado.

Os parágrafos do art. 537 do CPC 2015 que compõem a disciplina da técnica coercitiva da multa serão enfrentados pormenorizadamente nas linhas seguintes.

Pois bem, a multa coercitiva consiste em uma técnica de efetivação de ordem judicial que pode ser empregada de ofício ou a requerimento da parte (art. 537, *caput*).[369] Aliás, a sua modificação (§ 1º do art. 537)[370] e revogação[371] também podem ser realizadas de ofício, integrando-se, assim, no poder executivo e de condução do processo outorgado ao juiz com vistas à tutela jurisdicional efetiva do direito.

O beneficiário da multa coercitiva é o exequente, conforme disposição expressa inovadora do art. 537, § 2º, do CPC 2015. Embora o CPC 1973 silencie a este respeito, a doutrina já concluía neste sentido, pois se a lei no art. 461, § 2º, do CPC 1973 prescreve que eventual indenização por perdas e danos se

---

[369] Art. 537. A multa independe de requerimento da parte e poderá ser aplicada na fase de conhecimento, em tutela provisória ou na sentença, ou na fase de execução, desde que seja suficiente e compatível com a obrigação e que se determine prazo razoável para cumprimento do preceito. (BRASIL. *Lei nº 13.105/2015, de 16 de março de 2015. Código de Processo Civil. Brasília*, DF: Congresso Nacional, 2015. Disponível em: <http://www.planalto.gov.br/ccivil_03/_Ato2015-2018/2015/Lei/L13105.htm>. Acesso em: 19 jun. 2015.).

[370] Art. 537. § 1º O juiz poderá, de ofício ou a requerimento, modificar o valor ou a periodicidade da multa vincenda ou excluí-la, caso verifique que: I – se tornou insuficiente ou excessiva; II – o obrigado demonstrou cumprimento parcial superveniente da obrigação ou justa causa para o descumprimento. (BRASIL. *Lei nº 13.105/2015, de 16 de março de 2015. Código de Processo Civil. Brasília*, DF: Congresso Nacional, 2015. Disponível em: <http://www.planalto.gov.br/ccivil_03/_Ato2015-2018/2015/Lei/L13105.htm>. Acesso em: 19 jun. 2015.).

[371] BRASIL. Superior Tribunal de Justiça. 2ª Turma. Recurso Especial nº 776.922/SP. Relatora: Min. Eliana Calmon. *Diário da Justiça da União*, 13 abr. 2007. Disponível em: <http://www.stj.jus.br/>. Acesso em: 06 dez. 2014.

dará sem prejuízo da multa, se conclui que ambos os valores possuem identidade de destinatário, ou seja, revertem em benefício da parte.[372]

A possibilidade de modificar o valor da multa coercitiva é matéria indiscutível, pois decorre de previsão legal expressa no CPC 2015 (art. 537, § 1°). O que pode gerar debate, entretanto, é a questão de até que momento pode o juiz modificá-la. Segundo a jurisprudência, esta modificação pode se dar ao longo de todo o processo, e inclusive, na fase de cumprimento da decisão. Disso se conclui que a determinação de multa coercitiva não faz coisa julgada,[373] justamente porque pode ser modificada a qualquer tempo conforme as necessidades do caso concreto, vale dizer, conforme a sua suficiência para coagir o executado a cumprir a ordem e conforme a capacidade econômica do executado.

Como toda e qualquer técnica processual, a multa coercitiva deve ser empregada pelo juiz de modo *proporcional*, observando os critérios de *adequação*, *necessidade* e *proporcionalidade em sentido estrito*, sempre com vistas às necessidades do direito que se busca realizar de forma antecipada, sob pena de se revelar arbitrária, inidônea e ineficaz.

Como se vê, o próprio legislador já observa o princípio da proporcionalidade e suas submáximas ao prescrever que a multa deve ser *suficiente* em termos de valor, *compatível* com o direito objeto da tutela e fixada em *prazo razoável* para o cumprimento da ordem (art. 537, CPC 2015). Tanto a fixação do valor quanto a estipulação de prazo para o cumprimento da ordem sob pena de multa devem ser *necessárias* à efetivação antecipada do direito.

Outrossim, a cominação de multa coercitiva deve ser *adequada* às necessidades do direito que se busca realizar de forma antecipada e, ainda, a importância da satisfação do direito deve ser tal que justifique o valor fixado (*proporcional em sentido estrito*) para convencer o executado a realizar a conduta ou a abstenção ordenada pelo juiz.

Conforme expressamente autorizado pelo CPC 2015 (art. 537, § 1°),[374] a multa coercitiva pode ser *fixa* ou *periódica*, e neste último caso, pode ser ainda, *estática* ou *progressiva*. A multa é fixa quando é determinado um valor pecuniário

---

[372] Para um estudo mais aprofundado sobre a técnica coercitiva da multa, ver: AMARAL, Guilherme Rizzo. *As astreintes e o processo civil brasileiro.* 2. ed. Porto Alegre: Livraria do Advogado, 2010; ARENHART, Sérgio Cruz. *Perfis da tutela inibitória coletiva.* São Paulo: Revista dos Tribunais, 2003, p. 350-381; GUERRA, Marcelo Lima. *Execução indireta.* São Paulo: Revista dos Tribunais, 1999; OLIVEIRA, Evandro de. *Multa no Código de Processo Civil.* São Paulo: Saraiva, 2011.

[373] BRASIL. Superior Tribunal de Justiça. 4ª Turma. Agravo Regimental no Agravo n° 745.631/PR. Relator: Min. Aldir Passarinho. *Diário da Justiça da União,* 18 jun. 2007. Disponível em: <http://www.stj.jus.br/>. Acesso em: 06 dez. 2014.

[374] Art. 537. § 1° O juiz poderá, de ofício ou a requerimento, modificar o valor ou a periodicidade da multa vincenda ou excluí-la, caso verifique que: I – se tornou insuficiente ou excessiva; II – o obrigado demonstrou cumprimento parcial superveniente da obrigação ou justa causa para o descumprimento. (BRASIL. *Lei n° 13.105/2015, de 16 de março de 2015. Código de Processo Civil.* Brasília, DF: Congresso Nacional, 2015. Disponível em: <http://www.planalto.gov.br/ccivil_03/_Ato2015-2018/2015/Lei/L13105.htm>. Acesso em: 19 jun. 2015.).

em parcela única para caso de descumprimento da ordem. Por consequência lógica, é periódica quando é cominado um valor pecuniário por unidade de tempo para a hipótese de inadimplemento da ordem. Na modalidade periódica, pode, ainda, manter o seu valor ao longo do prazo concedido pelo juiz para o cumprimento da ordem, sendo, deste modo, estática, ou então, aumentar o seu valor, sendo, neste caso, progressiva.[375]

Dito isso, fica fácil perceber que a multa fixa é adequada para compelir o cumprimento de ordens de não fazer (abstenção), desde que, obviamente, fixada em valor suficiente para convencer o demandado a não praticar a conduta cuja abstenção foi ordenada pelo juiz. Não surtiria qualquer efeito fixar uma multa periódica para uma ordem judicial de abstenção quando basta uma única inobservância da mesma para revelar a inidoneidade da multa para convencer o demandado a cumprir o ordenado, sendo, portanto, incompatível com o fim de abstenção a multa periódica. Ou seja, se a finalidade desta medida é coagir ao cumprimento, não tem sentido fazê-la incidir quando já transgredida a ordem.

Em contrapartida, a multa periódica é idônea para coagir o cumprimento de ordens de fazer que impliquem na adoção de comportamento ativo por parte do demandado. É igualmente adequada para compelir a entrega de coisa, pois, em ambas as situações de direito material, quanto maior a resistência do demandado em observar o ordenado, maior deve ser o poder coercitivo da multa. A incidência desta multa pode se dar tanto de modo estático quanto progressivo, em conformidade com as necessidades evidenciadas pelo direito material que se busca proteger.

Esclarecida a sua caracterização, fica fácil perceber que a compatibilidade da multa periódica está restrita à realização das ordens de fazer, incluídas as concernentes à entrega de coisa.[376]

Quanto à forma de incidência da multa periódica que se dá por unidade de tempo, embora o mais corriqueiro na prática forense seja a cominação de multa diária, nada impede que a cominação da multa se dê por outra unidade de tempo, como por exemplo, por segundos, minutos, horas, semanas, etc.,[377] pois assim autoriza o próprio CPC 2015 (§ 1º do art. 537), desde que, obviamente, seja suficiente e compatível com as necessidades do direito que se busca realizar de forma antecipada, sob pena de se revelar arbitrária, inidônea e ineficaz.

O valor da multa coercitiva, como já referido, deve ser suficiente para convencer o demandado a cumprir imediatamente o ordenado, e por isso, não está atrelado ao valor econômico do direito material objeto da tutela. A *suficiência* do valor que o legislador refere no art. 537 aduz aos seguintes fatores que devem ser considerados na sua fixação: (*i*) o perfil econômico do demandado,

---

[375] MITIDIERO, Daniel. *Antecipação de tutela:* da tutela cautelar à técnica antecipatória. São Paulo: Revista dos Tribunais, 2013, p. 158.

[376] Ibidem.

[377] Neste sentido: Ibidem.

mais especificamente, do seu potencial econômico de resistência à ordem, (*ii*) a relevância social outorgada pela Constituição Federal ao bem jurídico que se almeja tutelar com a ordem judicial,[378] e (*iii*) a necessidade de tutela do mesmo.

Consoante já mencionado, o prazo para cumprimento da ordem que determina um fazer ou não fazer deve ser razoável, ou seja, compatível com a dificuldade própria da tarefa ordenada judicialmente, de tal modo que quanto mais complexo o cumprimento da ordem, naturalmente maior prazo deve ser concedido à parte para o seu cumprimento, sob pena de resultar arbitrário, abusivo, inidôneo e ineficaz.

Este prazo para cumprimento da ordem sob pena de multa, obviamente, só vincula a parte a partir do momento em que é intimada pessoalmente da mesma.[379] Significa dizer que só a partir da intimação pessoal do demandado a conduta ordenada passa a ser exigível, incidindo a multa em caso de transgressão da ordem.

Transgredida a determinação, conforme disposição expressa inovadora (art. 537, § 3º) do CPC 2015: "A decisão que fixa a multa é passível de cumprimento provisório, devendo ser depositada em juízo, permitido o levantamento do valor após o trânsito em julgado da sentença favorável à parte ou na pendência do agravo fundado nos incisos II ou III do art. 1.042". Embora o CPC 1973 silencie acerca desta possibilidade, a jurisprudência[380] já é firmada neste sentido ao sustentar que descumprida a ordem o valor da multa passa a ser exigível, entretanto, ainda não é passível de levantamento pelo exequente, passando a ser apenas após o trânsito em julgado da decisão favorável à parte que dela é beneficiária.

Além da medida coercitiva da multa, conforme ensina Luiz Guilherme Marinoni, o sistema processual conta também com as medidas de coerção direta e de sub-rogação que viabilizam a efetivação antecipada da tutela que se realize mediante um fazer ou não fazer, independentemente da vontade do demandado. Constituem, assim, modalidades de execução direta porque conduzem diretamente à satisfação do direito.[381]

De acordo com o processualista, em relação à execução direta há, portanto, duas modalidades de técnica executiva: a de coerção direta e a de

---

[378] MITIDIERO, Daniel. *Antecipação de tutela:* da tutela cautelar à técnica antecipatória. São Paulo: Revista dos Tribunais, 2013, p. 158.

[379] Neste sentido, entendimento sumulado: Súmula 410, STJ: "A prévia intimação pessoal do devedor constitui condição necessária para a cobrança da multa pelo descumprimento de obrigação de fazer ou não fazer".

[380] BRASIL. Superior Tribunal de Justiça. 3ª Turma. Medida Cautelar nº 12.809/RS. Relatora: Min. Nanci Andrighi. *Diário da Justiça da União,* 15 maio 2007; BRASIL. Superior Tribunal de Justiça. 3ª Turma. Agravo Regimental nos Embargos de Declaração no Recurso Especial nº 871.165/RS. Relator: Min. Paulo Furtado. *Diário da Justiça da União,* 15 set. 2010. Disponível em: <http://www.stj.jus.br/>. Acesso em: 06 dez. 2013.

[381] MARINONI, Luiz Guilherme. *Tutela inibitória:* individual e coletiva. São Paulo: Revista dos Tribunais, 2003, p. 99-100.

sub-rogação. A medida coercitiva direta não substitui a prestação devida pelo demandado, pois essa não existe. Esta técnica atua nos casos em que para a efetivação do provimento antecipatório, e assim, para a realização do direito, não se faz necessária a atuação do vencido, bastando, por exemplo, a expedição de mandado de remoção de pessoas e coisas, impedimento de atividade nociva, busca e apreensão, a ser cumprido por auxiliar do juízo.[382]

A medida sub-rogatória, por sua vez, segundo Luiz Guilherme Marinoni, substitui a prestação do executado. Essa técnica atua, portanto, nos casos em que, para a efetivação do provimento antecipatório, e assim, para a realização do direito, se faz necessária uma prestação do demandado, a qual restando inadimplida exige atuação substitutiva de terceiro que satisfaz a obrigação no lugar da parte.[383] Entretanto, tais medidas sub-rogatórias só serão idôneas à efetivação do provimento antecipatório de tutela que se realize mediante um fazer fungível, uma vez que sendo a prestação infungível, esta só poderá ser cumprida pelo próprio demandado, caso em que a única técnica de efetivação aplicável será a da multa coercitiva.

Além das técnicas coercitiva e sub-rogatória, como já referido no início desta seção, o CPC 2015 prevê ainda (art. 536, § 1º)[384] uma cláusula executiva aberta que permite ao juiz determinar medidas necessárias para a obtenção da tutela específica ou do resultado prático equivalente.

Tal dispositivo representa um significativo avanço do ordenamento processual, na medida em que rompe com o sistema executivo típico para a tutela dos direitos, instaurando um sistema atípico para sua proteção, viabilizando, deste modo, ao juiz a prestação de uma tutela jurisdicional adequada, tempestiva e efetiva dos direitos.

Impende esclarecer, neste particular, que o rol das medidas executivas necessárias previsto no art. 536, § 1º, do CPC 2015 é meramente exemplificativo, o que justifica a expressão empregada neste estudo de cláusula executiva aberta, e aplicável não só para a efetivação de provimento judicial definitivo, mas também para a efetivação de provimento provisório, que nada mais é do que a antecipação do cumprimento provisório da sentença, que de regra, só viria após o julgamento da apelação, e em alguns casos, apenas após trânsito em julgado.

---

[382] MARINONI, Luiz Guilherme. *Tutela inibitória:* individual e coletiva. São Paulo: Revista dos Tribunais, 2003, p. 99-100.

[383] Ibidem.

[384] Art. 536. No cumprimento de sentença que reconheça a exigibilidade de obrigação de fazer ou de não fazer, o juiz poderá, de ofício ou a requerimento, para a efetivação da tutela específica ou a obtenção de tutela pelo resultado prático equivalente, determinar as medidas necessárias à satisfação do exequente. § 1º Para atender ao disposto no caput, o juiz poderá determinar, entre outras medidas, a imposição de multa, a busca e apreensão, a remoção de pessoas e coisas, o desfazimento de obras e o impedimento de atividade nociva, podendo, caso necessário, requisitar o auxílio de força policial. (BRASIL. *Lei nº 13.105/2015, de 16 de março de 2015. Código de Processo Civil. Brasília,* DF: Congresso Nacional, 2015. Disponível em: <http://www.planalto.gov.br/ccivil_03/_Ato2015-2018/2015/Lei/L13105.htm>. Acesso em: 19 jun. 2015.).

Assim, é possível concluir que, seguindo a mesma linha do CPC de 1973, o CPC de 2015 outorga ao juiz um amplo poder executivo que o permite empregar as medidas que julgar necessárias para a efetivação do provimento antecipatório ou definitivo (art. 297, parágrafo único, c/c art. 536, § 1º, e 538, § 3º, e art. 497, parágrafo único), podendo, por exemplo, efetivar o provimento que implique um fazer ou não fazer através da aplicação da multa coercitiva a fim de coagir o próprio executado a adimpli-lo (art. 537), podendo ainda, como reforço, aplicar a multa sancionatória a fim de punir o comportamento desobediente aos provimentos jurisdicionais (art. 536, § 3º), ou então, através da aplicação da técnica sub-rogatória da busca e apreensão, remoção de pessoas e coisas, desfazimento de obras, impedimento de atividade nociva, dentre outras técnicas, a fim de efetivá-lo independentemente da vontade do executado (art. 536, §§ 1º, 2º e 3º).

3.2.2. Sistemática de efetivação dos provimentos antecipatórios referentes às obrigações de entrega de coisa

O provimento antecipatório de tutela que reconheça a exigibilidade de uma obrigação de entrega ou o desapossamento de determinada coisa, como já referido no tópico anterior, também efetiva-se no ordenamento pátrio de forma atípica, pois se vale tanto de (i) técnicas coercitivas quanto (ii) sub-rogatórias ou (iii) sancionatórias para ser concretizado.

A esse respeito, seguindo a mesma linha do CPC de 1973, o CPC de 2015 outorga ao juiz um amplo poder executivo que o permite empregar as medidas que julgar necessárias para a efetivação do provimento antecipatório ou definitivo (art. 297, parágrafo único, c/c arts. 536, § 1º, e 538, § 3º), podendo, por exemplo, efetivar o provimento que implique a entrega de coisa móvel ou imóvel, independentemente da vontade do executado, através da aplicação da técnica sub-rogatória da busca e apreensão ou imissão na posse (art. 538, *caput*), ou então, através da aplicação da técnica coercitiva da multa a fim de coagir o próprio executado a adimpli-lo (art. 538, § 3º, c/c art. 536, §§ 1º, 2º e 3º), podendo, ainda, como reforço, aplicar a técnica sancionatória da multa a fim de punir o comportamento desobediente aos provimentos jurisdicionais (art. 536, § 3º).

Em termos de efetividade, a medida sub-rogatória da busca e apreensão ou imissão na posse (art. 538, *caput*),[385] conforme se tratar de coisa móvel ou imóvel, é a técnica mais idônea para efetivar os provimentos antecipatórios

---

[385] Art. 538. Não cumprida a obrigação de entregar coisa no prazo estabelecido na sentença, será expedido mandado de busca e apreensão ou de imissão na posse em favor do credor, conforme se tratar de coisa móvel ou imóvel. (BRASIL. *Lei nº 13.105/2015, de 16 de março de 2015. Código de Processo Civil.* Brasília, DF: Congresso Nacional, 2015. Disponível em: <http://www.planalto.gov.br/ccivil_03/_Ato2015-2018/2015/Lei/L13105.htm>. Acesso em: 19 jun. 2015.).

que determinam a entrega ou o desapossamento de coisa em risco de dano ou perecimento, pois viabiliza a efetiva e tempestiva entrega do bem independentemente da vontade do demandado. Constitui, assim, modalidade de execução direta porque conduz diretamente à tutela do direito, sem qualquer interferência do demandado.

Além da técnica sub-rogatória da busca e apreensão ou imissão na posse, o ordenamento processual pátrio conta também com a técnica coercitiva da multa periódica para coagir o cumprimento de ordens de entregar coisa, pois, em situações como estas em que o direito material se encontra em risco de dano ou perecimento, quanto maior a resistência do demandado em observar o ordenado, maior deve ser o poder coercitivo da multa. A incidência desta multa pode se dar tanto de modo estático quanto progressivo, em conformidade com as necessidades evidenciadas pelo direito material que se busca proteger.[386]

Quanto à forma de incidência da multa periódica que se dá por unidade de tempo, como já referido na seção anterior, embora o mais corriqueiro na prática forense seja a cominação de multa diária, nada impede que a cominação da multa se dê por outra unidade de tempo, como por exemplo, por segundos, minutos, horas, semanas, etc.,[387] pois assim autoriza o próprio CPC de 2015 (§ 1º do art. 537 c/c § 3º do art. 538), desde que, obviamente, seja suficiente e compatível com as necessidades do direito que se busca realizar de forma antecipada, sob pena de se revelar arbitrária, inidônea e ineficaz.

O valor da multa coercitiva, como já referido, deve ser suficiente para convencer o demandado a cumprir imediatamente o ordenado, e por isso, não está atrelado ao valor econômico do bem móvel ou imóvel objeto da tutela. A *suficiência* do valor que o legislador refere no art. 537, § 1º, do CPC 2015, aduz aos seguintes fatores que devem ser considerados na sua fixação: (*i*) o perfil econômico do demandado, mais especificamente, do seu potencial econômico de resistência à ordem, (*ii*) a relevância social outorgada pela Constituição Federal ao bem jurídico que se almeja tutelar com a ordem judicial,[388] e (*iii*) a necessidade de tutela do mesmo.

Consoante já mencionado, o prazo para cumprimento da ordem que determina entrega ou desapossamento de coisa deve ser razoável, ou seja, compatível com a dificuldade própria da tarefa ordenada judicialmente, de tal modo que quanto mais complexo o cumprimento da ordem, naturalmente maior prazo deve ser concedido a parte para o seu cumprimento, sob pena de resultar arbitrário, abusivo, inidôneo e ineficaz.

---

[386] MITIDIERO, Daniel. *Antecipação de tutela:* da tutela cautelar à técnica antecipatória. São Paulo: Revista dos Tribunais, 2013, p. 158.

[387] Neste sentido: MITIDIERO, Daniel. *Antecipação de tutela:* da tutela cautelar à técnica antecipatória. São Paulo: Revista dos Tribunais, 2013, p. 158.

[388] MITIDIERO, op. cit., p. 158.

Este prazo para cumprimento da ordem de entrega ou desapossamento da coisa sob pena de multa, obviamente, só vincula a parte a partir do momento em que é intimada pessoalmente da mesma.[389] Significa dizer que, só a partir da intimação pessoal do demandado a conduta ordenada passa a ser exigível, incidindo a multa em caso de transgressão da ordem.

Transgredida a determinação, conforme disposição expressa inovadora (art. 537, § 3º) do CPC 2015: "A decisão que fixa a multa é passível de cumprimento provisório, devendo ser depositada em juízo, permitido o levantamento do valor após o trânsito em julgado da sentença favorável à parte ou na pendência do agravo fundado nos incisos II ou III do art. 1.042", tal como já se posiciona a jurisprudência[390] diante do silêncio do CPC 1973 a esse respeito.

Por derradeiro, o legislador concede ainda ao juiz a possibilidade de empregar multa sancionatória ao ato atentatório à dignidade da jurisdição, pois considerando que é dever das partes "cumprir com exatidão os provimentos mandamentais e não criar embaraços à efetivação de provimentos judiciais, de natureza antecipatória ou final" (art. 536, § 3º, CPC de 2015), a sua inobservância sujeita à parte à multa por desobediência à autoridade.

Além das técnicas coercitiva, sub-rogatória e sancionatória, como já referido no início desta seção, o CPC 2015 prevê ainda (art. 536, § 1º, [391] c/c art. 538, § 3º,[392]) uma cláusula executiva aberta que permite ao juiz determinar as medidas necessárias para a obtenção da tutela específica ou do resultado prático equivalente, tais como, a imposição de multa, a busca e apreensão, a remoção de pessoas e coisas, o desfazimento de obras e o impedimento de atividade nociva, podendo, caso necessário, requisitar o auxílio de força policial.

Tal dispositivo, como já ressaltado, representa um significativo avanço do ordenamento processual, na medida em que rompe com o sistema executivo típico para a tutela dos direitos, instaurando um sistema atípico para sua pro-

---

[389] Neste sentido, entendimento sumulado: Súmula 410, STJ: "A prévia intimação pessoal do devedor constitui condição necessária para a cobrança da multa pelo descumprimento de obrigação de fazer ou não fazer".

[390] BRASIL. Superior Tribunal de Justiça. 3ª Turma. Medida Cautelar nº 12.809/RS. Relatora: Min. Nanci Andrighi. *Diário da Justiça da União*, 15 maio 2007; BRASIL. Superior Tribunal de Justiça. 3ª Turma. Agravo Regimental nos Embargos de Declaração no Recurso Especial nº 871.165/RS. Relator: Min. Paulo Furtado. *Diário da Justiça da União*, 15 set. 2010. Disponível em: <http://www.stj.jus.br/>. Acesso em: 06 dez. 2010.

[391] Art. 536. § 1º Para atender ao disposto no caput, o juiz poderá determinar, entre outras medidas, a imposição de multa, a busca e apreensão, a remoção de pessoas e coisas, o desfazimento de obras e o impedimento de atividade nociva, podendo, caso necessário, requisitar o auxílio de força policial. (BRASIL. *Lei nº 13.105/2015, de 16 de março de 2015*. *Código de Processo Civil*. Brasília, DF: Congresso Nacional, 2015. Disponível em: <http://www.planalto.gov.br/ccivil_03/_Ato2015-2018/2015/Lei/L13105.htm>. Acesso em: 19 jun. 2015).

[392] Art. 538. § 3º Aplicam-se ao procedimento previsto neste artigo, no que couber, as disposições sobre o cumprimento de obrigação de fazer ou de não fazer. (BRASIL. *Lei nº 13.105/2015, de 16 de março de 2015*. *Código de Processo Civil*. Brasília, DF: Congresso Nacional, 2015. Disponível em: <http://www.planalto.gov.br/ccivil_03/_Ato2015-2018/2015/Lei/L13105.htm>. Acesso em: 19 jun. 2015).

teção, viabilizando, deste modo, ao juiz a prestação de uma tutela jurisdicional adequada, tempestiva e efetiva dos direitos.

Impende rememorar, neste particular, que o referido rol das medidas executivas necessárias é meramente exemplificativo, o que justifica a expressão empregada neste estudo de cláusula executiva aberta, sendo aplicável tanto para a efetivação de título judicial definitivo quanto provisório, incluindo, portanto, o provimento antecipatório, que nada mais é do que a antecipação do cumprimento provisório da sentença, que de regra, só viria após o julgamento da apelação, e em alguns casos, apenas após trânsito em julgado, quando então se torna definitiva.

Assim, é possível concluir que, seguindo a mesma linha do CPC de 1973, o CPC de 2015 outorga ao juiz um amplo poder executivo que o permite empregar as medidas que julgar necessárias para a efetivação do provimento antecipatório ou definitivo (art. 297, parágrafo único, c/c arts. 536, § 1º, e 538, § 3º), podendo, por exemplo, executar o provimento que implique a entrega de coisa móvel ou imóvel, independentemente da vontade do executado, através da aplicação da técnica sub-rogatória da busca e apreensão ou imissão na posse (art. 538, *caput*), ou então, através da aplicação da técnica coercitiva da multa a fim de coagir o próprio executado a adimpli-lo (art. 538, § 3º, c/c art. 536, §§ 1º, 2º e 3º), podendo ainda, como reforço, aplicar a técnica sancionatória da multa a fim de punir o comportamento desobediente aos provimentos jurisdicionais (art. 536, § 3º).

3.3. A PROPORCIONALIDADE COMO POSTULADO ORIENTADOR DA TÉCNICA ADEQUADA À EFETIVAÇÃO DO PROVIMENTO ANTECIPATÓRIO E O CONTROLE DO PODER EXECUTIVO DO JUIZ

Sem qualquer pretensão de exaurir o tema, dadas as limitações físicas e o objetivo precípuo deste estudo, é importante destacar que no direito processual contemporâneo não há como estudar satisfatoriamente o tema da efetivação do provimento antecipatório de tutela sem dar uma atenção especial à relevante questão do controle do poder executivo do juiz, que indubitavelmente deve existir neste cenário jurídico-processual a fim de evitar qualquer espécie de arbitrariedade e abusividade praticada em sede de atividade jurisdicional executiva.

Com efeito, a questão chave que deve ser desvendada neste contexto é saber como viabilizar e promover este controle do poder jurisdicional de efetivar provimentos antecipatórios, vale dizer, de cumprir provisoriamente a sentença.

Seguindo a linha de raciocínio desenvolvida por Daniel Mitidiero: "o controle do poder de efetivação e execução da decisão que antecipa a tutela jurisdicional é realizado através da conjugação da regra do interesse do demandante (art. 797, CPC 2015) e da proporcionalidade da técnica executiva". Explica o processualista que este postulado normativo da proporcionalidade envolve o atendimento da sub-regra do meio mais idôneo (*adequação*), do meio menos gravoso (*necessidade*) e da justificação da técnica adotada com base na relevância da realização tutela do direito em comparação à restrição ocasionada na esfera da parte contrária pelo emprego da técnica processual (*proporcionalidade em sentido estrito*).[393]

Resolvida a questão nestes termos, considerando que a regra central aplicável à jurisdição executiva é a que determina que, dentre as várias técnicas processuais igualmente idôneas, deve-se empregar a menos gravosa ao demandado, importa ter bem claro que não é possível preferir a adoção de meio menos idôneo apenas para proteção da posição jurídica do demandado. Significa dizer que, entre o meio mais idôneo e mais gravoso e o meio menos idôneo e menos gravoso, deve prevalecer na escolha do juiz o emprego do meio mais idôneo, ainda que mais gravoso, pois a efetivação ou execução do provimento antecipatório se dá, antes, no interesse do demandante[394] (art. 797, CPC 2015).

Complementando esta linha de raciocínio, Teori Zavascki ensina que o princípio da finalidade deve ser imprescindivelmente levado em consideração para a definição da técnica processual de efetivação da tutela antecipada, em especial, daquela fundada no fator urgência, de modo que os atos de concretização da tutela devem ser praticados pelo modo que melhor atenda a razão de ser da antecipação da tutela.[395]

Neste contexto, portanto, considerando que o controle do poder de efetivação e execução do provimento antecipatório é realizado através da conjugação da regra do interesse do demandante e do postulado da proporcionalidade, impende ser resgatada a sistemática de aplicação do referido postulado, exposta no primeiro capítulo, a fim de evitar que o seu emprego resulte em arbitrariedade e abusividade do poder jurisdicional executivo.

O que interessa para os fins deste estudo, e mais especificamente desta seção, é a relevância da contribuição da Lei de Sopesamento material e epistêmica, e mais precisamente, da Fórmula de Peso para a solução do conflito valorativo entre efetividade e segurança jurídica travado no momento da escolha da técnica processual adequada à efetivação do provimento antecipatório. Tal relevância se traduz, nas palavras de Fausto Santos de Morais no fato de que:

---

[393] MITIDIERO, Daniel. *Antecipação de tutela:* da tutela cautelar à técnica antecipatória. São Paulo: Revista dos Tribunais, 2013, p. 160.

[394] Ibidem.

[395] ZAVASCKI, Teori Albino. *Antecipação da tutela.* São Paulo: Saraiva, 1997, p. 93.

o grau de incerteza na satisfação de um determinado princípio jurídico determina maior peso à impossibilidade de intervenção no princípio colidente. Da mesma forma, quanto maior a certeza da satisfação do princípio jurídico envolvido, maior será a possibilidade de intervenção no princípio adversário.[396]

Destarte, para realizar o controle do poder executivo do juiz, e assim, verificar a legitimidade da técnica escolhida para efetivar o provimento antecipatório e resolver o conflito valorativo travado entre efetividade e segurança no momento desta escolha, esta obra se vale do método de aplicação do princípio da proporcionalidade, apresentado passo a passo no primeiro capítulo.

Para tanto, o primeiro passo é verificar o atendimento das submáximas da adequação e necessidade. Pois bem, para a efetivação do provimento antecipatório de tutela pecuniária fundado na urgência, a técnica do poder mandamental do juiz associada à multa coercitiva constitui mecanismo: (*i*) *adequado* para efetivar tempestivamente o provimento antecipatório de tutela pecuniária fundado na urgência nos casos, é claro, em que tal técnica for compatível com o perfil econômico do executado; e (*ii*) *necessário* para viabilizar a satisfação imediata do direito ao crédito em iminente risco de dano ou perecimento, pois caso fosse efetivado pela técnica típica da expropriação restaria lesionado ou perecido, tendo em vista o procedimento anacrônico, moroso, e muitas vezes, inefetivo que o mesmo envolve.

O segundo passo é verificar o atendimento da terceira e última submáxima da proporcionalidade através da operação de sopesamento dos valores em colisão. Aplica-se nesta verificação as duas leis de sopesamento: (*i*) a lei da fundamentação material da intervenção e satisfação sobre os valores envolvidos, segundo a qual quanto maior for o grau de afetação de um princípio, tanto maior terá que ser a importância da satisfação do outro; e (*ii*) a lei da certeza empírica sobre os juízos de intervenção e satisfação, segundo a qual quanto maior for a certeza da satisfação do princípio jurídico envolvido, maior será a possibilidade de intervenção no princípio adversário.

Neste sentido, a técnica do poder mandamental associada à multa coercitiva constitui instrumento *proporcional* para a efetivação do provimento antecipatório de tutela pecuniária fundado na urgência, pois (*i*) tutela *eficazmente* o direito ao crédito que se encontra em risco de dano ou perecimento nos casos em que, é claro, tal técnica for compatível com o perfil econômico do executado; e (*ii*) dentre as técnicas de efetivação existentes se revela a um só tempo a mais eficaz se comparada à morosidade, intempestividade e inefetividade da técnica expropriatória e a menos prejudicial ao executado com capacidade econômica compatível à técnica da multa, na medida em que, se a coerção surtir o efeito que dela se espera, o pagamento da quantia certa será feito de imediato, e não pelo rito moroso e anacrônico da expropriação, bem como o executado só sofrerá consequências

---

[396] MORAIS, Fausto Santos de. *Hermenêutica e pretensão de correção:* uma revisão crítica da aplicação do princípio da proporcionalidade pelo Supremo Tribunal Federal. São Leopoldo: UNISINOS, 2013, p. 65-68.

em seu patrimônio se não vier a adimplir voluntariamente a ordem judicial de pagamento, consequência esta que será compatível à sua capacidade econômica e à relevância e urgência no cumprimento da obrigação.

Como se vê, no caso concreto em análise é inequívoca a necessidade de aplicar a técnica do poder mandamental do juiz e a multa coercitiva para a efetivação do provimento antecipatório de tutela pecuniária, sob pena de, não o fazendo, o direito ao crédito por ele reconhecido resultar gravemente lesado ou, inclusive, se esvair, justificando, deste modo, a leve afetação ao princípio da segurança jurídica, na medida em que se afasta a aplicação de uma técnica típica de efetivação (expropriatória) para aplicar técnica atípica (poder mandamental associado à multa coercitiva), bem como antecipa uma satisfação que de regra só viria após o julgamento da apelação, ou em alguns casos, apenas após o trânsito em julgado, quando se torna então definitiva. Eis o atendimento à lei do sopesamento material esboçada nas linhas acima.

Neste particular, é importante referir que muito embora o CPC de 2015 prescreva a possibilidade de incidência de multa de 10% sobre o valor condenatório em sede de cumprimento provisório (art. 520, § 2º),[397] a qual até apresenta certa dose de eficiência nos casos em que o executado possui condição financeira compatível com a referida técnica sancionatória, não alcança a potencialidade, amplitude e elasticidade apresentada pela técnica coercitiva da multa dos arts. 536 e 537 do CPC de 2015, a qual tem maior aptidão e flexibilidade para se adequar às necessidades do direito posto em causa e à capacidade financeira do executado, na medida em que tanto o seu valor quanto a sua periodicidade podem ser reduzidos ou majorados conforme as necessidades do caso concreto.

Para não deixar qualquer dúvida acerca da inadequação da técnica expropriatória para a efetivação da antecipação da tutela pecuniária fundada na urgência, basta ponderar que, não obstante a penhora eletrônica[398] possa se revelar frutífera, sendo a partir deste momento relativamente célere a realização do direito, ou seja, da obtenção de dinheiro em quantia certa, pode ocorrer, entretanto, de não ser possível sequer aguardar a prática dos atos inerentes à técnica expropriatória para o recebimento da quantia em dinheiro.[399]

---

[397] Art. 520. §2º. "A multa e os honorários a que se refere o § 1º do art. 523 são devidos no cumprimento provisório de sentença condenatória ao pagamento de quantia certa." (BRASIL. *Lei nº 13.105/2015, de 16 de março de 2015. Código de Processo Civil. Brasília*, DF: Congresso Nacional, 2015. Disponível em: <http://www.planalto.gov.br/ccivil_03/_Ato2015-2018/2015/Lei/L13105.htm>. Acesso em: 19 jun. 2015).

[398] A penhora *online* é uma técnica inovadora que permite realizar a penhora eletronicamente. Consiste, deste modo, em adiantamento de ato constritivo, vale dizer, *medida de execução para segurança*, porquanto viabiliza a restrição judicial de numerário antes mesmo da intimação do devedor para cumprir voluntariamente a sentença, a fim de acelerar o *iter* executivo e garantir desde logo o direito ao recebimento de quantia certa reconhecido no título judicial provisório (QUARTIERI, Rita. *Tutelas de urgência na execução civil*: pagamento de quantia. São Paulo: Saraiva, 2009, p. 41).

[399] MITIDIERO, Daniel. *Antecipação de tutela*: da tutela cautelar à técnica antecipatória. São Paulo: Revista dos Tribunais, 2013, p. 154.

A EFICÁCIA IMEDIATA DA SENTENÇA NO CPC DE 2015

Deste modo, fica nítida a certeza da satisfação do valor efetividade do processo, pois o direito ao crédito reconhecido em provimento antecipatório concedido em sentença ou em grau recursal resta eficazmente tutelado através da técnica do poder mandamental do juiz associado à multa coercitiva, eis que caso fosse efetivado pela técnica típica da expropriação resultaria lesionado ou perecido, permitindo, assim, a leve afetação do valor segurança jurídica ao afastar a aplicação de uma técnica típica de efetivação (expropriatória) das obrigações de natureza pecuniária para aplicar técnica atípica (poder mandamental associado à multa coercitiva), bem como antecipar a efetivação que de regra só viria após o julgamento da apelação, ou em alguns casos, apenas após o trânsito em julgado, quando se torna então definitiva. Eis o atendimento à lei do sopesamento epistêmica referida anteriormente.

A idoneidade e efetividade da decisão mandamental e da multa coercitiva para a imediata efetivação da antecipação de tutela pecuniária decorre do fato de ser a única espécie de técnica apta a imediatamente promover realização da tutela de pagar quantia certa.

Nesta senda, a título conclusivo, é imprescindível atentar para o fato de que a técnica expropriatória só será aplicada para a efetivação do provimento antecipatório de natureza pecuniária se for adequada à necessidade de tutela evidenciada pelo direito material posto em juízo. É o que prescreve o próprio CPC de 2015 (art. 297, parágrafo único)[400] ao referir que a técnica processual prevista para determinada forma de tutela jurisdicional, tal como a expropriação para a condenação, só se aplica *no que couber* para a obtenção da tutela do direito, neste caso, para o pagamento da quantia.

Conforme demonstrado ao longo deste estudo, a possibilidade de aplicação do poder mandamental do juiz associado à multa coercitiva para a efetivação do provimento antecipatório de tutela pecuniária decorre essencialmente do fato de que o legislador tem o dever constitucional de viabilizar a realização do direito fundamental à tutela efetiva dos direitos através da edição de técnicas processuais executivas idôneas à realização dos direitos, assim como o juiz tem o compromisso constitucional de interpretar e aplicar a legislação processual à luz deste direito fundamental, ficando obrigado a extrair da norma processual a sua máxima potencialidade, sempre com vistas a tutelar os direitos de forma adequada, tempestiva e efetiva.[401] Deste modo, é constitucionalmente vedada a proteção legislativa e jurisdicional insuficiente.

---

[400] Art. 297. O juiz poderá determinar as medidas que considerar adequadas para efetivação da tutela provisória. Parágrafo único. A efetivação da tutela provisória observará as normas referentes ao cumprimento provisório da sentença, no que couber. (BRASIL. *Lei nº 13.105/2015, de 16 de março de 2015. Código de Processo Civil. Brasília*, DF: Congresso Nacional, 2015. Disponível em: <http://www.planalto.gov.br/ccivil_03/_Ato2015-2018/2015/Lei/L13105.htm>. Acesso em: 19 jun. 2015).

[401] Neste sentido: MARINONI, Luiz Guilherme. *Técnica processual e tutela dos direitos*. São Paulo: Revista dos Tribunais, 2010, p. 219.

Portanto, a técnica do poder mandamental do juiz associada à medida coercitiva da multa constitui solução *proporcional* para a efetivação do provimento antecipatório de tutela pecuniária concedido no ato sentencial ou em grau recursal e, portanto, constitui escolha legitimada pelo modelo constitucional do processo civil, pois resguarda a um só tempo dois dos mais caros e imprescindíveis valores e direitos fundamentais do ordenamento constitucional pátrio: a efetividade e a segurança jurídica, atendendo, assim, o princípio da harmonização prática de valores na medida do fático e juridicamente possível.

Por sua vez, no que concerne aos provimentos antecipatórios de tutela que implicam em um fazer, não fazer ou entrega de coisa, o CPC de 2015 outorga ao juiz um amplo poder executivo que o permite empregar as medidas que julgar necessárias para a efetivação do provimento antecipatório ou definitivo (art. 297, parágrafo único, c/c arts. 536, § 1°, e 538, § 3°), podendo, por exemplo, efetivar o provimento que implique um fazer ou não fazer ou entrega de coisa através da aplicação da multa coercitiva a fim de coagir o próprio executado a adimpli-lo (art. 537), ou então, através da aplicação da técnica sub-rogatória da busca e apreensão, remoção de pessoas e coisas, desfazimento de obras, impedimento de atividade nociva, dentre outras técnicas, a fim de efetivá-lo independentemente da vontade do executado (arts. 536, § 1°).

Todas estas técnicas de efetivação constituem mecanismos: (*a*) *adequados* para a efetivação da tutela antecipada específica ou do resultado prático equivalente ao do adimplemento que se realize mediante um fazer, não fazer ou entrega de coisa, em especial os que independem da colaboração do executado, tais como o mandado de busca e apreensão ou imissão na posse; (*ii*) *necessário* para viabilizar a satisfação tempestiva e eficaz da tutela do direito em iminente risco de dano ou perecimento que se realize mediante uma ação, abstenção ou desapossamento, pois por outros meios, como o expropriatório, na hipótese da obrigação ser convertida em perdas e danos, além de ser morosa e muitas vezes inefetiva, não viabiliza a tutela específica nem o resultado prático equivalente ao do adimplemento; e (*iii*) *proporcionais*, pois todas estas técnicas de efetivação se revelam a um só tempo eficazes e minimamente prejudiciais à esfera jurídica do executado, eis que este só sofrerá consequências em seu patrimônio, na hipótese da técnica coercitiva da multa, se não vier a adimplir voluntariamente a ordem judicial, consequência esta que será proporcional à sua capacidade econômica e à relevância do direito, e na hipótese das medidas executivas *lato sensu*, caso não adimplida voluntariamente a ordem judicial, esta será efetivada independentemente da sua vontade através da atuação de auxiliares do juiz — via mandado de busca e apreensão ou imissão na posse, ou mediante atuação de terceiro, tudo conforme as necessidades do caso concreto.

No diz respeito à técnica coercitiva da multa, impende anotar que o próprio legislador já observa o princípio da proporcionalidade e suas submáximas ao prescrever que a multa deve ser *suficiente* em termos de valor, *compatível* com o direito objeto da tutela e fixada em *prazo razoável* para o cumprimento da ordem (art. 537, CPC 2015). Ou seja, tanto a fixação do valor quanto a estipulação de prazo para o cumprimento da ordem sob pena de multa devem ser *necessárias* à efetivação antecipada do direito posto em causa. Outrossim, a cominação de multa coercitiva deve ser *adequada* às necessidades do direito que se busca realizar de forma antecipada e, ainda, a importância da satisfação do direito deve ser tal que justifique o valor fixado (*proporcional em sentido estrito*) para convencer o executado a realizar a condutada ordenada pelo juiz.

Dito isso, fica fácil perceber que a multa fixa é adequada para compelir o cumprimento de ordens de não fazer (abstenção), desde que, obviamente, fixada em valor suficiente (necessidade) para convencer o demandado a não praticar a conduta cuja abstenção foi ordenada pelo juiz. Não surtiria qualquer efeito (adequação) fixar uma multa periódica para uma ordem judicial de abstenção quando basta uma única inobservância da mesma para revelar a inidoneidade da multa para convencer o demandado a cumprir o ordenado, sendo, portanto, incompatível com o fim de abstenção a multa periódica. Já transgredida a ordem.

Em contrapartida, a multa periódica é idônea para coagir o cumprimento de ordens de fazer que impliquem na adoção de comportamento ativo por parte do demandado. É igualmente adequada para compelir a entrega de coisa, pois em ambas as situações de direito material quanto maior a resistência do demandado em observar o ordenado, maior deve ser o poder coercitivo da multa. A incidência desta multa pode se dar tanto de modo estático quanto progressivo, em conformidade com as necessidades evidenciadas pelo direito material posto em juízo.[402]

Além da técnica coercitiva da multa, como já referido no início desta seção, o ordenamento processual pátrio (art. 536, § 1º, CPC de 2015) conta também com as medidas sub-rogatórias necessárias à efetivação antecipada da tutela que se realize mediante um fazer, não fazer ou entrega de coisa independentemente da vontade do demandado, dentre estas está a busca e apreensão, a imissão na posse, a remoção de pessoas e coisas, o desfazimento de obras e o impedimento de atividade nociva, dentre outros. Constituem, assim, modalidades de técnicas que conduzem diretamente à tutela do direito, sem qualquer interferência do demandado, sempre que assim se fizer necessário para a adequada e eficaz tutela do direito que se realize por meio de um fazer, não fazer e entrega de coisa.

Em termos de efetividade, a medida sub-rogatória da busca e apreensão ou imissão na posse (art. 538 do CPC de 2015),[403] conforme se tratar de coisa

---

[402] MITIDIERO, Daniel. *Antecipação de tutela:* da tutela cautelar à técnica antecipatória. São Paulo: Revista dos Tribunais, 2013, p. 158.

[403] Art. 538. Não cumprida a obrigação de entregar coisa no prazo estabelecido na sentença, será expedido mandado de busca e apreensão ou de imissão na posse em favor do credor, conforme se tratar de coisa

móvel ou imóvel, é a técnica mais idônea para efetivar os provimentos antecipatórios que determinam a entrega de coisa em risco de dano ou perecimento, pois viabilizam a efetiva e tempestiva entrega do bem independentemente da vontade do demandado.

Como se vê, o princípio da proporcionalidade funciona no ordenamento jurídico pátrio como critério de resolução do conflito valorativo processual contemporâneo da efetividade-segurança e, assim, como critério de aferição da legitimidade da técnica processual definida tanto pelo legislador quanto pelo juiz, para efetivar o provimento antecipatório nos casos em que é aplicado como técnica de concessão da eficácia imediata *ope judicis* da sentença. Eis aí a sua relevância para o tema desenvolvido na presente obra.

Tal princípio, em síntese, determina que: o meio aplicado deve ser *adequado* à realização do fim, ou seja, deve existir uma relação de meio e fim entre técnica processual e tutela do direito. Ainda, o meio empregado deve ser *necessário*, vale dizer, deve ser aquele que dentre os meios de mesma eficácia disponíveis no ordenamento processual é o menos restritivo da esfera jurídica da parte adversa. E, por derradeiro, o meio aplicado deve ser *proporcional em sentido estrito*, isto é, o grau de importância da realização tutela do direito deve ser suficiente o bastante a justificar a intensidade da restrição ocasionada na esfera da parte contrária pelo emprego da técnica processual.[404]

Diante disso, o que se pode concluir é que para compreender o provimento antecipatório sob a perspectiva do modelo constitucional do processo civil é pressuposto lógico passar a enxergar e a pensar o processo a partir do direito material e das necessidades evidenciadas pelo mesmo. Por isso, tal como afirma Daniel Mitidiero: "o direito material tem prioridade e proeminência em relação às formas de tutela jurisdicional e às técnicas processuais".[405]

Como se vê, com razão está Cássio Scarpinella Bueno[406] quando afirma que o direito pátrio evoluiu de uma combinação rígida entre tipos de obrigação (tipos de tutela jurisdicional) e tipos de execução (tipos de técnica de efetivação) calcada em um formalismo processual exacerbado, para uma maleável adequação entre técnica e tutela dos direitos baseada na adequação, tempestividade e efetividade da tutela jurisdicional. Como consequência, haverá situações de direito material em que a efetividade da proteção jurisdicional exigirá que não haja uma associação plena, direta e imediata entre as espécies de tutela e o modelo de efetivação previsto pelo sistema processual executivo, porquanto

---

móvel ou imóvel. (BRASIL. *Lei nº 13.105/2015, de 16 de março de 2015. Código de Processo Civil. Brasília*, DF: Congresso Nacional, 2015. Disponível em: <http://www.planalto.gov.br/ccivil_03/_Ato2015-2018/2015/Lei/L13105.htm>. Acesso em: 19 jun. 2015).

[404] MITIDIERO, Daniel. *Antecipação de tutela:* da tutela cautelar à técnica antecipatória. São Paulo: Revista dos Tribunais, 2013, p. 156.

[405] Idem, p. 152.

[406] BUENO, Cássio Scarpinella. *Curso sistematizado de direito processual civil:* tutela antecipada, tutela cautelar e procedimentos cautelares específicos. São Paulo: Saraiva, 2009, p. 71.

esta associação não é mais vista de um modo impositivo, mas sim facultativo, tendo em vista a necessidade de promover uma tutela jurisdicional adequada, tempestiva e efetiva dos direitos.

Considerações finais

Nesta obra é realizada uma análise crítica e aprofundada sobre o custo temporal gerado pela regra do duplo efeito recursal (art. 1012, *caput*) àquelas sentenças que não possuem eficácia imediata por força da lei, mas que dela necessitam por tutelar direito em risco de dano ou perecimento e que, portanto, sequer pode aguardar o prazo de interposição do recurso cabível para ser satisfeito e entregue ao seu titular.

A preocupação que surge a respeito desta regra se justifica no fato de que a legislação processual brasileira se omite em conferir tratamento protetivo a esta categoria de sentença, na medida em que não a inclui no rol taxativo das decisões com eficácia imediata, em que pese lá merecesse estar inserida como a sentença que tutela direito em risco de dano ou perecimento.

Diante deste cenário jurídico-processual problemático, a presente obra analisa se existe no CPC de 2015 mecanismo capaz de outorgar ao Estado-juiz o poder de atribuir eficácia imediata à sentença que não a possui por força da lei, mas dela necessita por tutelar direito em risco de dano ou perecimento, ou se a solução a este problema só pode ser buscada no plano legislativo através de uma reforma pontual do art. 1012 do CPC de 2015, que reproduz a regra da suspensividade dos efeitos da sentença, prevista no art. 520 do CPC de 1973.

Como resultado da pesquisa, é reconhecido que se todas aquelas sentenças que tutelam direito em iminente risco de dano irreparável ou perecimento e que encontram óbice para a sua efetividade na regra geral do duplo efeito recursal tivessem como única alternativa aguardar o julgamento da apelação e, em alguns casos, o trânsito julgado para produzirem seus efeitos e serem cumpridas, grande parte delas resultariam plenamente ineficazes, sem qualquer valor e utilidade prática à parte que delas se beneficiam, pois não passariam de mera declaração formal da existência do direito material postulado.

Em contrapartida, se ao Estado-juiz for permitido conceder provimento antecipatório *ex officio* (ou a pedido da parte) na sentença ou em grau recursal a fim de autorizar a produção imediata de seus efeitos e o seu cumprimento imediato (eficácia imediata *ope iudicis*), o direito em iminente risco de dano irreparável ou perecimento nela reconhecido resulta tutelado de forma adequada, tempestiva e efetiva, e por via de consequência, o direito-garantia fundamental do jurisdicionado a um pleno e efetivo acesso à Justiça resta concretizado.

Eis o fundamento maior da aplicação desta técnica processual à sentença que "tutela direito em iminente risco de dano ou perecimento": a realização do direito material posto em causa e, via de consequência, do direito-garantia de fazer valer os próprios direitos, vale dizer, do direito-garantia fundamental à tutela jurisdicional adequada, tempestiva e efetiva, consagrado no art. 5º, XXXV e LXXVIII, da Constituição Federal.

Assim, a solução é encontrada no próprio plano jurisdicional através da aplicação da técnica de concessão da eficácia imediata *ope judicis* à decisão judicial, ou seja, através da utilização do provimento antecipatório na sentença ou em grau recursal com o fim de afastar o efeito suspensivo e liberar o cumprimento provisório imediato da sentença.

É destacado, neste particular, que perante a sistemática do CPC de 1973 de processamento e julgamento da apelação (art. 518, *caput*), nos casos concretos em que o risco ao direito se configurar após a prolação da sentença e que o juiz de primeiro grau receber a apelação no duplo efeito recursal, a solução é encontrada na concessão de provimento antecipatório liminar em sede de agravo de instrumento como técnica viabilizadora da eficácia imediata *ope judicis* da sentença.

Contudo, tal solução não se aplica perante a nova sistemática de processamento e julgamento da apelação do CPC de 2015 (art. 1010, § 3º), pois este retira do juiz de primeiro grau de jurisdição o poder de exercer o juízo de admissibilidade da apelação e declarar os efeitos em que a recebe. Em outras palavras, no CPC de 2015 o juízo de admissibilidade da apelação é exclusivo do tribunal competente para julgá-la. Por conseguinte, deixa de existir a possibilidade de concessão de provimento antecipatório liminar em sede de agravo de instrumento como técnica viabilizadora da eficácia imediata *ope judicis* da sentença nos casos concretos em que o risco ao direito se configurar após a prolação da sentença e o juiz de primeiro grau receber a apelação no duplo efeito recursal.

Perante o CPC de 2015, portanto, nos casos concretos em que o risco ao direito se configurar após a prolação da sentença, a exemplo do que já se procede na prática forense para retirar o efeito suspensivo dos recursos especial e extraordinário e liberar o cumprimento provisório, resta ao titular do direito em risco de dano ou perecimento, reconhecido em sentença, promover medida cautelar incidental (*i*) perante o tribunal, no período compreendido entre a interposição da apelação e sua distribuição, ficando o relator designado para seu exame prevento para julgá-la, ou então, (*ii*) perante o relator se já distribuída a apelação.

Além disso, é ressaltado que, nos casos em que for atribuído efeito suspensivo aos recursos especial e extraordinário pelo tribunal local, ou poste-

170 *Shana Serrão Fensterseifer*

riormente pelo tribunal superior competente para julgá-los, resta ao titular do direito em risco de dano ou perecimento, reconhecido em sentença, promover medida cautelar incidental diretamente no STJ ou STF, conforme se tratar de recurso especial ou extraordinário, para fins de afastar o efeito suspensivo e liberar o cumprimento provisório imediato da sentença.

O acerto da solução proposta nesta obra é certificado pelo CPC de 2015, na medida em que este opta por resolver o problema do custo temporal gerado pela regra do duplo efeito recursal aos direitos que exigem satisfação imediata justamente através da técnica de concessão da eficácia imediata *ope judicis* da sentença, ou seja, através da aplicação da técnica antecipatória na sentença para o fim de afastar o efeito suspensivo e liberar o cumprimento provisório imediato.

Em outras palavras, o CPC de 2015 resolve por via oblíqua a omissão existente no CPC de 1973, conferindo proteção efetiva aos direitos reconhecidos em sentença que necessitam de satisfação imediata. A rigor, a hipótese do inciso V do § 1º do art. 1012 do CPC de 2015 nada mais é do que a técnica do provimento antecipatório no ato sentencial como instrumento de concessão da eficácia imediata *ope judicis* à sentença. Em um primeiro momento, portanto, a eficácia em questão é de natureza *ope judicis* justamente porque decorre do poder-dever jurisdicional de conceder provimento antecipatório para possibilitar o cumprimento provisório imediato da própria sentença, afastando o efeito suspensivo do recurso de apelação que, eventualmente, venha a ser interposto. E, em um segundo momento, a eficácia é de natureza *ope legis* justamente porque decorre do poder-dever legislativo de propiciar técnicas processuais adequadas à tutela do direito.

Em síntese, tal hipótese (art. 1012, § 1º, V) se trata de uma "forma híbrida" de concessão da eficácia imediata à sentença: *ope judicis*, e por via reflexa, *ope legis*.

Desta forma, diante do CPC de 2015 a solução para conferir eficácia imediata às sentenças que dela necessitam, mas não a possuem por força da lei, ficará nas mãos da atividade jurisdicional através da aplicação da técnica do provimento antecipatório, a qual, deste modo, acaba se tornando cada vez mais aprimorada e voltada às necessidades específicas do direito material posto em causa. Por conta disso, impõe-se depositar cada vez mais confiança e valor nos magistrados e provimentos de primeiro grau de jurisdição.

Em observância ao necessário controle que deve existir sobre o exercício da atividade jurisdicional, a fim de legitimá-la, este estudo se vale do princípio da proporcionalidade. Tal princípio é utilizado nesta obra como critério: (*i*) de aferição da legitimidade da aplicação do provimento antecipatório como técnica de concessão da eficácia imediata *ope judicis* da decisão e (*ii*) de solução do conflito valorativo entre efetividade e segurança jurídica inevitavelmente criado nos casos de aplicação desta técnica processual.

Como resultado da aplicação do princípio da proporcionalidade, é reconhecido que a utilização do provimento antecipatório como técnica de concessão da eficácia imediata *ope judicis* da decisão judicial constitui instrumento: (*i*) *adequado* para afastar o efeito suspensivo do recurso e liberar a produção de efeitos e cumprimento provisório da sentença; (*ii*) *necessário* para viabilizar a satisfação imediata dos direitos em iminente risco de dano ou perecimento, os quais restariam lesionados ou perecidos caso aguardassem o julgamento da apelação, ou em alguns casos, o trânsito em julgado para serem satisfeitos; (*iii*) *proporcional*, pois (*a*) tutela eficazmente e tempestivamente o direito que exige satisfação imediata; e (*b*) dentre as alternativas de solução existentes se revela a menos prejudicial à segurança jurídica, na medida em que concede eficácia imediata apenas àquelas sentenças que realmente dela necessitam, e não descriteriosamente a todas, evitando deste modo a inversão do risco de dano às partes decorrente da possibilidade de irreversibilidade do provimento provisório caso este venha a ser cumprido e posteriormente reformado em grau recursal, como ocorre com a adoção da regra geral da eficácia imediata *ope legis* da sentença.

Na análise dos casos concretos paradigmáticos de sentenças afetadas pelo custo temporal da regra do duplo efeito recursal, ficou nítida a necessidade de conferir efetividade imediata às mesmas, sob pena de, não o fazendo, o direito por elas reconhecido resultar gravemente lesado ou, inclusive, perecer, justificando, deste modo, a leve afetação ao princípio da segurança jurídica, na medida em que antecipa uma satisfação que de regra só viria após o julgamento da apelação, ou em alguns casos, apenas após o trânsito em julgado. Eis o atendimento à lei do sopesamento material.

Do mesmo modo, ficou nítida a certeza da satisfação do valor efetividade do processo, pois o direito em risco de dano ou perecimento reconhecido em sentença resta eficazmente tutelado através da técnica de concessão de eficácia imediata *ope judicis* via provimento antecipatório, permitindo, assim, a leve afetação do valor segurança jurídica ao antecipar o cumprimento que de regra só viria após o julgamento da apelação, ou em alguns casos, apenas após o trânsito em julgado. Eis o atendimento à lei do sopesamento epistêmica.

Como resultado da aplicação deste método de verificação da proporcionalidade do ato, é reconhecido que a técnica do provimento antecipatório para conferir eficácia imediata *ope judicis* à decisão constitui escolha legítima, proporcional e em total conformidade ao modelo constitucional do processo civil, pois resguarda a um só tempo dois dos mais caros e imprescindíveis valores e direitos fundamentais do ordenamento constitucional pátrio: a efetividade e a segurança jurídica, atendendo, assim, o princípio da harmonização prática de valores na medida do fático e juridicamente possível.

Por derradeiro, em observância ao necessário controle que deve existir sobre o exercício da atividade jurisdicional executiva, a fim de legitimá-la, esta obra se vale, mais uma vez, do princípio da proporcionalidade. Tal princípio é utilizado como critério de solução do conflito valorativo travado entre efetividade e segurança no momento da realização da escolha da técnica de efetivação a ser aplicada.

Como resultado da aplicação do princípio da proporcionalidade, é reconhecido que, nas hipóteses de tutela antecipada urgente de natureza pecuniária, a técnica do poder mandamental do juiz associada à multa coercitiva constitui mecanismo: (*i*) *adequado* para efetivar tempestivamente o provimento antecipatório, nos casos, é claro, em que tal técnica for compatível com o perfil econômico do executado; (*ii*) *necessário* para viabilizar a satisfação imediata do direito ao crédito em iminente risco de dano ou perecimento, pois caso fosse efetivado pela técnica típica da expropriação restaria lesionado ou perecido, tendo em vista o procedimento anacrônico, moroso, e muitas vezes, inefetivo que este envolve; e (*iii*) *proporcional*, pois (*a*) tutela *eficazmente* o direito ao crédito que se encontra em risco de dano ou perecimento nos casos em que tal técnica for compatível com o perfil econômico do executado; e (*b*) dentre as técnicas de efetivação existentes se revela a um só tempo a mais eficaz se comparada à morosidade, intempestividade e inefetividade da técnica expropriatória e a menos prejudicial ao executado com capacidade econômica compatível à técnica da multa, na medida em que, se a coerção surtir o efeito que dela se espera, o pagamento da quantia certa será feito de imediato, e não pelo rito moroso e anacrônico da expropriação, bem como o executado só sofrerá consequências em seu patrimônio se não vier a adimplir voluntariamente a ordem judicial de pagamento, consequência esta que será compatível à sua capacidade econômica e à relevância e urgência no cumprimento da obrigação.

Nesta senda, a título conclusivo, é imprescindível atentar para o fato de que a técnica expropriatória só deve ser aplicada para a efetivação do provimento antecipatório de natureza pecuniária se for adequada à necessidade de tutela evidenciada pelo direito material posto em juízo. É o que prescreve o próprio CPC de 2015 (art. 297, parágrafo único) ao referir que a técnica processual prevista para determinada forma de tutela jurisdicional, tal como a expropriação para a condenação, só se aplica *no que couber* para a obtenção da tutela do direito, neste caso, para o pagamento da quantia.

Conforme demonstrado ao longo desta obra, a possibilidade de aplicação do poder mandamental do juiz associado à multa coercitiva para a efetivação do provimento antecipatório de tutela pecuniária decorre essencialmente do fato de que o legislador tem o dever constitucional de viabilizar a realização do direito fundamental à tutela efetiva dos direitos através da edição de técnicas processuais executivas idôneas à realização dos direitos, assim como o juiz tem o compromisso constitucional de interpretar e aplicar a legislação processual à luz deste direito fundamental, ficando obrigado a extrair da norma processual a sua máxima potencialidade, sempre com vistas a tutelar os direitos de forma adequada, tempestiva e efetiva. Por tal razão, é constitucionalmente vedada a proteção legislativa e jurisdicional insuficiente.

Por sua vez, no que diz respeito às hipóteses de antecipação de tutela que implique um fazer, não fazer ou entrega de coisa, como resultado do método de aplicação do princípio da proporcionalidade, é reconhecido que tanto a técnica coercitiva da multa quanto a técnica sub-rogatória das medidas executivas independentemente da vontade do executado, tais como busca e apreensão, remoção de pessoas e coisas, desfazimento de obras, impedimento de atividade nociva, dentre outras, constituem mecanismos: (*a*) *adequados* para a efetivação da tutela antecipada específica ou do resultado prático equivalente ao do adimplemento que se realize mediante um fazer, não fazer ou entrega de coisa, em especial, os que independem da colaboração do executado, tais como o mandado de busca e apreensão ou imissão na posse; (*ii*) *necessário* para viabilizar a satisfação tempestiva e eficaz da tutela do direito em iminente risco de dano ou perecimento que se realize mediante uma ação, abstenção ou desapossamento, pois por outros meios, como o expropriatório, na hipótese da obrigação ser convertida em perdas e danos, além de ser morosa e muitas vezes ineficaz, não viabiliza a tutela específica, nem mesmo o resultado prático equivalente ao do adimplemento.

Além disso, são: (*iii*) *proporcionais*, pois ambas as técnicas de efetivação (coercitiva e sub-rogatória) disponíveis no sistema processual se revelam a um só tempo eficazes e minimamente prejudiciais à esfera jurídica do executado, eis que este só sofrerá consequências em seu patrimônio na hipótese da técnica coercitiva da multa, se não vier a adimplir voluntariamente a ordem judicial, consequências estas que serão compatíveis à sua capacidade econômica e à relevância do direito, e na hipótese das medidas executivas *lato sensu*, caso não adimplida voluntariamente a ordem judicial, esta será efetivada independentemente da sua vontade através da atuação de auxiliares do juiz – via mandado de busca e apreensão ou imissão na posse, ou mediante atuação de terceiro, tudo conforme as necessidades do caso concreto.

Em termos de efetividade, a medida sub-rogatória da busca e apreensão ou imissão na posse, conforme se tratar de coisa móvel ou imóvel, é reconhecida como a técnica mais idônea para efetivar os provimentos antecipatórios que determinam a entrega de coisa em risco de dano ou perecimento, pois viabilizam a efetiva e tempestiva entrega do bem independentemente da vontade do demandado.

Ante todo o exposto, forçoso concluir que, para compreender o provimento antecipatório, e consequentemente, o cumprimento provisório sob a perspectiva do modelo constitucional do processo civil é pressuposto lógico passar a enxergar e a pensar o processo a partir do direito material e das necessidades evidenciadas pelo mesmo. Por essa razão, se reconhece nesta obra que o direito material deve ter prioridade e proeminência em relação às formas de tutela jurisdicional e às técnicas processuais.

Referências

ALEXY, Robert. *El concepto y la validez del derecho.* Tradução de Jorge M. Seña. 2. ed. Barcelona: Gedisa, 1997.

——. On balancing and subsumption. A structural comparison. *Ratio Juris,* v. 16, n. 4, p. 433-449, Dec. 2003.

——. *Constitucionalismo discursivo.* Tradução Luís Afonso Heck. Porto Alegre: Livraria do Advogado, 2007.

——. *Teoria dos direitos fundamentais.* Tradução de Virgílio Afonso da Silva. 2. ed. São Paulo: Malheiros, 2009.

——. *Teoria dos direitos fundamentais.* Tradução de Virgílio Afonso da Silva da 5. ed. alemã. São Paulo: Malheiros, 2008.

——. Law, morality, and the existence of human rights. *Ratio Júris,* v. 25, n. 1, p. 2-14, Mar. 2012.

ALVARO DE OLIVEIRA, Carlos Alberto. *O formalismo-valorativo no confronto com o formalismo excessivo.* Disponível em: <http://www.ufrgs.br/ppgd/doutrina/CAO_O_Formalismo-valorativo_no_confronto_com_o_Formalismo_excessivo_290808.htm>. Acesso em: 15 out. 2013.

ALVIM, Arruda. Notas sobre a disciplina da antecipação da tutela na Lei 10.444, de 7 de maio de 2002. *Revista de Processo,* São Paulo: Revista dos Tribunais, n. 108, p. 105-114, 2002.

AMARAL, Guilherme Rizzo. *As astreintes e o processo civil brasileiro.* Porto Alegre: Livraria do Advogado, 2010.

——. *Cumprimento e execução de sentença sob a ótica do formalismo-valorativo.* Porto Alegre: Livraria do Advogado, 2008.

ANDRADE, José Carlos Vieira de. *Os direitos fundamentais na Constituição Portuguesa de 1976.* 3. ed. Coimbra: Almedina, 2004.

ARENHART, Sérgio Cruz. *Perfis da tutela inibitória coletiva.* São Paulo: Revista dos Tribunais, 2003.

ASSIS, Araken de. *Manual da execução.* São Paulo: Revista dos Tribunais, 2007.

ÁVILA, Humberto. *Teoria dos princípios.* 12. ed. São Paulo: Malheiros, 2011.

BANDEIRA, Regina. "Ayres Britto: 1ª instância é o que há de mais importante no Judiciário". *Agência CNJ de Notícias. Notícias,* Brasília, 24 fev. 2013. Conselho Nacional de Justiça. Disponível em: <http://www.cnj.jus.br/noticias/cnj/19544:ayres-britto-1-instancia-e-que-ha-de-mais-importante-no-judiciario>. Acesso em: 18 jun. 2014.

BARZOTTO, Luis Fernando. *A democracia na Constituição.* São Leopoldo: Editora Unisinos, 2003.

BEDAQUE, José Roberto dos Santos. *Efetividade do processo e técnica processual.* São Paulo: Malheiros, 2006.

——. *Tutela cautelar e tutela antecipada:* tutelas sumárias e de urgência. 4. ed. rev. e ampl. São Paulo: Malheiros, 2006.

BOBBIO, Norberto. *O positivismo jurídico.* São Paulo: Ícone, 1995.

BRASIL.. Congresso Nacional. Câmara dos Deputados. *Substitutivo ao Projeto de Lei n° 8.046-B, de 17 de julho 2013*. Dispõe sobre a Reforma do Código de Processo Civil. Brasília, DF: Congresso Nacional, 2013, p. 49. Disponível em: <http://www.camara.gov.br/>. Acesso em: 01 abr. 2014.

——. Congresso Nacional. Senado Federal. *PLS n° 166, de 8 de junho de 2010*. Dispõe sobre a Reforma do Código de Processo Civil. Brasília, DF: Congresso Nacional, 2010. Disponível em: <http://www.camara.gov.br/>. Acesso em: 01 abr. 2013.

——. Conselho Nacional de Justiça. *Matéria sobre a unificação do sistema do processo eletrônico*. Disponível em <http://www.cnj.jus.br/noticias/cnj/27904-cnj-discute-unificar-versoes-do-processo-judicial-eletronico>. Acesso em: em 05 jan. 2015.

——. Conselho Nacional de Justiça. *Relatório da Justiça em Números 2014 (ano-base 2013) elaborado pelo CNJ*. Disponível em: <http://www.cnj.jus.br/programas-de-a-a-z/eficiencia-modernizacao-e-transparencia/pj-justica-em-numeros/relatorios>. Acesso em: 05 jan. 2015.

——. *Lei n° 13.256/2016, de 04 de fevereiro de 2016*. Altera a Lei n° 13.105, de 16 de março de 2015 (Código de Processo Civil), para disciplinar o processo e o julgamento do recurso extraordinário e do recurso especial, e dá outras providências. Brasília, DF: Congresso Nacional, 2016. Disponível em: <http://www.planalto.gov.br/ccivil_03/_Ato2015-2018/2016/Lei/L13256.htm>. Acesso em: 06 fev. 2016.

——. *Lei n° 13.105/2015, de 16 de março de 2015. Código de Processo Civil*. Brasília, DF: Congresso Nacional, 2015. Disponível em: <http://www.planalto.gov.br/ccivil_03/_Ato2015-2018/2015/Lei/L13105.htm>. Acesso em: 19 abr. 2015.

——. *Lei n° 12.016/2009, de 07 de agosto de 2009*. Brasília, DF: Congresso Nacional, 2009. Disciplina o mandado de segurança individual e coletivo e dá outras providências. Disponível em: <http://www.planalto.gov.br/ccivil_03/_ato2007-2010/2009/lei/l12016.htm>. Acesso em: 06 jan. 2014.

——. *Lei n° 12.112/2009, de 09 de dezembro de 2009*. Brasília, DF: Congresso Nacional, 2009. Altera a Lei n° 8.245, de 18 de outubro de 1991, para aperfeiçoar as regras e procedimentos sobre locação de imóvel urbano. Disponível em: <http://www.planalto.gov.br/ccivil_03/_Ato2007-2010/2009/Lei/L12112.htm>. Acesso em: 19 jun. 2012.

——. *Lei n°. 11.419, de 19 de dezembro de 2006*. Dispõe sobre a informatização do processo judicial; altera a Lei no 5.869, de 11 de janeiro de 1973 – Código de Processo Civil; e dá outras providências. Brasília, DF: Senado Federal, 2006. Disponível em: <http://www.planalto.gov.br/ccivil_03/_ato2004-2006/2006/lei/l11419.htm>. Acesso em: 20 dez. 2014.

——. *Lei n° 9.507/1997, de 12 de novembro de 1997*. Brasília, DF: Congresso Nacional, 1997. Regula o direito de acesso a informações e disciplina o rito processual do habeas data. Disponível em: <http://www.planalto.gov.br/ccivil_03/leis/l9507.htm>. Acesso em: 06 jan. 2014.

——. *Lei n° 9.099/1995, de 26 de setembro de 1995*. Brasília, DF: Congresso Nacional, 1995. Dispõe sobre os Juizados Especiais Cíveis e Criminais e dá outras providências. Disponível em: <http://www.planalto.gov.br/ccivil_03/leis/l9099.htm>. Acesso em: 19 jun. 2014.

——. *Lei n° 7.347/1985, de 24 de julho de 1985*. Brasília, DF: Congresso Nacional, 1985. Disciplina a ação civil pública de responsabilidade por danos causados ao meio-ambiente, ao consumidor, a bens e direitos de valor artístico, estético, histórico, turístico e paisagístico (VETADO) e dá outras providências. Disponível em: <http://www.planalto.gov.br/ccivil_03/leis/l7347orig.htm>. Acesso em: 19 jun. 2014.

——. *Lei n° 8.078/1990, de 11 de setembro de 1985*. Brasília, DF: Congresso Nacional, 1985. Dispõe sobre a proteção do consumidor e dá outras providências. Disponível em: <http://www.planalto.gov.br/ccivil_03/leis/l8078.htm>. Acesso em: 19 jun. 2014.

——. *Lei n° 6.071/1974, de 03 de julho de 1974*. Brasília, DF: Congresso Nacional, 1974. Adapta ao Código de Processo Civil as leis que menciona, e dá outras providências. Disponível em: <http://www.planalto.gov.br/ccivil_03/leis/L6071.htm>. Acesso em: 19 jun. 2012.

———. *Lei nº 6.014/1973, de 27 de dezembro de 1973.* Brasília, DF: Congresso Nacional, 1973. Adapta ao novo Código de Processo Civil as leis que menciona. Disponível em: <http://www.planalto.gov.br/ccivil_03/leis/L6014.htm>. Acesso em: 19 jun. 2012.

———. Superior Tribunal de Justiça. Recurso Especial nº 1059478/RS. Brasília, DF, 15 de dezembro de 2010. *Diário da Justiça,* 14 abr. 2011. Disponível em: <http://www.stj.jus.br/>. Acesso em: 06 jan. 2015.

———. Superior Tribunal de Justiça. 3ª Turma. Agravo Regimental nos Embargos de Declaração no Recurso Especial nº 871.165/RS. Relator: Min. Paulo Furtado. *Diário da Justiça da União,* 15 set. 2010. Disponível em: <http://www.stj.jus.br/>. Acesso em: 06 dez. 2013.

———. Superior Tribunal de Justiça. 2ª Turma. Recurso Especial nº 776.922/SP. Relatora: Min. Eliana Calmon. *Diário da Justiça da União,* 13 abr. 2007. Disponível em: <http://www.stj.jus.br/>. Acesso em: 06 dez. 2014.

———. Superior Tribunal de Justiça. 3ª Turma. Medida Cautelar nº 12.809/RS. Relatora: Min. Nanci Andrighi. *Diário da Justiça da União,* 15 maio 2007. Disponível em: <http://www.stj.jus.br/>. Acesso em: 06 dez. 2013.

———. Superior Tribunal de Justiça. 4ª Turma. Agravo Regimental no Agravo nº 745.631/PR. Relator: Min. Aldir Passarinho. *Diário da Justiça da União,* 18 jun. 2007. Disponível em: <http://www.stj.jus.br/>. Acesso em: 06 dez. 2014.

———. Superior Tribunal de Justiça. Recurso Especial nº 889.886/RJ, 7 de agosto de 2007. Brasília, DF. *Diário da Justiça,* 17 ago. 2007. Disponível em: <http://www.stj.jus.br/>. Acesso em: 15 jul. 2014.

———. Superior Tribunal de Justiça. Recurso Especial nº 279.251. Brasília, DF, 15 de fevereiro de 2001. *Diário da Justiça,* 30 abr. 2001. Disponível em: <http://www.stj.jus.br/>. Acesso em: 06 jun. 2014.

———. Supremo Tribunal Federal. Medida Cautelar nº MC 23234/PE. Brasília, DF, 04 de novembro de 2014. *Diário da Justiça,* 14 nov. 2014. Disponível em: <http://www.stf.jus.br/>. Acesso em: 15 dez. 2014.

———. Supremo Tribunal Federal. Medida Cautelar nº MC 20854/DF. Brasília, DF, 11 de junho de 2013. *Diário da Justiça,* 19 jun. 2013. Disponível em: <http://www.stf.jus.br/>. Acesso em: 15 dez. 2014.

———. Supremo Tribunal Federal. Medida Cautelar na Petição nº 3.598/RJ. Brasília, DF, 03 de fevereiro de 2006. *Diário da Justiça,* 10 fev. 2006. Disponível em: <http://www.stf.jus.br/>. Acesso em: 15 dez. 2014.

———. Tribunal Regional Federal da 4ª Região. 3ª Turma. Apelação Cível nº 5001496-26.2012.404.7205. Relator: Juiz Carlos Eduardo Thompson Flores Lenz. *Diário da Justiça da União,* 07 mar. 2013. Disponível em: <http://www.trf4.jus.br/trf4/>. Acesso em: 07 out. 2014.

———. Tribunal Regional Federal da 4ª Região. Justiça Federal de Porto Alegre. Juizado Especial Federal Cível. Ação de obrigação de fazer nº 5000138-32.2013.404.7127/RS. *Diário da Justiça,* 13 ago. 2013. Disponível em: <http://www2.trf4.jus.br/trf4/>. Acesso em: 23 jun. 2014.

———. Tribunal Regional Federal da 4ª Região. 3ª Turma. Agravo de Instrumento nº 5009889-21.2012.404.0000. Relator: Desembargador Nicolau Konkel Júnior. *Diário da Justiça da União,* 23 ago. 2012. Disponível em: <http://www2.trf4.jus.br/trf4/>. Acesso em: 07 abr. 2013.

———. Tribunal Regional Federal da 2ª Região. 1ª Turma. Apelação Cível nº 2002.02.01.034905-8/RJ. Relatora: Desembargadora Maria Helena Cisne. *Diário da Justiça da União,* 05 maio 2009. Disponível em: <http://www.trf2.jus.br/>. Acesso em: 13 jun. 2014.

———. Tribunal Regional Federal 4ª Região. 4ª Turma. Agravo de Instrumento nº 2007.04.00.001691-9/SC. Relatora: Desembargadora Marga Inge Barth Tessler. *Diário da Justiça da União,* 23 abr. 2007. Disponível em: <http://www2.trf4.jus.br/>. Acesso em: 02 dez. 2014.

——. Tribunal Regional Federal da 3ª Região. 8ª Turma. Agravo n° 2003.03.00061456-6/SP. Relatora: Juíza Marianina Galante. *Diário da Justiça da União,* 30 nov. 2005. Disponível em: <http://www.trf3.jus.br/>. Acesso em: Acesso em: 20 dez. 2014.

——. Tribunal Regional Federal da 3ª Região. 1ª Turma. Agravo Regimental n° 224215/SP (94031042893). Relator: Juiz Walter Amaral. Publicado no *Diário da Justiça da União,* 01 ago. 2002. Disponível em: <http://www.trf3.jus.br/>. Acesso em: Acesso em: 20 dez. 2014.

——. Tribunal Regional Federal 2ª Região. Agravo de Instrumento n° 200102010099906/RJ, Rio de Janeiro, RJ, 24 de abril de 2001. *Diário da Justiça,* 21 ago. 2001. Disponível em: <http://portal.trf2.jus.br/>. Acesso em: 02 nov. 2014.

BUENO, Cássio Scarpinella. *Curso sistematizado de direito processual civil:* recursos, processos e incidentes nos tribunais, sucedâneos recursais: técnicas de controle das decisões jurisdicionais. 2. ed. rev. atual. e ampl. São Paulo: Saraiva, 2010, v. V.

——. *Curso sistematizado de direito processual civil:* tutela antecipada, tutela cautelar e procedimentos cautelares específicos. São Paulo: Saraiva, 2009.

——. *Tutela antecipada.* São Paulo: Saraiva, 2007.

CANOTILHO, José Joaquim Gomes. *Direito constitucional e teoria da constituição.* Coimbra: Almedina, 2002.

——; MOREIRA, Vital. *Fundamentos da Constituição.* Coimbra: Editora Coimbra, 1991.

CAPPELLETTI, Mauro. Fundamental Guarantees of the Parties in Civil Litigation: Comparative Constitutional, International, and Social Trends. *Stanford Law Review,* v. 25, n. 5, p. 651-715, May, 1973. Disponível em: <http://www.jstor.org/stable/1227903>. Acesso em: 17 out. 2013.

——. *Juízes legisladores?* Tradução de Carlos Alberto Alvaro de Oliveira. Porto Alegre: SAFE, 1999.

CARNEIRO, Athos Gusmão. *Da antecipação de tutela.* Rio de Janeiro: Forense, 2005.

——. Sugestões para uma nova sistemática da execução. *Revista de Processo,* v. 26, n. 102, p. 139-152, abr./jun. 2001.

CARNEIRO, Márcio Luíz da Silva; BRAGA JÚNIOR, Getúlio Nascimento. *O acesso à justiça e o processo eletrônico.* Disponível em: <http://jus.com.br/artigos/31776/o-acesso-a-justica-e-o-processo-eletronico>. Acesso em: 05 jan. 2015.

CHEVALLIER, Jacques. *L'État de Detroit.* 2. ed. Paris: Montchrestien, 1994.

CRUZ E TUCCI, José Rogério. *Tempo e processo.* São Paulo: Revista dos Tribunais, 1997.

DIDIER JÚNIOR, Fredie. Curso de direito processual civil – teoria geral do processo e processo de conhecimento. 8. ed. Bahia: PODIVM, 2007, v. I.

DINAMARCO, Cândido Rangel. *A instrumentalidade do processo.* 10. ed. São Paulo: Malheiros, 2002.

ESTEVEZ, Rafael Fernandes. Direito fundamental à razoável duração do processo e os mecanismos processuais garantidores de sua eficácia após a Emenda Constitucional n° 45/2004. Porto Alegre, 2007. Dissertação (Mestrado em Direito), Faculdade de Direito, Pontifícia Universidade Católica do Rio Grande do Sul, 2007. Disponível em: <http://tede.pucrs.br/tde_busca/arquivo.php?codArquivo=867>. Acesso em: 18 jun. 2014.

FENSTERSEIFER, Shana Serrão. Artigo 205 a 250. In: MACEDO, Elaine Harzheim. (Org.). *Comentários ao projeto de Lei n. 8.046/2010:* proposta de um Novo Código de Processo Civil. 1. ed. Porto Alegre: Edipucrs, 2012, v. 1, p. 120-148. Disponível em: <http://ebooks.pucrs.br/edipucrs/Ebooks/Pdf/978-85-397-0300-5.pdf>. Acesso em: 15 dez. 2014.

_____. O direito-garantia fundamental à tutela jurisdicional efetiva na perspectiva constitucional e o caso problemático da sentença sem eficácia imediata que tutela direito em risco de dano ou perecimento. In: STRAPAZZON, Carlos Luiz; GOMES, Eduardo Biacchi; SARLET, Ingo Wolfgang (Org.). *Coleção Direitos Fundamentais e Sociais na Visão Constitucional Brasileira – Tomo I*. Publicação eletrônica (e-book). Produção científica dos mestrados UNIBRASIL, UNO-ESC e PUCRS. Curitiba: Instituto Memória – Centro de Estudos da Contemporaneidade, 2014, p. 8-45. Disponível em: <http://www.unibrasil.com.br/noticias/detalhes.asp?id_noticia=11914>. Acesso em: 10 jan. 2015.

_____. Tutela de urgência e tutela da evidência no novo Código de Processo Civil: uma análise crítica à luz da Constituição Federal. *Páginas de Direito,* Porto Alegre, 13 jun. 2012. Disponível em: <http://www.tex.pro.br/tex/listagem-de-artigos/358-artigos-jun-2012/8566-tutela-de-urgencia-e-tutela-da-evidencia-no-novo-codigo-de-processo-civil-uma-analise-critica-a-luz-da-constituicao-federal>. Acesso em: 18 out. 2014.

FERRARI, Regina Maria Macedo Nery. *Direito constitucional.* São Paulo: Revista dos Tribunais, 2011.

FERREIRA, Simone Rodrigues. A efetividade do direito fundamental à razoável duração do processo. *Revista IOB de Direito Civil e Processo Civil,* São Paulo, n. 53, p. 140-152, maio/jun. 2008.

FERREIRA, William Santos. Aspectos polêmicos e práticos da nova reforma processual civil. Rio de Janeiro: Forense, 2002.

FREIRE JÚNIOR, Américo Bebê. Breve análise sobre o direito fundamental à duração razoável do processo. In: FREIRE E SILVA, Bruno Freire; MAZZEI, Rodrigo (Coord.) *Reforma do judiciário:* análise interdisciplinar e estrutural do primeiro ano de vigência. Curitiba Juruá, 2008. p. 465-470.

FREIRE, Antonio Manuel Peña. *La garantia en el Estado constitucional de derecho.* Madrid: Editorial Trotta, 1997.

FUX, Luiz. A tutela antecipada nos tribunais superiores. In: FERES, Marcelo Andrade; CARVALHO, Paulo Gustavo M. (Coord.). *Processos nos tribunais superiores:* de acordo com a Emenda Constitucional n. 45/2004. Belo Horizonte: Saraiva, 2006. p. 223-229.

_____. O novo processo civil. In: FUX, Luiz (Coord.). *O novo processo civil brasileiro:* direito em expectativa (reflexões acerca do Anteprojeto do novo Código de Processo Civil). Rio de Janeiro: Forense, 2011.

_____. Tutela de segurança e tutela da evidência. São Paulo: Saraiva, 1996.

GARCIA, Pedro de Veja. Mundialización y derecho constitucional: la crisis del principio democrático em el constitucionalismo actual. *Revista de Estudios Políticos,* Nueva Época, n. 100, p. 13-56, abr.-jun. 1998.

GUERRA, Marcelo Lima. *Direitos fundamentais e a proteção do credor na execução civil.* São Paulo: Revista dos Tribunais, 2003.

_____. *Execução indireta.* São Paulo: Revista dos Tribunais, 1999.

HOUAISS, Antônio; VILLAR, Mauro de Salles. *Dicionário Houaiss da Língua Portuguesa.* Elaborado no Instituto Antônio Houaiss de Lexicografia e Banco de Dados da Língua Portuguesa S/C Ltda. Rio de Janeiro: Objetiva, 2004.

LASKI, Harold J. *The rise of European liberalism.* Londres: Aakar Books, 1936.

LOPES, João Batista. *Tutela antecipada no processo civil brasileiro.* São Paulo: Saraiva, 2003.

JOBIM, Marco Félix. *O direito à duração razoável do processo:* responsabilidade civil do Estado em decorrência intempestividade processual. 2. ed. Porto Alegre: Livraria do Advogado, 2012.

MACEDO, Elaine Harzheim. *Jurisdição e processo:* crítica histórica e perspectivas para o terceiro milênio. Porto Alegre: Livraria do Advogado, 2005.

_____. Tutela cautelar *versus* tutela antecipada. In: MENDONÇA, Delosmar; MACEDO, Elaine Harzheim; TEIXEIRA, Sérgio Torres; BARROS, Wellington Pacheco. *Tutela diferenciada.* Curitiba: IESDE, 2007. p. 79-96.

MACEDO, Elaine Harzheim; ROCHA, Lenine Munari da. Tutela de urgência ou tutela antecipada: o tempo e a modulação na legislação processual pátria. In: XXII Congresso Nacional do CONPEDI/UNINOVE, 2013, São Paulo. *Anais...,* do XXII Congresso Nacional do CONPEDI. Florianópolis: Fundação José Arthur Boiteux, p. 198-222, 2013, p. 214.

MACHADO, Jorge Pinheiro. *Tutela antecipada na teoria geral do processo.* São Paulo: LTR, 1999, v. 1.

MARINONI, Luiz Guilherme. *A antecipação da tutela.* São Paulo: Malheiros, 2004.

——. A tutela antecipatória na reforma processual. São Paulo: Malheiros, 1995.

——. *Técnica processual e tutela dos direitos.* São Paulo: Revista dos Tribunais, 2010.

——. *Tutela inibitória:* individual e coletiva. São Paulo: Revista dos Tribunais, 2003.

MARINONI, Luiz Guilherme; MITIDIERO, Daniel. *Código de Processo Civil comentado artigo por artigo.* São Paulo: Revista dos Tribunais, 2008.

MARINONI, Luiz Guilherme; ARENHART, Sérgio Cruz. *Curso de processo civil:* processo de conhecimento. São Paulo: Revista dos Tribunais, 2008, v. 2.

——. *Curso de processo civil:* execução. São Paulo: Revista dos Tribunais, 2008, v. 3.

MARINONINI, Luiz Guilherme; MITIDIERO, Daniel. Direitos fundamentais processuais. In: SARLET, Ingo Wolfgang (Coord.). *Curso de direito constitucional.* 2. ed. São Paulo: Revista dos Tribunais, 2013. p. 699-766.

——. *O projeto do CPC:* críticas e propostas. São Paulo: Revista dos Tribunais, 2010.

MELLO, Rogério Licastro Torres de. Tutelas de urgência em grau recursal. In: CIANCI, Mirna *et al.* (Coord.). *Temas atuais das tutelas diferenciadas: estudos em homenagem ao Professor Donaldo Armelin.* São Paulo: Saraiva, 2009. p. 751-789.

MENDES, Gilmar Ferreira. A proteção da dignidade da pessoa humana no contexto do processo judicial. In: MIRANDA, Jorge; SILVA, Marco Antonio Marques da (Coord.). *Tratado luso-brasileiro da dignidade da dignidade da pessoa humana.* São Paulo: Quartier Latin, 2008. p. 127-141.

MENDES, Gilmar; COELHO, Inocêncio Mártires; BRANCO, Paulo Gustavo Gonet. *Curso de direito constitucional.* 2. ed. São Paulo: Saraiva, 2008.

MENDONÇA JÚNIOR, Delosmar. Princípio constitucional da duração razoável do processo. In: LEITE, George Salomão; LEITE, Glauco Salomão (Coord.). *Constituição e efetividade constitucional.* Bahia: JusPODIVM, 2008. p. 23-41.

MIRANDA, Jorge. *Teoria do Estado e da Constituição.* Rio de Janeiro: Forense, 2009.

MITIDIERO, Daniel. *Antecipação de tutela:* da tutela cautelar à técnica antecipatória. São Paulo: Revista dos Tribunais, 2013.

——. Elementos para uma teoria contemporânea do processo civil brasileiro. Porto Alegre: Livraria do Advogado, 2005.

——. *Processo e estado constitucional.* Porto Alegre: Livraria do Advogado, 2007.

MORAIS, Fausto Santos de. *Hermenêutica e pretensão de correção:* uma revisão crítica da aplicação do princípio da proporcionalidade pelo Supremo Tribunal Federal. São Leopoldo: UNISINOS, 2013.

MOREIRA, José Carlos Barbosa. A antecipação da tutela jurisdicional na reforma do Código de Processo Civil. *Revista de Processo,* n. 81, p. 198-211, jan./mar. 1996.

——. Comentários ao Código de Processo Civil, Lei nº 5.869, de 11 de janeiro de 1973, vol. V: arts. 476 a 565. Rio de Janeiro: Forense, 2011.

——. Notas sobre o problema da "efetividade" do processo. *Revista da Ajuris – Associação dos Juízes do Rio Grande do Sul,* Porto Alegre: AJURIS, n. 29, p. 77-94, 1983.

NALINI, José Renato. Duração razoável do processo e dignidade da pessoa humana. In: MIRANDA, Jorge; SILVA, Marco Antonio Marques da (Coord.). *Tratado luso-brasileiro da dignidade humana.* São Paulo: Quartier Latin, 2008. p. 191-202.

NERY JUNIOR, Nelson. *Princípios do processo civil na Constituição Federal.* 8. ed. São Paulo: Revista dos Tribunais, 2004.

OLIVEIRA. Carlos Alberto Alvaro de. *Teoria e prática da tutela jurisdicional.* Rio de Janeiro: Forense, 2008.

OLIVEIRA, Evandro de. *Multa no Código de Processo Civil.* São Paulo: Saraiva, 2011.

PORTANOVA, Rui. *Princípios do processo civil.* 7. ed. Porto Alegre: Livraria do Advogado, 2007.

PORTO, Sérgio Gilberto. *Lições de direitos fundamentais no processo civil:* o conteúdo processual da Constituição Federal. Porto Alegre: Livraria do Advogado, 2009.

——; USTÁRROZ, Daniel. *Manual dos recursos cíveis.* 4. ed. rev. e ampl. Porto Alegre: Livraria do Advogado, 2013.

QUARTIERI, Rita. *Tutelas de urgência na execução civil:* pagamento de quantia. São Paulo: Saraiva, 2009.

REIS, Mayara Araújo dos; SANTOS, Sérgio Cabral dos. *Reflexões sobre o processo eletrônico.* Disponível em: <http://www.ambito-juridico.com.br/site/index.php?n_link=revista_artigos_leitura&artigo_id=10361>. Acesso em: 05 jan. 2015.

RIO GRANDE DO SUL. Tribunal de Justiça. 6ª Câmara Cível. Apelação Cível nº 70046486528. Julgado em: 01 dez. 2015. *Diário da Justiça,* 10 dez. 2014. Disponível em: <http://www.tjrs.jus.br/>. Acesso em: 06 jan. 2015.

——. Carazinho. 2ª Vara Cível. *Ação de despejo por falta de pagamento nº 009/1.08.0002388-3, 03 de outubro de 2014.* Disponível em: <http://www.tjrs.jus.br/>. Acesso em: 23 dez. 2014).

——. Porto Alegre. Vara Cível do Foro Regional Partenon. Ação de obrigação de fazer nº 001/1.12.0126714-6. 13 de fevereiro de 2013. Disponível em: <http://www.tjrs.jus.br/>. Acesso em: 23 mar. 2014.

——. Tribunal de Justiça. 6ª Câmara Cível. Apelação Cível nº 70046486528. *Diário da Justiça,* 27 jun. 2013. Disponível em: <http://www.tjrs.jus.br/>. Acesso em: 30 dez. 2014.

——. Santa Rosa. 1ª Vara Cível. *Ação de cobrança nº 028/1.14.0000671-2.* Disponível em: <http://www.tjrs.jus.br/>. Acesso em: 17 dez. 2014.

——. Venâncio Aires. 2ª Vara. *Ação de cobrança nº 077/1.13.0003498-7.* Rio Grande do Sul. Disponível em: <http://www.tjrs.jus.br/>. Acesso em: 17 dez. 2014.

——. Tribunal de Justiça. 1ª Câmara Especial Cível. *Agravo de Instrumento* nº 70022087779. 22 nov. 2007. Disponível em: <http://www.tjrs.jus.br/>. Acesso em: 24 maio 2014.

——. Tribunal de Justiça. 9ª Câmara Cível. *Apelação Cível* nº 70002995702. 24 de junho de 2002. Disponível em: <http://www.tjrs.jus.br/>. Acesso em: 15 jul. 2014.

——. Tribunal de Justiça. 14ª Câmara Cível. *Apelação Cível* nº 70004267977. 03 de outubro de 2002. Disponível em: <http://www.tjrs.jus.br/>. Acesso em: 15 jul. 2014.

SAMPAIO JÚNIOR, José Herval. *Tutelas de urgência:* sistematização das liminares. São Paulo: Atlas, 2011.

SARLET, Ingo Wolfgang. *A eficácia dos direitos fundamentais:* uma teoria geral dos direitos fundamentais na perspectiva constitucional. 11. ed. Porto Alegre: Livraria do Advogado, 2012.

——. Breves notas sobre a contribuição dos princípios para a renovação da jurisprudência brasileira. In: TEPEDINO, Gustavo (Coord.). *A constitucionalização do direito.* São Paulo: Atlas, 2003. p. 296-310.

SILVA, Jaqueline Mielke. *Tutela de urgência:* de Piero Calamandrei a Ovídio Araújo Baptista da Silva. Porto Alegre: Verbo Jurídico, 2009.

SILVA, José Afonso da. O Estado Democrático de Direito. *Revista PGE,* São Paulo, n. 2, p. 61-74, 1988.

SILVA, Otavio Pinto. *Processo eletrônico trabalhista.* São Paulo: LTr, 2013.

SILVA, Ovídio Baptista da. *Curso de processo civil, volume 1:* processo de conhecimento. 7. ed. rev. e atual. com o Código Civil de 2002. Rio de Janeiro: Forense, 2005.

——. *Curso de processo civil.* 4. ed. São Paulo: Revista dos Tribunais, 1998, v. 1.

——. *Do processo cautelar.* Rio de Janeiro: Forense, 2001.

———. Processos de execução e cautelar: o que deve ser feito para melhorar os processos de execução e cautelar. *Revista Consulex*, n. 43, p. 44-47, 2000.

SILVEIRA, Fabiana Rodrigues. *A morosidade no poder judiciário e seus reflexos econômicos.* Porto Alegre: Sérgio Antônio Fabris, 2007.

STERN, Klaus. O juiz e a aplicação do direito. In: GRAU, Eros Roberto; GUERRA FILHO, Willis Santiago (Coord.). *Direito constitucional:* estudos em homenagem a Paulo Bonavides. São Paulo: Malheiros, 2003.

STRECK, Lenio Luiz; MORAIS, José Luiz Bolzan de. *Ciência política e teoria geral do Estado.* Porto Alegre: Livraria do Advogado, 2003.

TALAMINI, Eduardo. *Tutela relativa aos deveres de fazer e de não fazer.* São Paulo: Revista dos Tribunais, 2001.

TEIXEIRA, Sérgio Torres; BARROS, Wellington Pacheco. *Tutela diferenciada.* Curitiba: IESDE, 2007.

VASCONCELOS, Rita de Cássia Corrêa de. *Princípio da fungibilidade:* hipóteses de incidência no processo civil brasileiro contemporâneo. São Paulo: Revista dos Tribunais, 2007.

WAMBIER, Luis Rodrigues; WAMBIER, Teresa Arruda Alvim. *Breves comentários à 2ª fase da Reforma do Código de Processo Civil.* São Paulo: Revista dos Tribunais, 2002.

———; ———; MEDINA, José Miguel. *Breves comentários à nova sistemática processual civil.* São Paulo: Revista dos Tribunais, 2005.

WELSCH, Gisele Mazzoni. A razoável duração do processo (art. 5º, LXXVIII, da CF/88) como garantia constitucional. In: MOLINARO, Carlos Alberto; MILHORANZA, Mariângela Ribeiro; PORTO, Sérgio Gilberto (Coord.). *Constituição, jurisdição e processo:* estudos em homenagem aos 55 anos de Revista Jurídica. Sapucaia do Sul: Notadez, 2007. p. 359-370.

ZAVASCKI, Teori Albino. *Antecipação da tutela.* São Paulo: Saraiva, 1997.

———. *Processo de execução:* parte geral. 3. ed. São Paulo: Revista dos Tribunais, 2004.

Impressão:
Evangraf
Rua Waldomiro Schapke, 77 - POA/RS
Fone: (51) 3336.2466 - (51) 3336.0422
E-mail: evangraf.adm@terra.com.br